westermann

P.A.U.L. D.

Persönliches Arbeits- und Lesebuch *Deutsch*

AF203682

Arbeitsheft 9

Herausgegeben von:
Johannes Diekhans und Michael Fuchs

Erarbeitet von:
Markus Apel, Thomas Bartoldus,
Johannes Diekhans, Michael Fuchs,
Sandra Greiff-Lüchow, Dietrich Herrmann,
Martin Pohl, Frank Radke,
Siegfried G. Rojahn, Martin Zurwehme

Die Lösungen zu den Übungen befinden sich in der separaten Beilage.

Das Arbeitsheft ist in zwei Varianten erhältlich.

Arbeitsheft	Arbeitsheft mit interaktiven Übungen
ISBN 978-3-14-**127425**-7	ISBN 978-3-14-**145250**-1
Druck A^4 / Jahr 2025	Druck A^2 / Jahr 2024

Alle Drucke der Serie A sind im Unterricht parallel verwendbar.

Die Seiten dieses Produkts bestehen zu 100 % aus Altpapier.

Damit tragen wir dazu bei, dass Wald geschützt wird, Ressourcen geschont werden und der Einsatz von Chemikalien reduziert wird. Die Produktion eines Klassensatzes unserer Arbeitshefte aus reinem Altpapier spart durchschnittlich 12 Kilogramm Holz und 178 Liter Wasser, sie vermeidet 7 Kilogramm Abfall und reduziert den Ausstoß von Kohlendioxid im Vergleich zu einem Klassensatz aus Frischfaserpapier. Unser Recyclingpapier ist nach den Richtlinien des Blauen Engels zertifiziert.

Illustrationen: Matthias Berghahn, Bielefeld
Umschlaggestaltung: LIO Design GmbH, Braunschweig; Fotos: iStockphoto.com, Calgary/Skripnichenko, Evgeniy; iStockphoto.com, Calgary/ImageGap; iStockphoto.com, Calgary/mangpor_2004
Druck und Bindung: Westermann Druck GmbH, Georg-Westermann-Allee 66, 38104 Braunschweig

Inhaltsverzeichnis

Kleines Lesetraining

Lesen und Verstehen sind nicht immer dasselbe. Vielleicht kennt ihr das: Ihr lest mehrere Seiten eines Buches und fragt euch anschließend: Was habe ich eigentlich gelesen?
Oder ihr habt einen schwierigen Text vor euch liegen und wisst nicht, wie ihr dahin gelangen könnt, ihn zu verstehen, seine Informationen aufzunehmen und zu verarbeiten.
Auf den folgenden Seiten findet ihr einige Übungen, die euch zum genauen Lesen veranlassen sollen.

1 Lies das folgende Gedicht von Erich Kästner sorgfältig und erschließe aus dem Zusammenhang, welche Wörter in die Lücken gesetzt werden müssen.
Manchmal hilft dir auch die Beachtung des Reimschemas.

Erich Kästner (1899 – 1974)
Besuch vom Lande

Sie stehen verstört am _____ _____ .

Und finden _____ zu laut.

Die Nacht glüht auf in Kilowatts.

Ein Fräulein sagt heiser: „Komm mit, mein Schatz!"

5 Und zeigt entsetzlich viel _____ .

Carl Grossberg: Berlin, Potsdamer Platz, 1932

Sie _____ vor Staunen nicht aus und nicht ein.

Sie stehen und wundern sich _____ .

Die Bahnen rasseln. Die Autos schrein.

Sie möchten am liebsten zu _____ sein.

10 Und finden Berlin zu groß.

Es klingt, als ob die Großstadt stöhnt,

weil irgendwer sie schilt.

Die Häuser funkeln. Die U-Bahn _____ .

Sie sind das alles so gar nicht gewöhnt.

15 Und finden _____ zu wild.

Sie machen vor Angst die Beine _____ .

Und machen alles _____ .

Sie lächeln bestürzt. Und sie warten dumm.

Und stehn auf dem Potsdamer Platz _____ ,

20 bis man sie überfährt.   (1930)

2 Mit welchen unterschiedlichen Adjektiven verdeutlicht der Autor, wie die Besucher vom Lande Berlin „finden"?

_____ , _____ , _____

3 Bei dem folgenden Gedicht von Erich Kästner sind einige Verse durcheinandergeraten. Versuche, die richtige Reihenfolge der Verse wiederherzustellen, und schreibe die Strophen entsprechend auf. Die letzte Strophe ist in der richtigen Form aufgeschrieben.

Erich Kästner (1899 – 1974)
Stiller Besuch

Und er las in einem dicken Buch. _____

Doch sie konnte nur zwei Tage bleiben. _____

Und sie müsse Ansichtskarten schreiben. _____

Jüngst war seine Mutter zu Besuch. _____

Freilich war er nicht sehr aufmerksam. _____

und den Dampfer, der vorüberschwamm. _____

Er betrachtete die Autobusse _____

und die goldnen Pavillons am Flusse _____

„Heute Abend gehen wir ins Theater. _____

Erich kriegte zwei Billetts geschenkt." _____

Seine Mutter hielt den Kopf gesenkt. _____

Und sie schrieb gerade an den Vater: _____

Und er tat, als ob er fleißig las. _____

Doch er sah die Nähe und die Ferne, _____

und die alte Frau, die drunter saß. _____

sah den Himmel und zehntausend Sterne _____

Einsam saß sie neben ihrem Sohn. _____

Leise lächelnd. Ohne es zu wissen. _____

Und der Wirtshausstuhl war wie ein Thron. _____

Stadt und Sterne wirkten wie Kulissen. _____

Wenn sie *mir* schreibt, musste er noch denken,

wird sie ihren Kopf genauso senken.

Und dann las er. Und verstand kein Wort.

Ihn ergriff das Bild. Er blickte fort.

Seine Mutter saß am Tisch und schrieb.

Ernsthaft rückte sie an ihrer Brille,

und die Feder kratzte in der Stille.

Und er dachte: Gott, hab ich sie lieb!

(1928)

4 Im folgenden Text erfährst du etwas über Kästners Verhältnis zu seiner Mutter. Einige Informationen stimmen jedoch nicht. Vergleiche den Text mit der folgenden Kurzbiografie und korrigiere die Fehler, indem du sie durchstreichst und die richtigen Aussagen darüberschreibst.

Kästners Beziehung zu seiner Mutter

Erich Kästner wurde 1899 in München geboren und starb 1974 in

Dresden. Kästner hatte zu seinem Vater, der Friseur war, ein gutes

Verhältnis, die Beziehung zu seiner Mutter, einer Schneiderin, war

jedoch eine ganz besondere. Gemeinsame Unternehmungen wie

5 Theaterbesuche oder ausgedehnte Wanderungen bereits in der

Jugend schmiedeten Mutter und Sohn eng zusammen.

Mit besonderem Ehrgeiz und unter Aufbringung vieler Opfer verfolgte die Mutter ihr Ziel,

dem Sohn eine anspruchsvolle Ausbildung und den von den Eltern geschürten Berufswunsch

Schriftsteller zu ermöglichen. Daraus entwickelte sich jedoch auch ein Abhängigkeitsverhält-

10 nis des Sohnes von der Mutter, unter dem dieser gelitten hat, weil er eine besondere Verant-

wortung verspürte, es der Mutter recht zu machen. Zu diesem Problem schrieb Kästner in

seinem 1953 erschienenen Buch „Als ich ein Junge war":

„All ihre Liebe und Fantasie, ihren ganzen Fleiß, jede Minute und jeden Gedanken, ihre

Existenz setzte sie fanatisch auf eine Karte, auf mich. Ihr Einsatz hieß: Ihr Leben mit Haut

15 und Haar!"

6

Erich Kästner – Eine Kurzbiografie

23.2.1899 in Dresden geboren
29.7.1974 in München gestorben

„Als ich ein kleiner Junge war" nannte Kästner seine 1957 erschienenen Kindheitserinnerungen. Sie gehören zu den reizvollsten und
lesenswertesten modernen Autobiografien, weil sie ebenso liebens-
würdig wie für jedes Alter fassbar eine Brücke von der Vergangen-
5 heit zur Gegenwart schlagen und das Leben des kleinen Kästner vor
dem Hintergrund der Zeit lebendig werden lassen.
Er stammte aus Dresden, dort besuchte er die Volksschule, später
dann das Lehrerseminar, denn nach dem Willen der Eltern, eines
Sattlermeisters und einer Friseuse, sollte er einmal ein angesehener
10 Lehrer werden. Kurz vor Ende des Ersten Weltkrieges wurde er noch
eingezogen und konnte dann erst nach Kriegsende sein Abitur
ablegen. Ein Stipendium erlaubte ihm den Besuch der Universität
Leipzig und das Studium der Germanistik, das er 1925 mit dem
Doktortitel abschloss. Zwei Jahre später übersiedelte er nach Berlin,
15 wo er sich seinen Lebensunterhalt als freier Journalist verdiente. Die
Stadt nahm ihn gefangen, und sie wurde auch zum Hintergrund
seines ersten Kinderromans „Emil und die Detektive", der gleich bei
seinem Erscheinen 1929 einen verdienten, viel beachteten Erfolg
erzielte und schon wenig später erstmals verfilmt und als Bühnen-
20 stück überarbeitet wurde. Kästner gehörte damit zu jenen, damals
noch sehr seltenen Erzählern, die eine realistische Kinderwelt
schilderten. Dann folgten rasch hintereinander mehrere Kinderbü-
cher („Das fliegende Klassenzimmer", „Der 35. Mai" und „Pünktchen
und Anton"), Romane für Erwachsene (z. B. „Fabian") und Texte für
25 Kabaretts („Gesang zwischen den Stühlen") u. Ä.
Seine offene, kritische Art, in der er sich für Frieden und Demokratie einsetzte, missfiel den nationalsozialistischen Machthabern, seine
Werke wurden 1933 verbrannt, und von 1942 an erhielt er totales
Schreibverbot. In dieser Zeit arbeitete er unter einem Pseudonym als
30 Drehbuchautor.
Nach Kriegsende (1945) übersiedelte Kästner nach München, wo er
die Leitung einer Tageszeitung („Die Neue Zeit") übernahm und die
Kinderzeitschrift „Pinguin" ins Leben rief. Hier schrieb er in den
folgenden Jahren noch die erfolgreichen Jugendbücher „Das doppel-
35 te Lottchen" und „Die Konferenz der Tiere", außerdem Filmdrehbü-
cher, Theaterstücke, Romane und Gedichte. Jetzt endlich erhielt er
auch die längst verdienten literarischen Preise.
Infolge einer Erkrankung zog er sich im letzten Lebensjahrzehnt vor
seinem Tode mehr und mehr vom öffentlichen Leben zurück. Er
40 starb 1974 in München.

5 Lies die Kurzbiografie noch einmal sorgfältig. Solltest du bestimmte Wörter nicht verstehen, schau in einem Wörterbuch nach und schreibe die Erklärungen an den Rand. Beantworte anschließend die folgenden Fragen.

a) Um welche Textart handelt es sich bei dem Buch „Als ich ein kleiner Junge war"?

_____

b) Wann legte Erich Kästner sein Abitur ab?

_____

c) Welches Fach studierte Erich Kästner in Leipzig?

_____

d) Was ist das Besondere an dem Kinderbuch „Emil und die Detektive"?

_____

e) Auf welche Weise versuchte Kästner, das während der Zeit des Nationalsozialismus gegen ihn verhängte Schreibverbot zu umgehen?

_____

f) Wie lautet der Titel der Kinderzeitschrift, die Kästner ins Leben rief?

_____

6 Markiere im Text alle dort genannten Daten und schreibe stichwortartig die entsprechenden Ereignisse an den Rand. Einige Daten werden nicht ausdrücklich genannt, du kannst sie aber aus dem Text erschließen. Lege anschließend eine Tabelle an und trage die Daten und Ereignisse chronologisch entsprechend ein.

Daten	Ereignisse
1899	Geburt in Dresden
…	…

Das Wort „Text" kommt von dem lateinischen Wort „texere", was so viel wie „weben", „flechten" bedeutet. Im übertragenen Sinn ist ein Text also etwas „Gewebtes", „Geflochtenes".
Wenn du den **Aufbau eines Textes** beschreibst, geht es somit auch darum, sein „Webmuster" zu kennzeichnen. Textabschnitte sind in der Regel nicht lose aneinandergereiht, sondern auf bestimmte Weise miteinander verflochten. Manchmal gibt es bestimmte Signalwörter oder andere auffällige Formulierungen, die dir verdeutlichen, wie Textabschnitte miteinander verbunden sind.

7 Die folgenden Textabschnitte sind nicht in der richtigen Reihenfolge abgedruckt. Versuche, diese Reihenfolge wiederherzustellen. Begründe, warum du den jeweiligen Textabschnitt an die entsprechende Stelle gesetzt hast, indem du die Aussagen im Anschluss an die Textabschnitte vervollständigst.

Johannes Diekhans (nach Christiane Collange)
Eure Sprache ist eine Katastrophe

A Ich fasse zusammen: Wenn ich versuche, eure kulturellen Kenntnisse und Fähigkeiten mit meinen zu vergleichen, kommen mir erhebliche Zweifel. Zweifel am Fortbestand unserer Sprache, Musik und Literatur: also
5 unserer Kultur.

B Aber auch euer mündlicher Sprachgebrauch ist eine Katastrophe! Eure Alltagssprache ist eine einzige Folge von Sprachhülsen, Kurzformeln und verhunzten Wörtern. „Echt geil", „irgendwie ätzend", „total abgedreht", offenbar
5 ermüdet euch das Sprechen derart, dass ihr die Hälfte der Wörter verschluckt, um sie nicht ganz aussprechen zu müssen. Tausende von Eltern, Lehrern und sprachbegabten Erwachsenen müssen diesen Brei täglich ertragen.

C Es erbittert mich zum Beispiel ganz ausgesprochen, dass ihr keine zwei Zeilen schreiben könnt, ohne einen Grammatik- oder Rechtschreibfehler zu machen, oft genug beides. Eure Klassenarbeiten sind dafür Beweis
5 genug, alle Deutschlehrerinnen und Deutschlehrer können dies bestätigen. Immerhin, sosehr es mich stört, ist es vielleicht nicht ganz so schlimm. Es gibt schließlich genug gedruckte und digitale Wörterbücher in den Büros, zu Hause und in den Schulen, um das Schlimmste
10 zu vermeiden. Die meisten von euch werden nicht von Berufs wegen zu schreiben haben, und unsere Sprache wimmelt von Fallen. Ich würde auch gerne über ein paar falsche veränderte Partizipien und Zeichensetzungen hinwegsehen, wenn ihr wenigstens sprechen könntet.

D Wenn ich heute versuche, eure kulturellen Kenntnisse und Fähigkeiten mit meinen zu vergleichen, als ich so alt war wie ihr, gewinne ich den Eindruck, dass ihr auf diesem Gebiet völlig unterentwickelt seid. Das gilt vor
5 allem für eure Sprache und hier vor allem zunächst für euren schriftlichen Sprachgebrauch!

E Was ich meine, ist dies:

Warum hört bei euch das Lesen dort auf, wo ihr ein Wort nicht mehr versteht und es aus dem Zusammenhang erschließen müsstet?

5 Warum endet eure Bereitschaft, euch auf Theaterwelten einzulassen, wenn Chips und Cola nicht gratis zum Plüschsessel serviert werden?

Warum ist die Tageszeitung für euch ein Fremdwort, wenn es nicht gerade um den Sportteil oder das Fernseh-

10 programm geht?

F Man kann die Sache jedoch auch optimistischer betrachten: Ihr könntet euch in tadellosem Deutsch mündlich ausdrücken, schließlich geht ihr zum Gymnasium oder zur Gesamtschule, wollt vielleicht das Abitur

5 machen und ein Studium anfangen. Ihr redet nur absichtlich unter euch und vor uns in dieser Szenesprache, um möglichst lange halbstark zu bleiben. Diese sprachliche Ablehnung der Erwachsenenwelt ist bezeichnend für eure Einstellung. Die Schule bereitet euch nicht die

10 genügende Lust, weiterzugelangen, auf Entdeckungen zu gehen, die Welt zu verändern, eure eigenen Revolutionen zu machen, unsere Kultur infrage zu stellen, eure Vorstellungen durchzusetzen und unsere zu demontieren – nein, ihr findet es bequemer, in eurem Status als Heranwach-

15 sende zu verharren und euch warm einzukuscheln in eure Jugendwelt. Eure Sprache ist dafür nur ein Beispiel. Auch in anderen kulturellen Bereichen versagt ihr.

(2008)

- Den ersten Textteil bildet Abschnitt D, weil _____

_____

_____

- Den zweiten Textteil bildet Abschnitt _____ , weil _____

_____

_____

- Den dritten Textteil bildet Abschnitt _____ , weil _____

_____

_____

- Den vierten Textteil bildet Abschnitt _____ , weil _____

  _____

  _____

- Den fünften Textteil bildet Abschnitt _____ , weil _____

  _____

  _____

- Den sechsten Textteil bildet Abschnitt _____ , weil _____

  _____

  _____

8 Bei dem Text handelt es sich um einen argumentativen Sachtext, in dem mit unterschiedlichen Argumentationsweisen gearbeitet wird. Schreibe jeweils ein Beispiel für die folgenden Argumentationsweisen heraus. Markiere diese zunächst im Text und schreibe die jeweilige Argumentationsweise an den Rand.

- Verallgemeinerung: _____
- Berufung auf Autoritäten: _____
- Zugeständnis: _____
- Beispiel: _____
- Zusammenfassung: _____
- Rückblick auf die Vergangenheit: _____
- direkter Vorwurf: _____

9 Mit welcher Formulierung werden Thema und Absicht des Autors am besten zusammengefasst? Kreuze entsprechend an.

☐ Der Autor greift in dem Text die Jugendlichen an und wirft ihnen vor, sich zu wenig für die Belange Erwachsener zu interessieren.

☐ Der Autor kritisiert in dem Text die fehlenden kulturellen Kenntnisse Jugendlicher. Dieses versucht er vor allem anhand des Sprachverhaltens der jungen Menschen deutlich zu machen.

☐ Der Autor kritisiert in dem Text das Sprachverhalten von Jugendlichen. Er wirft ihnen auf sehr aggressive Weise vor, sowohl im mündlichen als auch im schriftlichen Sprachgebrauch äußerst nachlässig und inkompetent zu sein.

Mithilfe von Materialien einen Vortrag vorbereiten – Analphabetismus in Deutschland

Den Vortrag vorbereiten

1. Vergewissere dich zunächst, was du bereits über das Thema weißt und welche Fragen du noch nicht beantworten kannst. Du kannst auch bereits Bereiche und Oberbegriffe festlegen, zu denen du Informationen suchen möchtest.
2. Recherchiere anschließend in Fachbüchern oder im Internet nach weiteren Informationen zu dem Thema. Bei der folgenden Übung sind dir bereits Materialien vorgegeben.
3. Lies die Materialien ein erstes Mal sorgfältig und kläre Ausdrücke, die du nicht verstanden hast, mithilfe von Wörterbüchern oder dem Internet. Bestimme, welche Informationsbereiche in den einzelnen Materialien behandelt werden.
4. Lies die Materialien ein zweites Mal und markiere wichtige Textstellen. Lege für jeden Informationsbereich einen Stichwortzettel an und schreibe die Detailinformationen auf, die du in den Materialien findest.
5. Überarbeite den jeweiligen Stichwortzettel, indem du unwichtige oder doppelte Informationen herausstreichst. Lege anschließend eine Mindmap an, die dir als Stütze für den Vortrag dient.
6. Bestimme die Reihenfolge, in der du die Informationsbereiche vortragen willst.
7. Gestalte gegebenenfalls Folien mit einem Folienpräsentationsprogramm, die deine Aussagen für die Zuhörerinnen und Zuhörer veranschaulichen.

1 Mithilfe der folgenden Materialien sollst du einen Kurzvortrag zum Thema „Menschen in Deutschland, die nicht richtig lesen und schreiben können" vorbereiten und halten. Der Vortrag soll etwa zehn Minuten dauern.
Schreibe zunächst in dein Heft, was du zu dem Thema bereits weißt und welche Fragen du gegebenenfalls hast.

2 Lies die Materialien ein erstes Mal und kläre Ausdrücke, die du nicht verstehst.
Bestimme weiterhin für jedes Material, welche Informationsbereiche behandelt werden. Trage sie in die folgende Tabelle ein.

Material	Informationsbereiche
1	*Erfahrungen eines Betroffenen:* _____ _____ _____

Material	Informationsbereiche
2	_____ _____ _____
3	_____ _____ _____
4	_____ _____ _____
5	_____ _____ _____
6	_____ _____ _____

Material 1:

Vorbild für den eigenen Sohn

Karl Lehrer arbeitet als gelernter Logistiker in einer Traktorenfirma. Wenn Mitarbeiterinnen oder Mitarbeiter Schwierigkeiten beim Lesen und Schreiben haben, schickt der Chef sie zu
5 ihm. Denn Karl Lehrer kennt das Problem. Er selbst hat erst mit 26 Jahren das Lesen und Schreiben gelernt.

Heute ist er in seiner Firma Vertrauensmann und bewältigt seine Arbeit am Computer mit Leichtig-
10 keit. „Ich habe immer Schriftverkehr bei der Arbeit, muss ständig Zettel schreiben und die Arbeitsschritte dokumentieren." Dass es so gekommen ist, verdankt er seinem Sohn.

Angst und Unsicherheit in der Kindheit
Seine Schwierigkeiten im Lesen und Schreiben begannen in Lehrers Kindheit. Als kleiner Junge hatte er sich lange auf die Einschulung gefreut. Doch schon im ersten Schuljahr ver-

15 wandelte sich seine Freude in Angst. „Bei den Hausaufgaben wollte meine Mutter mir helfen, die Hand zu führen und die Buchstaben nachzuzeichnen", sagt Lehrer. „Weil ich mich dabei verkrampft habe, wurde sie aber aggressiv und hat mich geohrfeigt."
Ähnliche Probleme hatte er in der Schule: Der Lehrer wurde laut, wenn seine Schüler falsch antworteten. Auch der Direktor verteilte Schläge. „In der Schule war es damals wie zu Hause.
20 Man sollte sich aufs Lernen konzentrieren, lebte aber in einer ständigen Angst, Fehler zu machen." Schon nach dem ersten halben Jahr kam Karl Lehrer auf eine Sonderschule. Er stotterte und bekam erst mit 13 Jahren eine Lehrerin, die sich wirklich Mühe mit ihm gab. Doch die Fortschritte blieben aus. Die Anerkennung, nach der er sich sehnte, konnte ihm auch seine Familie nicht geben.

25 **Ein Leben in Schutzhaltung**
Er verließ die Schule ohne Abschluss, schlug sich als Hilfsarbeiter durch, wurde arbeitslos. Niemandem fiel auf, dass Karl Lehrer nicht lesen und schreiben konnte. Makler schwatzten ihm Versicherungen auf, die er nicht bezahlen konnte. Die Post öffnete er so lange nicht, bis der Gerichtsvollzieher klingelte. Er lebte ständig in einer Schutzhaltung. Bloß nicht auffallen.
30 Beim Mittagessen mit Kollegen bestellte er das, was die anderen nahmen, weil er die Speisekarte nicht lesen konnte. Nach einem Bänderriss ging er zum Arzt, konnte das Formular nicht ausfüllen – und lief hilflos davon. Einen Kollegen bat er, einen Liebesbrief für ihn zu schreiben. „Ich wusste nicht einmal, was drinsteht", sagt er heute.

Hauptschulabschluss mit 38 Jahren
35 Die Wende im Leben von Karl Lehrer kam im Jahr 1990. Seine damalige Frau brachte den kleinen Stefan zur Welt. „Ich wollte ein gutes Beispiel für meinen Sohn sein", sagt Lehrer. „Ich fragte mich damals, was ich mache, wenn er in die Schule kommt und meine Hilfe braucht. Ich konnte ja nicht sagen, er solle mal zur Mutter gehen." Deshalb meldete sich Karl Lehrer bei der Volkshochschule an und lernte Lesen und Schreiben. Seinen Hauptschulabschluss
40 holte er 2002 nach. Mit 38 Jahren schaffte er damit die Voraussetzung für die Lehre zum Logistiker.

Vorbild für den eigenen Sohn und andere
Heute ist Karl Lehrer stolz, dass sein Sohn die Grund- und Realschule problemlos schaffte und er ihm helfen konnte, wenn er seinen Rat suchte. Er möchte Vorbild sein für alle Menschen,
45 die Schwierigkeiten mit dem Lesen und Schreiben haben. Deshalb gründete er vor 14 Jahren eine Selbsthilfegruppe. Gemeinsam gehen sie an die Öffentlichkeit und erzählen, was sie erlebt und wie sie gelernt haben. „Auch an den Schulen merken immer mehr Menschen, dass wir umdenken müssen." Dank des gemeinsamen Engagements mit dem Bundesministerium für Bildung und Forschung sei schon viel verändert worden: „Das Versteckspiel wird weniger,
50 aber ein Großteil der Betroffenen traut sich noch immer nicht, sich zu offenbaren und Hilfe zu suchen."

Bundesministerium für Bildung und Forschung, Bonn, ohne Datum

Material 2

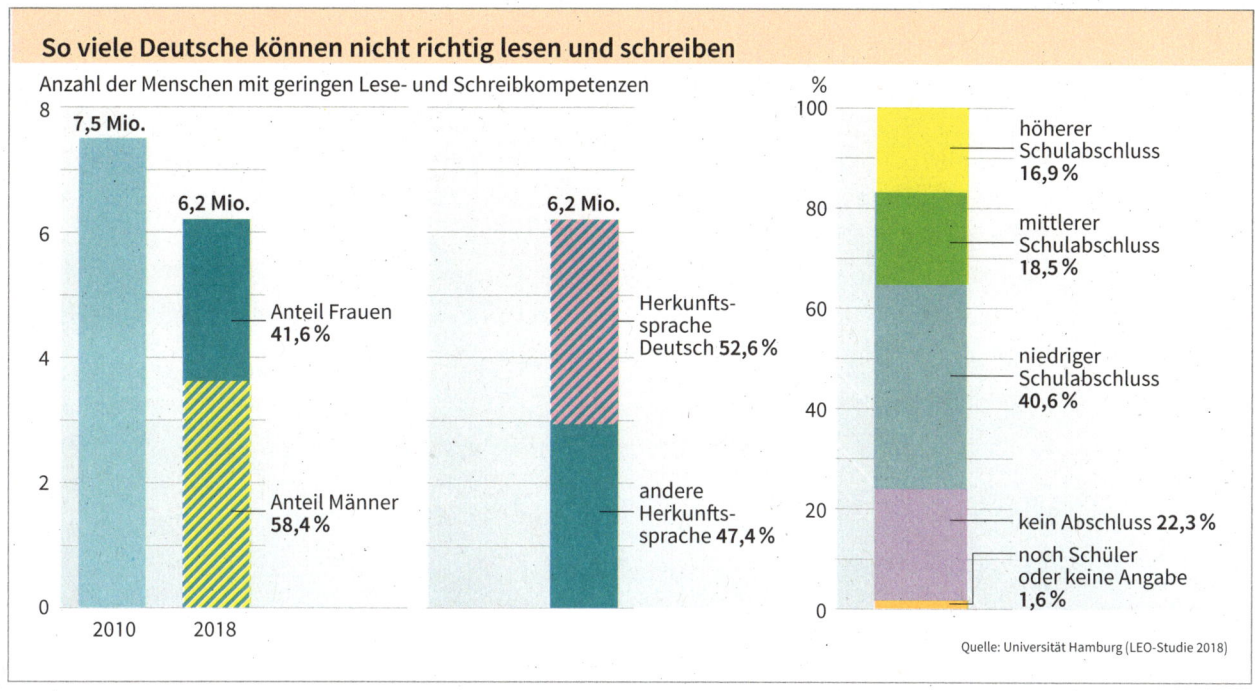

So viele Deutsche können nicht richtig lesen und schreiben

Anzahl der Menschen mit geringen Lese- und Schreibkompetenzen

7,5 Mio. (2010)

6,2 Mio. (2018)
- Anteil Frauen 41,6 %
- Anteil Männer 58,4 %

6,2 Mio.
- Herkunftssprache Deutsch 52,6 %
- andere Herkunftssprache 47,4 %

- höherer Schulabschluss 16,9 %
- mittlerer Schulabschluss 18,5 %
- niedriger Schulabschluss 40,6 %
- kein Abschluss 22,3 %
- noch Schüler oder keine Angabe 1,6 %

Quelle: Universität Hamburg (LEO-Studie 2018)

Material 3

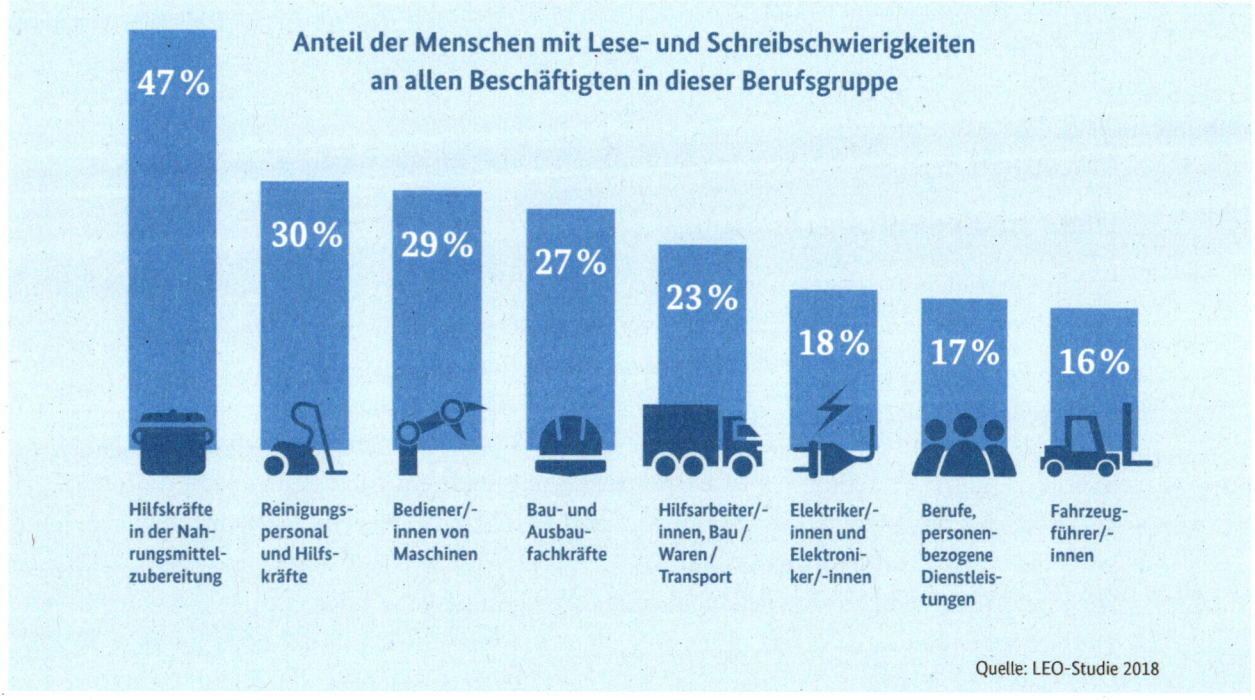

Anteil der Menschen mit Lese- und Schreibschwierigkeiten an allen Beschäftigten in dieser Berufsgruppe

- 47 % Hilfskräfte in der Nahrungsmittelzubereitung
- 30 % Reinigungspersonal und Hilfskräfte
- 29 % Bediener/-innen von Maschinen
- 27 % Bau- und Ausbaufachkräfte
- 23 % Hilfsarbeiter/-innen, Bau / Waren / Transport
- 18 % Elektriker/-innen und Elektroniker/-innen
- 17 % Berufe, personenbezogene Dienstleistungen
- 16 % Fahrzeugführer/-innen

Quelle: LEO-Studie 2018

Material 4

Wie fördert das Bundesministerium für Bildung und Forschung Erwachsene mit Lese- und Schreibschwierigkeiten?

Bund und Länder haben eine Nationale Dekade für Alphabetisierung und Grundbildung (AlphaDekade) ausgerufen. Gemeinsam mit gesellschaftlichen Organisationen wollen sie im Zeitraum von 2016 bis 2026 die Lese- und Schreibfähigkeiten Erwachsener in Deutschland

deutlich verbessern. Das Bundesbildungsministerium fördert die AlphaDekade mit rund
5 180 Millionen Euro. Gefördert werden insbesondere Projekte, die Beschäftigte mit Alphabeti-
sierungs- und Grundbildungsbedarf am Arbeitsplatz unterstützen. So wenden die Beschäftigten die neuen Kenntnisse sofort am Arbeitsplatz an. Das sichert nicht nur den Job, die Er-
folgserlebnisse tragen auch zur Motivation für weitere Qualifizierungsmaßnahmen innerhalb
des Unternehmens bei. Andere geförderte Projekte erreichen Eltern mit Lese- und Schreib-
10 schwierigkeiten über soziale Beratungsstellen, Mehrgenerationenhäuser oder andere Begeg-
nungsstätten. Hier machen sie niedrigschwellige Angebote, wie zum Beispiel das gemeinsame
Lesen von Behördenbriefen oder Mietverträgen in Lerncafés. Um die finanzielle Grundbildung von Menschen mit Lese- und Schreibschwierigkeiten zu erhöhen, werden auch Schuld-
nerberatungsstellen für diese Zielgruppe sensibilisiert.

Bundesministerium für Bildung und Forschung online, 08.09.2020; verändert

Material 5

8. September: Welttag der Alphabetisierung

Trotz internationaler Anstrengungen sind weltweit nach wie vor 750 Millionen Erwachsene
Analphabeten. In Deutschland haben rund 6,2 Millionen Deutsch sprechende Erwachsene im
Alter zwischen 18 und 64 Jahren Schwierigkeiten beim Lesen und Schreiben. Die Fähigkeit,
richtig lesen und schreiben zu können, ist eine Grundvoraussetzung zur beruflichen, gesell-
5 schaftlichen und politischen Teilhabe. Darauf macht die UNESCO anlässlich des Welttags der
Alphabetisierung aufmerksam. [...]

Deutsche UNESCO-Kommission, 06.09.2019, Bonn

Material 6

Über die Bedeutung, lesen und schreiben zu können

[...] In unserem Alltag lesen und schreiben wir so viel, dass uns gar nicht auffällt, dass fast
überall gute Kenntnisse vor allem im Lesen vorausgesetzt werden: E-Mails, Nachrichten, Speisekarten, Bedienungsanleitungen, Straßenschilder, Verträge, Behördenschreiben, Automaten,
Plakate, Fahrpläne, bei der Arbeit, in Einkaufsgeschäften und noch vieles mehr. Die Liste ist
5 lang. Dinge des alltäglichen Lebens werden für Analphabeten zur Herausforderung. Nicht
lesen und schreiben zu können ist in unserer Gesellschaft ein Tabu und viele Betroffene
wollen deshalb nicht zugeben, dass sie mit dem Lesen und Schreiben Probleme haben. Scham
und Leidensdruck sind oft sehr groß.
Für ihren Alltag denken sich Analphabeten viele einfallsreiche Tricks aus, wie sie ums Lesen
10 und Schreiben herumkommen, ohne dass jemand merkt, dass sie es gar nicht können. So
haben sie beispielsweise die Ausrede, ihre Lesebrille vergessen oder ihre Hand verletzt zu
haben und deshalb nicht lesen oder schreiben zu können. Damit sie nicht immer andere um
Hilfe bitten müssen, fahren sie oft immer dieselben Wege mit Auto, Bus oder Bahn, gehen
immer in dieselben Cafés und bestellen immer das Gleiche. In ihrem gewohnten Umfeld
15 kennen sie sich gut aus und kommen ohne Lesen und Schreiben zurecht. Doch wenn etwas
Unvorhergesehenes passiert – beispielsweise eine Baustelle mit Umleitung oder ein Zugaus-
fall –, dann wird es für Analphabeten schwer.

kindersache.de, 03.08.2021, Berlin

3 Setzt euch zu zweit zusammen und vergleicht eure Übersichten miteinander. Korrigiert gegebenenfalls eure Notizen.

4 Lies die Materialien ein zweites Mal und erstelle zu jedem Material einen Stichwortzettel mit wichtigen Detailinformationen. Für Material 1 könnte der Stichwortzettel z. B. so beginnen:

> *Bericht eines Betroffenen:*
>
> − *hat erst mit 26 Jahren das Lesen und Schreiben erlernt*
> − *Jugendzeit: erfuhr Aggression und Gewalt bei Versagen;*
>   *Angst, Fehler zu machen;*
>   *Verunsicherung, Stottern*
>   *...*
> − *Erwachsenenzeit: ...*
> − *Wendepunkt: ...*

Übernimm den Stichwortzettel in dein Heft und ergänze ihn.

5 Lege auch zu weiteren Materialien jeweils einen Stichwortzettel an.

6 Arbeitet zu zweit und vergleicht eure Stichwortzettel miteinander und ergänzt oder verbessert sie gegebenenfalls. Streicht weiterhin doppelt vorhandene oder unwesentliche Informationen.

7 Erstelle nun eine Mindmap nach dem folgenden Muster. Arbeite dazu in deinem Heft. Entscheide, mit welchem Informationsbereich der Hauptteil deines Vortrags beginnen soll. Als Hilfestellung sind weitere mögliche Informationsbereiche hier vorgegeben:

> Betroffene in verschiedenen Berufsgruppen · Hilfen durch Bundesregierung · Welttag der Alphabetisierung · Anzahl der Betroffenen · Bedeutung, lesen und schreiben zu können

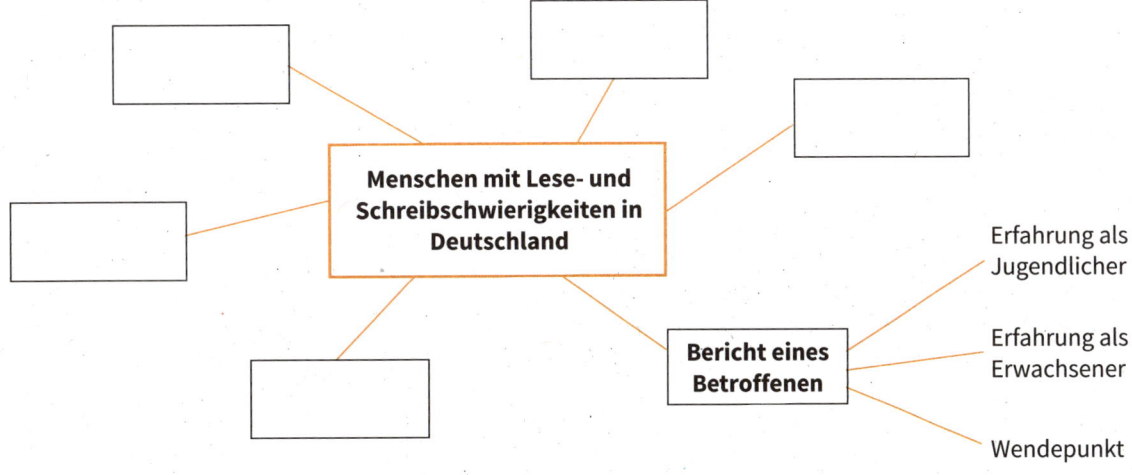

Ein Folienpräsentationsprogramm zur Unterstützung des Vortrags nutzen

Für deine Zuhörerinnen und Zuhörer ist es oft hilfreich, wenn du deinen Vortrag mithilfe von Folien unterstützt, die du mit einem Folienpräsentationsprogramm gestalten kannst.

1 Entscheide, zu welchen Themenbereichen du die Erstellung einer unterstützenden Folie für sinnvoll hältst, und gestalte die entsprechenden Folien mithilfe eines Folienpräsentationsprogramms. Orientiere dich dabei an den Hinweisen im folgenden Infokasten und an der Aufgabe 2.

Mithilfe von Folienpräsentationsprogrammen kannst du die Anschaulichkeit deines Vortrags erheblich verstärken. So kannst du zum Beispiel die Gliederung deines Vortrags, Grafiken und zentrale Aussagen zur Ansicht bringen.
Achte bei der Gestaltung der Folien auf folgende Aspekte:

- Die Folien sollten möglichst **schlicht** gestaltet sein, damit sich die Betrachterinnen und Betrachter auf das **Wesentliche** konzentrieren können.
- Die **Schriftgröße** muss so gewählt werden, dass sie auch aus größerer Entfernung **gut lesbar** ist. Die **Schriftfarbe** muss sich vom Hintergrund abheben.
- Eine Folie sollte in der Regel nur **wenige Stichwörter** enthalten und keine ausformulierten Sätze oder ganze Texte. Die Betrachterinnen und Betrachter müssen **genügend Zeit** haben, den Inhalt erfassen zu können. **Verzichte möglichst auf Animationseffekte.** Sie lenken eher ab, als dass sie für den Vortrag hilfreich sind.

2 Das Diagramm über die Anzahl von Menschen, die nicht richtig schreiben und lesen können (Material 2), eignet sich gut, um als Folie den Zuhörerinnen und Zuhörern präsentiert zu werden. Kreuze an, was du dabei beachten musst.

☐ Um nicht zu viel Zeit für den Vortrag zu verlieren, ist es sinnvoll, gleich mit der Auswertung des Diagramms zu beginnen.

☐ Es ist entscheidend für den Vortrag, jede einzelne Zahl des Diagramms zu erläutern.

☐ Man beginnt die Erläuterung des Diagramms am besten damit, anzugeben, was das Thema des Diagramms ist und wie es aufgebaut ist.

☐ Es ist wichtig, die Erläuterung des Diagramms mit kleinen Pausen vorzutragen, um den Zuhörerinnen und Zuhörern die Gelegenheit zu geben, das Gesagte mit dem Diagramm zu vergleichen.

3 Arbeitet zu zweit oder zu dritt und stellt euch gegenseitig eure Vorträge vor. Ihr könnt dabei folgendermaßen vorgehen:

- Startet zunächst einen Probelauf, in dem ihr im Wechsel jeweils über einen Informationsbereich sprecht.
- Wählt dann jemanden aus, die/der den gesamten Vortrag hält. Falls ihr mit einem Folienpräsentationsprogramm arbeitet, könnt ihr dies über ein Tablet laufen lassen.

4 Wenn ihr wollt, könnt ihr eure Vorträge auch mit einem Smartphone oder Tablet aufnehmen. Achtet dann aber darauf, dass die Datei gelöscht wird, wenn euch das Smartphone/Tablet nicht gehört. Gebt euch gegenseitig Rückmeldung zu den Vorträgen, indem ihr euch an der folgenden Checkliste orientiert. Achtet dabei darauf, dass eure Rückmeldung fair und sprachlich angemessen erfolgt. Sprecht darüber, wie ihr jeweils zu eurer Einschätzung der einzelnen Aspekte gekommen seid.

Checkliste: Einen Vortrag zu einem Thema halten

Beobachtungsaspekt	-2	-1	0	+1	+2
War das Thema klar erkennbar und wurde es eingehalten?					
Gab es einen interessanten, inhaltlich passenden Einstieg?					
War die Reihenfolge der Informationsbereiche sinnvoll gewählt?					
Wurde Anschauungsmaterial verwendet?					
Waren die angeführten Einzelinformationen angemessen?					
Hat die/der Referierende laut und deutlich gesprochen?					
War die Sprache des Vortrags angemessen?					
Wurde der Vortrag durch Gestik und Mimik unterstützt?					

Erzähltexte untersuchen und deuten

Tanja Zimmermann
Eifersucht

Diese Tussi! Denkt wohl, sie wäre die Schönste, juhu, die Dauerwelle wächst schon raus. Und diese Stiefelchen von ihr sind auch zu albern. Außerdem hat sie sowieso keine Ahnung. Von nix und wieder nix hat die 'ne Ahnung.

Immer, wenn sie ihn sieht, schmeißt sie die Haare zurück wie 'ne Filmdiva.

5 Das sieht doch ein Blinder, was die für 'ne Show abzieht. Ja, okay, sie kann ganz gut tanzen. Besser als ich. Zugegeben. Hat auch 'ne ganz gute Stimme, schöne Augen, aber dieses ständige Getue. Die geht einem ja schon nach fünf Minuten auf die Nerven.

Und der redet mit der ... stundenlang. Extra nicht hingucken. Nee, jetzt legt er auch noch den Arm um die. Ich will hier weg! Aber aufstehen und gehen, das könnte der so passen. Damit 10 die ihren Triumph hat.

Auf dem Klo sehe ich in den Spiegel, finde meine Augen widerlich, und auch sonst, ich könnte kotzen.

Genau, ich müsste jetzt in Ohnmacht fallen, dann wird ihm das schon leidtun, sich stundenlang mit der zu unterhalten.

15 Als ich aus dem Klo komme, steht er da: „Sollen wir gehen?" Ich versuche es betont gleichgültig mit einem Wenn-du-willst, kann gar nicht sagen, wie froh ich bin. An der Tür frage ich, was denn mit Kirsten ist.

„O Gott, eine Nervtante, nee, vielen Dank!"

„Och, ich find' die ganz nett, eigentlich", murmel ich.

(1984)

20

Die Handlung und ihren Aufbau untersuchen

In einer Geschichte wird ein Handlungsablauf in mehreren Stationen erzählt. Diesen **Handlungs- aufbau** muss man untersuchen, um die entscheidenden Ereignisse wie Höhe- und Wendepunkte zu erfassen. Oft besitzen Anfang und Ende eine besondere Wirkung oder stehen in einem besonderen Verhältnis zueinander.

1 Verschaffe dir einen Überblick über die Kurzgeschichte, indem du sie in drei Sinnabschnitte gliederst. Halte kurz den Inhalt der Abschnitte schriftlich fest.

Teil 1: Z. _____ – Z. _____ ; Inhalt:

_____

_____

_____

_____

Teil 2: Z. _____ – Z. _____ ; Inhalt:

_____

_____

_____

_____

Teil 3: Z. _____ – Z. _____ ; Inhalt:

_____

_____

_____

_____

2 Eine besondere Bedeutung hat der Schlusssatz der Kurzgeschichte. Kreuze an, welchen der folgenden Aussagen du zustimmen kannst. Du kannst mehrere Aussagen ankreuzen.

☐ **a)** Die Erzählerin erkennt ihre unbegründete Eifersucht.

☐ **b)** Die Erzählerin macht durch ihren Schlusssatz noch einmal ihre Eifersucht auf Kirsten deutlich.

☐ **c)** Die Erzählerin schämt sich für ihre Eifersucht auf Kirsten.

☐ **d)** Mit ihrem Schlusssatz gesteht die Erzählerin ihrem Freund ihre Eifersucht auf Kirsten.

☐ **e)** Die Erzählerin nimmt mit ihrem Schlusssatz ihre vorangegangenen negativen Aussagen über Kirsten zurück.

Die Einleitung einer Textanalyse verfassen

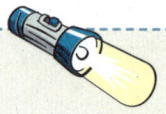

In der **Einleitung** nennst du **Titel**, **Verfasserin bzw. Verfasser**, **Textsorte** und, wenn es bekannt ist, das **Erscheinungsjahr** des Textes. Außerdem gibst du einen kurzen **Handlungsüberblick** (Wie ist die Ausgangssituation? Wie endet das Geschehen?). Für diese Angaben benötigst du häufig nur einen Satz.

Zudem informierst du über das **Thema** bzw. die **zentrale Problematik**, um die es in dem Text geht (z. B. das Problem der Eifersucht, die Bewährung einer Freundschaft u. Ä.).

Im Anschluss an die Einleitung kannst du den Handlungsverlauf zusammenfassen. Denke daran, dass dieses in einer sachlichen Form geschehen soll (keine wörtliche Rede, evtl. indirekte Rede, Präsens, keine spannungssteigernden Formulierungen, Satzgefüge, um den zeitlichen und ursächlichen Zusammenhang zu verdeutlichen …).

1 Notiere dir für einen Einleitungsteil zunächst stichwortartig die wichtigsten Textdaten. Informationen zum Handlungsüberblick sind bereits gegeben.

Autorin/Autor: _____

Titel: _____

Textsorte: _____

Erscheinungsjahr: _____

Ausgangssituation: Jugendliche beobachtet eifersüchtig, wie sich ihr Freund mit einem anderen Mädchen unterhält.

Ausblick auf das Ende: Als sich der Freund am Ende wieder ihr zuwendet, gesteht sie sich diese Eifersucht ihm gegenüber nicht ein und überspielt sie.

2 Kreuze an, welche Formulierung deiner Meinung nach am besten das Thema bzw. das allgemeine Problem, das in der Kurzgeschichte entfaltet wird, wiedergibt. Du kannst auch mehrere Formulierungen ankreuzen:

- [ ] **a)** Die Kurzgeschichte macht deutlich, dass man seinen Freunden vertrauen soll.

- [ ] **b)** Die in der Kurzgeschichte behandelte Problematik ist unbegründete Eifersucht.

- [ ] **c)** Thematisch geht es in der Kurzgeschichte um eine typische Konkurrenzsituation zwischen zwei jugendlichen Mädchen.

- [ ] **d)** In der Kurzgeschichte wird problematisiert, wie Eifersucht und Neid dazu führen, dass man andere verurteilt und sich selbst das Leben schwer macht.

- [ ] **e)** Im Mittelpunkt der Kurzgeschichte steht die Frage, wie man damit umgehen soll, wenn man anderen unterlegen ist.

3 Verfasse nun mithilfe der Stichworte aus Aufgabe 1 und der ausgewählten Formulierung(en) aus Aufgabe 2 einen Einleitungsteil für eine Analyse der Kurzgeschichte.
Fasse anschließend den Inhalt des Textes kurz zusammen.

Die Erzähltechnik untersuchen

Vom **Autor** bzw. von der **Autorin** unterscheidet man den **Erzähler** (die **Erzählerin**), der den Lesern das erzählte Geschehen vermittelt. Der Erzähler kann zwei **Erzählformen** benutzen und im Hinblick auf das erzählte Geschehen unterschiedliche **Erzählperspektiven** einnehmen und verschiedene **Erzählverhalten** zeigen:

- Man unterscheidet zunächst bei der **Erzählform** zwischen der **Er-/Sie-Erzählung** (der Erzähler berichtet über andere und tritt nicht selbst als Figur auf) und der **Ich-Erzählung** (der Erzähler tritt selbst in Erscheinung und spricht von sich).

- Bei der **Erzählperspektive** unterscheidet man Innen- und Außensicht. Sieht der Erzähler in die Figuren hinein und kennt auch ihre Gedanken und Gefühle, so erzählt er aus der **Innensicht**. Oft verwendet der Autor bzw. die Autorin dabei die Form des **inneren Monologs**. Gibt der Erzähler nur das wieder, was er von außen betrachtend wahrnehmen kann, berichtet er aus der **Außensicht**.

- Weiter unterscheidet man zwischen neutralem, auktorialem (= allwissendem) und personalem **Erzählverhalten**:
  - Das Geschehen wird beim **neutralen Erzählverhalten** vom Erzähler wie von einem unsichtbaren Beobachter dargelegt. Er wird von den Lesern in der Regel nicht bemerkt und erzählt in der Außensicht.
  - Beim **auktorialen Erzählverhalten** (= allwissend) berichtet der Erzähler aus der Außensicht sowie der Innensicht. Er kennt die Zusammenhänge des Geschehens und die Gedanken und Gefühle der beteiligten Figuren. Auch überblickt er Vergangenheit, Gegenwart und Zukunft.
  - Auf die Sicht einer oder mehrerer Figuren beschränkt sich der Erzähler beim **personalen Erzählverhalten**. Er teilt ihre Wahrnehmungen, Gedanken und Gefühle und die Leser erleben das Geschehen aus deren Sicht.

1 Kreuze die zutreffenden Aussagen zur Erzähltechnik der Kurzgeschichte „Eifersucht" an.

- ☐ **a)** An vielen Stellen wird neutral erzählt.

- ☐ **b)** Es handelt sich um eine Ich-Erzählung.

- ☐ **c)** Durch die auktoriale Erzählweise wird man über die Gedanken und Gefühle Kirstens informiert.

- ☐ **d)** Die Er-Erzählung besitzt ein personales Erzählverhalten.

- ☐ **e)** Die Kurzgeschichte ist durchgängig als innerer Monolog gestaltet.

- ☐ **f)** Das Erzählverhalten ist personal und beschränkt sich auf die Innensicht der Erzählerin.

- ☐ **g)** Der Freund der Erzählerin und Kirsten werden aus der Außensicht charakterisiert.

- ☐ **h)** Die Erzählerin informiert durch Rückblenden über die Hintergründe ihrer Beziehung zu Kirsten.

2 Beschreibe in einem zusammenfassenden Text die Erzähltechnik der Kurzgeschichte und ihre Wirkung.

_____

_____

_____

_____

_____

_____

_____

_____

_____

_____

Figuren und ihre Beziehungen untersuchen

Um einen Erzähltext verstehen zu können, solltest du dir ein möglichst genaues Bild von den Charakteren der Figuren, ihren Beziehungen zueinander und ihren Entwicklungen im Laufe des Geschehens machen. Bei der **Untersuchung der Figuren und ihrer Beziehungen** kannst du dich an folgenden allgemeinen Leitfragen orientieren:

- Welche Figuren kommen vor?
- Lassen sich Haupt- und Nebenfiguren unterscheiden?
- Welche Eigenschaften haben sie?
- Wie verhalten sie sich?
- Warum verhalten sie sich so (Beweggründe/Motive/Ziele)?
- In welcher Beziehung stehen sie zueinander?
- Verändern bzw. entwickeln sich im Verlauf der Handlung Figuren und/oder ihre Beziehungen?

1 Beschreibe in Stichworten die wichtigsten Merkmale der folgenden Figurenbeziehungen:

Erzählerin – Kirsten: _____

_____

Erzählerin – Freund der Erzählerin: _____

_____

Kirsten – Freund der Erzählerin: _____

_____

2 Stelle die Beziehung der Figuren in einer Grafik dar. Arbeite dazu mit Pfeilen, Symbolen und Kommentaren.

Die sprachliche Gestaltung untersuchen und deuten

Bei der Untersuchung und Deutung der **sprachlichen Gestaltung** kann man verschiedene Aspekte berücksichtigen, z. B. Wortwahl, Satzbau, Sprachbilder, Symbole, Wiederholungen, auffällige rhetorische Mittel.

Wichtig ist, dass du die einzelnen Gestaltungsmittel nicht nur beschreibst, sondern auch ihre jeweilige Bedeutung und Wirkung im Zusammenhang mit dem Erzähltext erklärst.

1 Weise an einzelnen Beispielen am Satzbau nach, dass das Geschehen in Form eines inneren Monologs wiedergegeben wird.

Z. 1: „..., juhu, ...“ (eingeschobener Ausruf)

Z. _____

_____

_____

_____

2 In der Kurzgeschichte finden sich umgangssprachliche Elemente. Suche einige Formulierungen heraus, die das besonders verdeutlichen.

Z. 1: „Diese Tussi!“

Z. _____

_____

_____

_____

3 Erläutere in wenigen Sätzen die Wirkung der Wortwahl und des Satzbaus auf den Leser bzw. die Leserin.

_____

_____

_____

_____

_____

4 In Z. 2–3 finden sich zwei Wiederholungen. Gib die Wiederholungen an und erkläre ihre Wirkung.

_____

_____

_____

_____

_____

_____

_____

_____

_____

5 In der Kurzgeschichte finden sich zwei sprachliche Bilder (= Metaphern, Vergleiche, Personifikationen). Gib an, um welche Art von sprachlichem Bild es sich hier handelt, und deute es.

Textstelle	Art des sprachlichen Bildes	Deutung
Z. 4: „wie 'ne Filmdiva"		
Z. 18: „eine Nervtante"		

Den Titel untersuchen

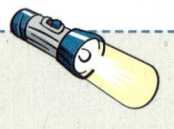

Oft bestehen Zusammenhänge zwischen der **Überschrift** und der eigentlichen Geschichte, die für die Deutung eines Erzähltextes wichtig sind. Deshalb solltest du bei deiner Textuntersuchung den Titel immer berücksichtigen.

1 Schreibe auf, wie du den Titel der Kurzgeschichte verstehst.

_____

_____

_____

_____

_____

_____

_____

_____

2 Schreibe auf, wie du das Verhalten der Erzählerin ihrem Freund gegenüber am Schluss der Kurzgeschichte beurteilst. Überlege dazu, welche alternativen Handlungsmöglichkeiten die Erzählerin gehabt hätte.

_____

_____

_____

_____

_____

_____

_____

_____

_____

_____

_____

_____

Zitiertechnik

Wenn man einen literarischen Text, z. B. eine Kurzgeschichte, beschreiben und deuten will, ist es sinnvoll, mit dem Wortmaterial der Vorlage zu arbeiten und **Zitate** zu verwenden, um die Aussagen zu belegen. Der Leser/Die Leserin kann so die Richtigkeit der Aussagen am Text nachprüfen. Für das Zitieren gibt es unterschiedliche Möglichkeiten. In jedem Fall sollte in Klammern hinter dem Zitat die Fundstelle (Seitenangabe und/oder Zeilenangabe) stehen. Umfasst das Zitat zwei Zeilen, schreibt man Z. XY f., umfasst es mehr als zwei Zeilen, Z. XY ff.

Im Folgenden sind die wichtigsten Regeln zum Zitieren zusammengestellt. Die Aussagen beziehen sich auf die Erzählung „Eifersucht" von Tanja Zimmermann in diesem Arbeitsheft (siehe S. 20).

Zitierweisen und -regeln

- Zitate können durch einen Begleitsatz eingeleitet werden. Die Kennzeichnung des Zitats erfolgt dann wie bei der wörtlichen Rede durch Anführungszeichen.

    Beispiel: Die Erzählung „Eifersucht" von Tanja Zimmermann beginnt mit einem unvermittelten Einstieg: „Diese Tussi!" (Z. 1)

- Eleganter kann es oft sein, wenn Zitate in den Satzbau eingefügt werden. Der Doppelpunkt entfällt dann.

    Beispiel: Der unvermittelte Einstieg „Diese Tussi!" (Z. 1) führt den Leser bzw. die Leserin gleich in die Gedankenwelt der Ich-Erzählerin.

- Manchmal erfordert es der eigene Satzbau, die Endung zitierter Wörter oder auch den zitierten Satzbau zu verändern. In diesem Fall werden die Änderungen in Klammern gesetzt.

    Beispiel: Als sie in den Spiegel schaut, findet sie „[ihre] Augen widerlich". (Z. 11)

- Eine wörtliche Rede, ein Titel oder ein Zitat innerhalb eines Zitats werden durch halbe Anführungszeichen kenntlich gemacht.

    Beispiel: Die Erzählung endet damit, dass die Ich-Erzählerin nicht ganz der Wahrheit entsprechend murmelt: „‚Och, ich find' die ganz nett, eigentlich'". (Z. 19)

- Auslassungen in einem Zitat werden durch drei Punkte in eckigen Klammern angezeigt.

    Beispiel: „Ich [...] kann gar nicht sagen, wie froh ich bin." (Z. 15 f.)

- Wenn unmittelbar auf einen Textteil Bezug genommen, aber nicht wörtlich zitiert wird, verwendet man für die Quellenangabe die Abkürzung „vgl." (vergleiche).

    Beispiel: Die Ich-Erzählerin ist erleichtert, dass ihr Freund Kirsten nicht mag (vgl. Z. 16).
    oder:
    Die Ich-Erzählerin ist erleichtert, dass ihr Freund Kirsten nicht mag. (Vgl. Z. 16)

1 Lies den Text „Eifersucht" von Tanja Zimmermann (s. S. 20). Durch welche Textstellen können die folgenden Aussagen belegt werden? Gib jeweils an: vgl. Z. XX.

- Die Ich-Erzählerin ist neidisch auf Kirstens Fähigkeiten.

  _____

- Die Ich-Erzählerin ist eifersüchtig auf Kirsten.

  _____

- Die Ich-Erzählerin empfindet ihr Aussehen als weniger attraktiv gegenüber dem Aussehen Kirstens.

  _____

- Im Gegensatz zu der Annahme der Ich-Erzählerin hat ihr Freund kein Interesse an Kirsten.

  _____

2 Schreibe die folgenden Sätze mit den für das korrekte Zitieren notwendigen Ergänzungen (Anführungszeichen, Zeilenbeleg, vgl., Klammer) neu auf.

- Die Erzählung Eifersucht von Tanja Zimmermann wurde 1984 veröffentlicht.

- Indem er Kirsten als Nervtante bezeichnet, macht der Junge deutlich, dass er kein Interesse an Kirsten hat.

- Die Ich-Erzählerin hat das Gefühl, weniger attraktiv als Kirsten zu sein.

- Wie wenig die Ich-Erzählerin mit ihrem Aussehen zufrieden ist, zeigt sich, als sie auf dem Klo in den Spiegel schaut und ihre Augen widerlich findet.

- Mit der letzten Aussage Och, ich find' die ganz nett, eigentlich zeigt die Ich-Erzählerin ihre Erleichterung.

- Als die Ich-Erzählerin beobachtet, wie sich ihr Freund Kirsten gegenüber verhält, wird ihre Eifersucht in besonderer Weise geweckt.

- Die Ich-Erzählerin überlegt, wie sie ihren Freund dafür bestrafen kann, dass er sich mit Kirsten unterhalten hat.

- Das Minderwertigkeitsgefühl der Ich-Erzählerin verstärkt sich, als sie zugeben muss, dass Kirsten auch 'ne ganz gute Stimme, schöne Augen hat.

- Die Augen spielen in der Erzählung eine besondere Rolle. Von Kirsten sagt die Erzählerin: Hat schöne Augen. Ihre eigenen Augen dagegen findet sie widerlich.

Eine Textanalyse verfassen

In einer **Textanalyse** geht es darum, einen Text genau zu untersuchen und zu deuten. Dabei kannst du dich an folgenden Hinweisen orientieren:

- In der **Einleitung** solltest du auf die **Textart** hinweisen und den **Titel**, **Autor/Autorin** und – falls bekannt – das **Erscheinungsjahr** nennen. Dann kannst du im Überblick auf den Inhalt und das Thema des Textes eingehen.

- Danach legst du im **Hauptteil** die Ergebnisse deiner Textuntersuchungen z. B. zu den Figuren, der Erzählperspektive, der Sprache oder dem Handlungsaufbau genau dar.
  Dabei kannst du **linear** vorgehen, indem du den Text Sinnabschnitt für Sinnabschnitt folgend auf der Grundlage deiner vorherigen Textuntersuchungen analysierst.
  Die andere Möglichkeit ist, dass du deine Analyse **aspektorientiert** anlegst. Dabei wählst du einen oder mehrere Aspekte aus und gibst vorab an, unter welchen Aspekten du den Text analysieren willst. Du legst für einen Aspekt jeweils dar, in welchen inhaltlichen Zusammenhängen er steht, wie er sprachlich ausgestaltet ist und wie er sich deuten lässt.
  Deine Deutungen solltest du bei beiden Verfahren durch **Textverweise** und **Zitate** belegen und absichern.

- Im **Schlussteil** kannst du darlegen, welche **Wirkungs- und Aussageabsichten** der Text für dich hat. Weiter kannst du darauf eingehen, was dir z. B. an einer kurzen Erzählung gefällt, nicht gefällt oder dir nachdenkenswert erscheint. Hier kannst du auch das Verhalten der Figuren und das erzählte Geschehen **beurteilen**.

1 Verfasse auf der Grundlage deiner bisherigen Arbeit am Text eine vollständige Analyse der Kurzgeschichte „Eifersucht" von Tanja Zimmermann (s. S. 20). Arbeite dazu in deinem Heft und beachte die Hinweise in dem Infokasten oben.

Die Exposition (Einführung in die Handlung) eines Schauspiels untersuchen – Carl Zuckmayer: Der Hauptmann von Köpenick

„Der Hauptmann von Köpenick" ist das bekannteste Schauspiel des deutschen Schriftstellers Carl Zuckmayer. Zuckmayer wurde 1896 geboren. Nach seiner Zeit als Soldat im Ersten Weltkrieg widmete er sich ganz dem Theater. Wie viele andere Schriftsteller und Schriftstellerinnen erhielt er in der Zeit des Nationalsozialismus Schreibverbot und musste schließlich Deutschland verlassen. Nach dem Zweiten Weltkrieg kehrte er aus den USA nach Europa zurück und lebte bis zu seinem Tod im Jahre 1977 in der Schweiz.

Die Handlung des Schauspiels in ihren Grundzügen

Dietrich Herrmann (geb. 1939)
Der Hauptmann von Köpenick

Das Schauspiel „Der Hauptmann von Köpenick" wurde im Jahre 1931 uraufgeführt. Die Handlung geht auf eine wahre Begebenheit aus dem Jahre 1906 zurück, spielt also in der Zeit der Regierung Kaiser Wilhelms II.

5 Wilhelm Voigt, die Hauptfigur oder der Held des Schauspiels, der wegen eher harmloser Delikte einen Großteil seines Lebens im Zuchthaus verbracht hat, spielt den ihn immer wieder schikanierenden Behörden einen Streich, über den ganz Berlin und sogar auch der Kaiser lacht. Für sein tolldreistes Unternehmen nutzt er
10 die blinde Verehrung für das Militär und die unterwürfige Verbeugung vor jeder Offiziersuniform in der Gesellschaft seiner Zeit aus. Das Schauspiel ist in drei Akte zu je 7 Szenen aufgebaut. Die 1. Szene des I. Akts spielt in einem vornehmen Uniformladen. Ein Hauptmann lässt sich eine neue Uniform anpassen, und eben sie
15 wird immer wieder im Schauspiel eine wichtige Rolle spielen. Schon in der zweiten Szene kommt das Problem Wilhelm Voigts zum Vorschein: Aus dem Zuchthaus entlassen, will er wieder als Schuster in Berlin arbeiten – dazu braucht er eine Aufenthaltserlaubnis. Die Polizeibehörde entscheidet aber, eine Aufenthaltsgenehmigung bekomme er erst, wenn er eine Arbeit nachweisen könne. In dieser aussichtslosen Lage fasst Voigt den Plan, in das Polizeibüro
20

Der Hauptmann von Köpenick in einer Inszenierung der Komödie Winterhuder Fährhaus Hamburg, 2003

einzubrechen, um sich selbst einen Pass auszustellen. Der I. Akt endet, wie
er angefangen hat, nämlich wieder im Uniformladen. Der Hauptmann hat
seine Uniform zurückgegeben, weil er den Dienst im Militär quittieren
musste. Stattdessen erwirbt sie Dr. Obermüller, der spätere Bürgermeister

25 von Köpenick, das damals noch eine selbstständige Gemeinde in der Nähe
Berlins war.

Polizeifoto des historischen Voigt

Der II. Akt führt gleich in der 1. Szene den Zuschauern vor Augen, wie
militärischer Geist und Begeisterung über die Siege in den letzten Kriegen
des Reichs sogar auch im Zuchthaus herrschen; denn dort findet sich

30 Wilhelm Voigt nach dem missglückten Einbruch im Polizeibüro wieder.
Hier lernt er alles über das Militär – seine Dienstränge und Abzeichen –
von einem national begeisterten Zuchthausdirektor.

Nach zehn Jahren Haft muss Voigt, wieder entlassen aus dem Gefängnis,
neu anfangen; aber zu seiner großen Enttäuschung hat sich in der langen

35 Zeit nichts geändert. Wieder wird über ihn entschieden: Ohne Aufenthaltsgenehmigung
keine Arbeit, ohne Arbeit keine Aufenthaltsgenehmigung. Nun will Voigt es „wissen", er will
sich nicht mehr einfach „fügen".

Der III. Akt beginnt wie der erste in einem Kleidergeschäft, allerdings nicht in einem vornehmen wie im I. Akt, sondern in einem Trödlerladen. Hier findet Wilhelm Voigt die alte Haupt-

40 mannsuniform wieder, die inzwischen durch allerlei Hände gegangen ist. Er kauft sie mit
allem Zubehör, legt sie an und überzeugt sich sogleich von ihrer Wirkung: Man steht stramm
vor ihm. Kurzerhand nimmt er jetzt eine Wache von Gardesoldaten unter seinen Befehl, zieht
mit ihr zum Rathaus von Köpenick und ruft dort im Namen des Kaisers den „Belagerungszu-
stand" aus. Den Bürgermeister Obermüller erklärt er zu seinem Gefangenen. In blinder Ehrer-

45 bietung gegenüber seiner Uniform verlangt niemand ernsthaft von Voigt eine schriftliche
Anordnung einer höheren Dienststelle für sein Vorgehen. So beschlagnahmt er noch die
Kasse, muss nun aber leider erfahren, dass man im Rathaus von Köpenick keine Pässe aus-
stellt und so seine eigentliche Absicht zunichte wird. Dennoch führt er die einmal begonnene
Aktion zu Ende. Den Bürgermeister und seine Gattin lässt er als Gefangene nach Berlin

50 transportieren und dorthin entlässt er endlich auch seine ihm gehorsamen Wachsoldaten. Er
selbst verschwindet zunächst spurlos.

Schon am nächsten Tag steht das Unternehmen „Der Hauptmann von Köpenick" in allen
Berliner Zeitungen und verursacht ein riesiges Gelächter nicht nur in der Hauptstadt, sondern auch im Ausland. Voigt stellt sich nach 14 Tagen der Polizeibehörde gegen das Verspre-

55 chen, dass man ihm einen Pass aushändige. Zum Vergnügen des Polizeidirektors und der ihn
vernehmenden Beamten legt er noch einmal die Uniform an, und bei dieser Gelegenheit sieht
er sich selbst in einem Spiegel zum ersten Mal als Hauptmann. Das Schauspiel endet mit
einem großen Gelächter Voigts und seinem Ausruf „Unmöglich".

(2008)

1 Ordne die folgenden Aussagen jeweils dem entsprechenden Akt des Schauspiels zu.

- Wilhelm Voigt kauft in einem Trödlerladen die Uniform, die sich einst der Hauptmann hat
anfertigen lassen. Akt ☐

- Der arbeitslose Schuster Wilhelm Voigt plant, in ein Polizeibüro einzubrechen, um sich selbst
einen neuen Pass auszustellen. Akt ☐

- Wilhelm Voigt muss erfahren, dass im Köpenicker Rathaus keine Pässe ausgestellt werden.
Akt ☐

- Weil er nach seiner Haftzeit wieder keine Aufenthaltsgenehmigung und keine Arbeit bekommt, will sich Voigt nicht mehr einfach fügen. Akt ☐

- Ein Hauptmann lässt sich in einem Uniformladen eine neue Uniform anpassen. Akt ☐

- Wilhelm Voigt lässt als falscher Hauptmann den Bürgermeister von Köpenick verhaften und die Gemeindekasse beschlagnahmen. Akt ☐

- Während seiner Haftzeit lernt Wilhelm Voigt alles über militärische Dienstränge und Abzeichen. Akt ☐

2 Schreibe mit deinen Worten den Konflikt auf, in dem sich Wilhelm Voigt befindet, und seinen Plan, wie er ihn lösen will.

_____

_____

_____

_____

3 Die Handlung des Schauspiels beruht auf einer wahren Begebenheit im Jahr 1906. Im Internet findest du Informationen über das reale Leben Wilhelm Voigts und seine berühmte „Köpenickiade". Schaue nach unter https://de.wikipedia.org/wiki/Hauptmann_von_Köpenick (letzter Zugriff: 09.02.2022).

Die Bedeutung der ersten Szene für das Schauspiel untersuchen

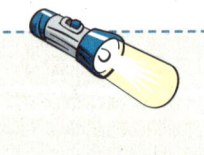

Die ersten Szenen eines Schauspiels bilden die **Exposition**, eine Art Einleitung in die dramatische Handlung. Sie stellt wichtige Handlungsträger und -trägerinnen vor und führt in die Situation und die Verhältnisse ein, die die Ursache des dramatischen Konflikts bilden.

Carl Zuckmayer (1896 – 1977)
Der Hauptmann von Köpenick

Erster Akt
Erste Szene

Personen: Adolf Wormser, sein Sohn Willy, Zuschneider Wabschke, Hauptmann von
5 Schlettow, Wilhelm Voigt

Bei geschlossenem Vorhang erschallt, von einer marschierenden Militärkapelle gespielt, der Armee-marsch Nr. 9 – mächtig anschwellend, dann allmählich mit dem Taktschritt der abziehenden Truppe verklingend. Ferne Militärmusik begleitet die ganze 10 _Szene. Inzwischen hat sich der Vorhang gehoben: Die Bühne zeigt das Innere von A. Wormsers Uniformladen in Potsdam. Im Vordergrund der Ladentisch und der Raum für die Bedienung der Kunden. Im Hintergrund die großen gläsernen Schaufenster, durch die_ 15

man die Straße und gerade noch die Queue[1] der unter
Musik vorbeiziehenden Gardekompanie erblickt. Die
Schaufenster sind mit einzelnen Uniformstücken,
auch Helmen, Mützen, Säbeln, Lackreitstiefeln
20 *dekoriert. Komplette Offiziersuniformen stehen auf*
Holzpuppen ohne Kopf. In der Mitte hinten eine
Doppelglastür mit Klingel. Die Glasscheiben tragen
in verkehrt zu sehenden Goldbuchstaben die Auf-
schrift der Firma: „A. WORMSER, KGL. PREUSS.
25 *HOFLIEFERANT". Auf dem Ladentisch Stoffballen,*
Uniformknöpfe, Epauletten[2], Handschuhe, Feldbin-
den und dergleichen. An der Wand ein Bildnis der
kaiserlichen Familie und die Fotos höherer Offiziere
mit Unterschrift. Auch ein gerahmtes Ehrendiplom
30 *und eine Aufnahme des Herrn Wormser in studenti-*
scher Couleur[3]. Eine Seitentür führt zu Wormsers
Privatkontor. Zuschneider Wabschke – klein, buck-
lig – steht auf einem Schemel und hilft dem Haupt-
mann von Schlettow in seinen neuen Uniformrock.

35 V. SCHLETTOW Nee, nee, Wabschke, mit der
  Uniform da stimmt was nicht. Da is was nich in
  Ordnung. Das hab ich im Gefühl.
  WABSCHKE Herr Hauptmann – mit det Jefühl, det
  is so ne Sache. Wenn ick mal in en Paar neie
40 Buxen steige – selbst zujeschnitten, akkurat
  jenau uff jeden Hosenknopp –, da hab ick ooch
  immer son komisches Jefiehl. Un denn komm
  ick hinter: det is gar keen Jefühl – det is nur de
  Neuheit.
45 V. SCHLETTOW Nee, nee, Wabschke, machense mir
  nichts vor. Sehnsemal, ich kann mir als Hauptmann nich jeden Tach ne neue Uniform leisten.
  Gardeleben kost ja sowieso 'n tollen Stiefel.
  Aber – wenn ich mir eine leiste, denn muss nu
50 alles tadellos in Ordnung sein, darin bin ich
  komisch, was? *Er lacht.*
  WABSCHKE *zieht ihm die Rockschöße herunter* Det
  sitzt nu alles wie de eigne Haut.
  V. SCHLETTOW Sagen Sie! – *Besieht sich von allen*
55 *Seiten im Spiegel* – Na ja, von vorne ist ja nischt
  zu wollen. Aber hinten! Hinten! Sehnse sich
  mal die Gesäßknöppe an! Die sitzen bestimmt
  nich vorschriftsmäßig!
  WABSCHKE Aber, Herr Hauptmann: ick sage Ihnen,
60 wie anjewachsen! Man kennte meinen, Sie
  wären mit Jesäßkneppen uff de Welt jekommen.
  V. SCHLETTOW Sechsenhalb Zentimeter Abstand!
  Sechsenhalb Zentimeter is Vorschrift! Das da

sin mindestens achte, widersprechense nicht,
das hab ich im Gefühl! 65
WABSCHKE Na, Herr Hauptmann, so jenau wird's
  Ihnen keener nachmessen.
V. SCHLETTOW Das hab ich im Gefühl, da is nischt
  dran zu klimpern. Die Gesäßknöppe werden
  geändert, Wabschke. 70
WABSCHKE Da missten wa nu de janze Schoßfalte
  uftrennen, und denn stimmt det wieder in de
  Tallje nich.
V. SCHLETTOW Sehnse, Wabschke, bei Ihnen merkt
  man auf Schritt und Tritt, dass Se nich gedient 75
  haben. Wennse beim Kommiss so viel wider-
  sprechen, denn kommense ausm Kasten gar
  nich raus.
WABSCHKE Deshalb hab ick mir ooch lieber 'n
  Puckel jezüchtet. Finger lang und Luftklappe 80
  jeschlossen – det wär keen Sport vor meines
  Vaters Kleensten.
V. SCHLETTOW Das fehlt Ihnen, Wabschke, das
  fehlt Ihnen! Als Schneider sinse vielleicht
  tipptopp, aber als Mensch, da fehlt Ihnen der 85
  Schliff, der Schnick, der Benimm, die ganze
  bessere Haltung!
WABSCHKE Na, Herr Hauptmann, ick kann ja ooch
  de Knochen zusammenreißen un det Kinn uff de
  Krawatte dricken. *Er markiert stramme Haltung.* 90
V. SCHLETTOW *halb lachend, halb empört* Hörnse
  auf Wabschke, hörnse auf, das kann ich gar nich
  sehn!!
WORMSER *kommt rasch herein. – Er ist rundlich,*
  rosig, graublond [...] Was is denn nu wieder los. 95
  – Wabschke, lassense die Possen! Guten Tach
  Herr von Schlettow, ärgernse sich nicht über
  den Pojazz[4], er is nich normal, aber 'n besseren
  Zuschneider findense in ganz Deutschland nich.
  Wabschke, haltense 'n Rand, ich sage Ihnen 100
  immer wieder, bei der nächsten Schnoddrigkeit
  fliegense raus. Famos sehnse aus, Herr Hauptmann! *Schüttelt ihm die Hände* Das macht der
  Dienst, das macht die frische Luft, das macht
  des Kaisers Garde, was? Na, nu zeigense mal 105

---

1 **die Queue:** die rückseitigen Rockschöße der Uniformen
2 **Epauletten:** Achselstücke der Uniform
3 **studentische Couleur:** Farben der Studentenverbindung
  Wormsers zu seiner Zeit als Student
4 **Pojazz:** Spaßmacher

her, lassense sich mal bewundern, wo sitzt der Schaden, wo liegt der Hund begraben, das wolln wa gleich haben – was?

V. Schlettow Ich weiß nicht, Herr Wormser, mit
110 der Uniform ist was nich richtig. Ich hab son komisches Gefühl im Genick, un die Gesäßknöppe sitzen auch nich vorschriftsmäßig.

Wormser *ruft* Willy, brings Maßbuch. Ich werde die Sache untersuchen, Herr Hauptmann. Sie
115 sollen sich persönlich überzeugen. Glänzend steht Ihnen der Rock! Willy, mach rasch! 'n wunderschöner Stoff, was? 'n Stöffchen!! Also das Stöffchen, das kriegen von mir nur die Herren von der Garde un die kaiserlichen
120 Prinzen. Sehnsemal – *Er fährt mit den Fingerknöcheln übers Tuch –* 'n Glanz wie son frisch gewichster Pferdepopo – was?

V. Schlettow *lachend* Gottvoll, Wormser! Is ja enorm! Pferdepopo – ! Einfälle haben Sie!

125 Willy *erscheint mit dem Maßbuch. Er ist sechzehn Jahre alt, schmal, blass, verpickelt und ungelenk.* [...]

Wormser Zeig her, Willy, leg's hin, schlag's auf, träum nicht, mach e bissje. Sehnse hier, Herr

von Schlettow – sehnse selbst: wie steht's da
130 schwarz auf weiß? Schoßknöpfe Abstand sechseinhalb Zentimeter. Stimmt's oder hab ich recht? Was wollense mehr.

V. Schlettow Steht schon da – sitzt aber nich. Messense nur mal nach!
135 *Während der letzten Sätze, etwa gleichzeitig mit dem Auftreten Willys, ist im Hintergrund auf der Straße ein Mann erschienen – kurz stehen geblieben, weitergegangen. Nun kommt er
140 langsam zurück, geht bis zur Ladentür, starrt in die Scheiben.*

Wormser Wabschke, gebense's Zentimetermaß. Willy, halt dich grad! Ich kann nicht sehen, wie de rumstehst. Wenn du so weitermachst,
145 kommste nie zum Militär. Was will denn der Mann an der Glastür? Willy, schau mal nach. Na, nu läuft er wieder wech. *Er misst nach* Sehnse, Herr Hauptmann, wenn man's genau nimmt, habense recht. Also von Ihnen möcht ich erschossen werden. Sie treffen 'n Flohstich
150 mittenmang in de Mitte. Die Knöppe sitzen um 'n halben Zentimeter zu weit. [...]

(1931)

1 Verfasse je eine Rollenbiografie zu Hauptmann von Schlettow und zu dem Schneidermeister Wormser.

Bei einer **Rollenbiografie** stellt sich eine Figur in der Ich-Form vor. Zum Erstellen einer solchen Rollenbiografie schlüpfst du in die Rolle einer bestimmten Figur und gibst schriftlich über diese Figur Auskunft.

Für die Rollenbiografie zu Hauptmann von Schlettow sind folgende Aspekte wichtig:
- Was denkt er über die Bedeutung des Militärs und die Bedeutung der Uniform?
- Was denkt er über Vorschriften?
- Was denkt er über Menschen, die keinen Militärdienst geleistet haben?

Für die Rollenbiografie zu Schneidermeister Wormser solltest du folgende Aspekte beachten:
Wie verhält er sich gegenüber
- seinem Kunden Hauptmann von Schlettow,
- seinem Sohn Willy?

Dietrich Herrmann (geb. 1939)
Die Wilhelminische Zeit

Als Wilhelm II. mit 29 Jahren an die Regierung kam, erklärte er seinen festen Willen, das Deutsche Reich zu einer Weltmacht zu machen. Deutschland war mit ungeheurem Tempo neben England die größte Industrienation

5 geworden. Man verfügte also in Deutschland über alle Mittel, ein schlagkräftiges Heer mit modernen Waffen aufzurüsten. Auch entstand auf Betreiben des Kaisers eine neue Schlachtflotte, die sogar der führenden Seemacht England gefährlich werden konnte. Die militärischen Siege

10 in den vergangenen Jahrzehnten über Dänemark, Österreich-Ungarn und Frankreich führten zu einem übertriebenen Stolz auf die Stärke und Unbesiegbarkeit der deutschen Heere. Mit ihren großsprecherischen und säbelrasselnden Reden schürten der Kaiser und die ihn

15 unterstützenden politischen Gruppen nationalistische Gefühle in der Bevölkerung. Der immer wiederholte Leitspruch Wilhelms II. lautete: „Am deutschen Wesen soll die Welt genesen". Damit stellte er alles, was „deutsch" war, der übrigen Welt als überlegenes Vorbild dar. Zu diesem

20 „deutschen Wesen" gehörten aber vor allem militärisches Denken und militärische Haltung auch in den zivilen Einrichtungen des Staats, etwa in den Ämtern und sogar auch in den Schulen. Die erste Frage, die man einem Arbeitssuchenden oder jemandem, der sich um einen

Wilhelm II., Deutscher Kaiser und König von Preußen (Regierungszeit 1888 – 1918), Gemälde von Ludwig Noster, 1906

25 bestimmten Posten in der Wirtschaft oder im Staatsdienst bewarb, stellte, lautete in der Regel: „Wo haben Sie gedient?". D. h., der Militärdienst in diesem oder jenem Heeresteil hatte vorrangige Bedeutung vor der beruflichen Qualifikation. Der Kaiser und sein Offizierscorps zeigten sich meistens in prachtvollen Uniformen. Wer eine Offiziersuniform trug, dem öffneten sich in der Gesellschaft alle Tore. Häufige glänzende Militärparaden sollten der Bevölkerung den

30 Eindruck der Überlegenheit des deutschen Heers über alle Armeen der Welt verschaffen. Mit dieser deutschnationalen Haltung und seiner aggressiven Außenpolitik trug der Kaiser erheblich zur Verschlechterung der politischen Beziehungen zwischen den Staaten Europas bei. Europa wurde zu einem Pulverfass und zuletzt sah sich keine Macht mehr imstande, den Frieden zu erhalten und den Ersten Weltkrieg zu verhindern.

(2008)

2 Unterstreiche in dem vorangehenden Sachtext die Sätze, die die Bedeutung des Militärs und die Bedeutung der Uniformen zu der Zeit Wilhelms II. beschreiben.

3 Verfasse mithilfe der Informationen aus dem Text eine Erläuterung dazu, wie sich Wilhelm II. auf dem Gemälde darstellen lässt.

_____

_____

_____

_____

_____

4 Lies noch einmal die Regieanweisung zu Beginn der ersten Szene (S. 34 f.). Liste auf, wodurch dem Zuschauer und der Zuschauerin schon vor Beginn des Stücks die Bedeutung des Militärs gezeigt wird.

_____

_____

_____

_____

_____

_____

_____

5 Wie verstehst du den folgenden Hinweis: „Komplette Offiziersuniformen stehen auf Holzpuppen ohne Kopf" (S. 35, Z. 20 f.)? Deute die Begriffe „Holz" und „Puppen" und die Formulierung „ohne Kopf" im Zusammenhang der Aussage.

„Puppe": _____

„Holz": _____

„ohne Kopf": _____

6 In welcher Weise geht es bei dieser Requisite um eine Bewertung des Militärs?

_____

_____

_____

_____

Zweite Szene – Einführung der Hauptperson Wilhelm Voigt

Im Alter von 18 Jahren hat Wilhelm Voigt die Reichspost um 300 Mark betrogen, damit auch er einmal einem Mädchen etwas „spendieren" konnte. Dafür musste er 15 Jahre im Zuchthaus zubringen. Danach hat er im Ausland in Schuhfabriken gearbeitet. Wilhelm Voigt ist jetzt 46 Jahre alt.

Erster Akt
Zweite Szene (gekürzt)

Personen: Oberwachtmeister, Wachtmeister, Wilhelm Voigt

5 *Polizeibüro in Potsdam. Geschlossene Fenster, muffige Luft, viel Papier, Akten- und Kassenschrank. An der Wand Kaiserbild, Verordnungstafeln, Gendarmeriesäbel und Pickelhauben an den Kleiderhaken. Oberwachtmeister und Wachtmeister sitzen einan-*
10 *der gegenüber an Schreibtischen. Wilhelm Voigt, Hut und Paket in der Hand, steht [...] hinter einer niedrigen hölzernen Schranke [...].*

OBERWACHTMEISTER *liest in den Akten* [...] Zuletzt hattense nun wieder eine Freiheitsstrafe zu
15 verbüßen – fünfzehn Monate Gefängnis, wegen Melde- und Passvergehen, Irreführung der Behörden und versuchter Urkundenfälschung.

VOIGT Da wollt ick mir nu de Neese aus det Jesichte reißen. Aber det hat nich jegangen.

20 OBERWACHTMEISTER Was redense da?

VOIGT Ick meine, [...] sone Vorstrafe, die schleppt eener mit rum wie die Neese ins Jesicht. Als Wilhelm Voigt, da hab ick nischt zu jewinnen in de Lotterie. Nu hab ick mir jesacht: Schluss mitn
25 Wilhelm Voigt, fängste als Friedrich Müller von vorne an. Det war doch jar nich so iebel.

OBERWACHTMEISTER Blödsinn. Sie sehen ja, was dabei rausgekommen ist.

VOIGT Ick hab mir halt nich ausjekannt.

30 OBERWACHTMEISTER Also hoffentlich kennense sich jetzt aus: was'n Gesetz is und was'n Vergehen is und was'n Gefängnis is. Lang genug habense ja studiert.

VOIGT Jawoll, det kann ick wohl flüstern. Aber
35 deshalb brauch ick nu jetzt meine Aufenthaltserlaubnis: Ohne der bin ick ja uffjeschmissen. Ick mechte mir hier in de Schuhfabriken vor

Militärstiefel betätigen, det is neemlich meine Spezialität, de Zuchstiebeln un de langen Schefte, und ins Jefängnis da habense mir ooch
40 in de Machinenarbeet ausjebildet.

OBERWACHTMEISTER Habense sich denn schon nach Arbeit umgesehen?

VOIGT Det mach ick 'n jenzen Tach, seit ick raus bin. Ick hab mir schon 'n Paar Sohlen kaputtje-
45 loofen. Die Jefängnisleitung hat mir ja ne Empfehlung mitjegeben – *er kramt sie aus der Tasche* – aber ick komme jarnich dazu, det ick se vorzeichen kann. Iberall wollense Meldepapiere sehn, und wenn ick in son besseres
50 Jeschäfte fragen will, da glaubense, ick will betteln, da haunse mir gleich raus.

OBERWACHTMEISTER *hat kaum zugehört, ordnet die Akten* Also kommense mal wieder, wennse Arbeit haben. Dann können wir weitersehn.
55

VOIGT Ick bekomm ja keene Arbeit ohne de Anmeldung. Ick muss ja nu erst mal de Aufenthaltserlaubnis –

OBERWACHTMEISTER Das schlagense sich mal ausm Kopp. Einem stellungslosen Zuchthäusler
60 können wir keine Aufenthaltserlaubnis geben. Nachher denken Sie ja gar nicht mehr dran zu arbeiten und treiben sich hier rum.

VOIGT Ick muss doch arbeeten. Von wat sollt ick denn leben?
65

OBERWACHTMEISTER Das ist Ihre Sache. Sehnse zu, dass Sie 'n ordentlicher Mensch werden. Wenn einer arbeiten will, denn kriegt er auch Arbeit.

VOIGT *schüttelt den Kopf* Nee, nee, det is nu 'n Karussell, det is nu ne Kaffeemihle. Wenn ick
70 nich jemeldet bin, krieg ick keene Arbeet, und wenn ick keene Arbeit habe, da darf ick mir nich melden. Denn will ick wieder raus. Denn jebense mir 'n Pass mit 'n Grenzvisum, det ick rieber kann.
75

OBERWACHTMEISTER Dafür sind wir hier nicht zuständig [...]. Wenn Sie 'n Pass wollen, müssense sich an Ihre Heimatbehörde wenden.

VOIGT Da war' ick jrade jewesen. Aber da habense mir ja nich anjehört. Du bist bei uns abjehängt,
80 habense jesacht. Hier kenn wa dich nich mehr, seit zwanzich Jahren biste jestrichen. Jeh mal ne Ortschaft weiter, die Heimat schämt sich deiner, habense jesacht. Na ja, sach ick, ick will ja nu hier ooch keen Denkmal jesetzt kriegen, ich
85 will ja nur meine Zuständigkeit. Da habense

mir rausjeflammt. Nee, nee, da jeh' ick nich mehr hin.

OBERWACHTMEISTER Na, regense sich mal nicht
90 auf hier.

VOIGT Ick reg mir jarnich uff, ick will nur 'n Papier haben, 'n Papier, det is doch mehr wert als de janze menschliche Konstitution, det brauch ick doch neetijer als det tägliche Brot.

95 OBERWACHTMEISTER *schnallt um, setzt seinen Helm auf* Jetzt machense mal 'n Punkt.

VOIGT Nee, nee, ick reg mir jarnich uff, aber 't muss nu 'n Platz geben, wo der Mensch hinge-hört! Wenn ick keene Meldung kriege und nich
100 hierbleiben darf, denn will 'ck wenigstens 'n Pass haben, det ick rauskann! Ick kann ja nu mit de Füße nich in de Luft baumeln, det kann ja nur 'n Erhenkter [...].

OBERWACHTMEISTER Sie haben immer noch unklare Vorstellungen über die Zuständigkeits- 105 grenzen. Für Ihre Passangelegenheiten kommen wir hier nicht infrage, merken Sie sich das, is gänzlich ausgeschlossen. Ihr Gesuch um Aufenthaltsgenehmigung gebe ich weiter, aber befürworten kann ich 's nicht, dafür ist ihr 110 Vorleben zu fragwürdig. Wir haben genug unsichere Elemente in der Stadt. Schluss jetzt.

VOIGT Da mecht ick Ihnen 'n Vorschlag machen – da mecht' ick Ihnen vorschlagen, det se mir gleich express¹ wieder in de Plötze² zuricktrans- 115 portieren lassen!

OBERWACHTMEISTER Raus!!! Jetzt wird er auch noch frech! Scherense sich raus!!

¹ **express:** mit dem Schnellzug
² **Plötze:** Gefängnis in Berlin

---

7 Lies die zweite Szene des ersten Aktes und sieh dir anschließend das Foto an.
Es zeigt ein Standbild aus der Verfilmung des Schauspiels. Zu welcher Stelle der zweiten Szene könnte das Standfoto passen? Schreibe neben das Bild, was Wilhelm Voigt und was der Ober-wachtmeister gerade sagen könnten (zitiere den Text).

8 Voigt gebraucht im Verlauf der Szene mehrmals Metaphern und Vergleiche, die seine Situation sehr anschaulich darstellen. Erläutere mit eigenen Worten, was Voigt mit diesen Bildern verdeutlichen will.

„Da wollt ick mir nu de Neese aus det Jesichte reißen." (Z. 18 f.):

_____

_____

_____

„Nee, nee, det is nu 'n Karussell, det is nu ne Kaffeemihle." (Z. 69 f.):

_____

_____

_____

„Ick kann ja nu mit de Füße nich in de Luft baumeln, det kann ja nur 'n Erhenkter." (Z. 101 ff.):

_____

_____

_____

9 Fasse zusammen: Welchen Eindruck erhält der Zuschauer bzw. die Zuschauerin von Wilhelm Voigt in der zweiten Szene?

_____

_____

_____

_____

_____

10 Schreibe auf, welche Fragen zur Handlung die Exposition für die Zuschauer und Zuschauerinnen unbeantwortet lässt.

_____

_____

_____

_____

_____

Ein Protokoll anfertigen

Mit dem Protokoll fasst man den **Verlauf** und die **Hauptergebnisse** von Unterrichtsstunden, Gesprächen, Verhandlungen, Konferenzen, Vernehmungen usw. sachlich und übersichtlich zusammen. Den jeweiligen Teilnehmern/Teilnehmerinnen dient es als **Gedächtnisstütze** oder **Beleg** für einen Vorgang, eine Vereinbarung usw. Außenstehende und Abwesende können sich mit seiner Hilfe möglichst schnell über das Geschehen informieren.

Enthält das Protokoll den genauen Diskussionsverlauf in allen Einzelheiten und die Ergebnisse, spricht man von einem **Verlaufsprotokoll**. Gebräuchlicher ist aber das **Ergebnisprotokoll**, das nur die wichtigsten Fakten des Verlaufs und die Hauptergebnisse wiedergibt, wie z. B. das Stundenprotokoll oder die protokollierte Diskussion.

Das Protokoll enthält am **Anfang** folgende Angaben:

- **Datum, Uhrzeit, Ort**
- **Name des/der Vorsitzenden bzw. des Leiters/der Leiterin**
- **Anwesenheit/Abwesenheit von Personen** (z. B. Vereinsmitglieder, Schüler und Schülerinnen einer Klasse usw.)
- **Thema/Anlass**

Das Protokoll wird in **sachlich-distanzierter Sprache** im Tempus des **Präsens oder Präteritums** abgefasst. **Redebeiträge werden in indirekter Rede** wiedergegeben. Beschlüsse oder Anträge werden wörtlich ins Protokoll aufgenommen.

Der Protokollant/Die Protokollantin gibt zu dem Geschehen **keine eigenen Kommentare** ab.

Protokoll einer Unterrichtsstunde

Protokoll der Deutschstunde vom 09.08.20..
Heinrich-Heine-Schulzentrum, 8.00 – 8.45 Uhr

Fachlehrer: Herr Wolff
Anwesende: alle Schülerinnen und Schüler der 9b
Protokollantin: Serena Z.

a)	Die Figurenkonstellation in der 1. Szene des I. Aktes des Schauspiels „Der Hauptmann von Köpenick"
b)	Zunächst wird die Hausaufgabe besprochen. Als Ergebnis wird festgehalten: Anhand der nicht sprachlichen Elemente wie Darstellung der Handlung, Gestik, Mimik, Musik, Sprechweise, Geräusche, Licht und Requisiten wird der Hauptunterschied des Dramas gegenüber der Textart Erzählung deutlich, die nur mit sprachlichen Mitteln arbeiten kann.
c)	In Partnerarbeit werden dann die Figurenkonstellationen nach dem Gesichtspunkt der Unter- und Überordnung der Figuren untersucht (v. Schlettow/Wabschke;

v. Schlettow/Wormser; Wormser/Wabschke; Wormser/Willy). Dabei werden die Redeanteile der Figuren und ihre Art zu sprechen (Dialekt) beachtet.

d) In der anschließenden gemeinsamen Besprechung werden folgende Beobachtungen zusammengetragen, die in einem Tafelbild festgehalten werden:
- Die größten Redeanteile hat der Hauptmann. Seine Standesüberlegenheit demonstriert er mit kurzen Anweisungen, herablassenden Belehrungen gegenüber Wabschke über die Vorzüge des Militärs und seinem gönnerhaften Ton gegenüber Wormser.
- Was die Redeanteile angeht, folgt ihm der Geschäftsinhaber Wormser. Gegenüber dem Hauptmann zeigt er sich freundlich-unterwürfig und vor allem auf sein Geschäft bedacht. Alle übrigen Figuren behandelt er von oben herab.
- Wormsers Sohn Willy erhält nur strenge Anweisungen und Verhaltensvorschriften von seinem Vater und kommt in der Szene selbst nicht zu Wort.
- Wabschke ist für Wormser nur ein Untergebener, den er nicht entlassen kann, weil er ein guter Zuschneider ist.
- Uneinig ist sich die Klasse über das Verhältnis zwischen Hauptmann v. Schlettow und Wabschke. Manche sehen bei dem Zuschneider nicht nur blinde Verehrung und Gehorsam gegenüber dem Offizier, sondern auch eine gewisse Selbstständigkeit, weil er es wagt, das Militär nicht ganz ernst zu nehmen.
- Alle Figuren in dieser Szene benutzen in ihrer Sprache Elemente der Umgangssprache oder des Dialekts. Es fällt auf, dass die Anteile des Dialekts zunehmen, je niedriger die Figuren auf der sozialen Leiter stehen.

e) Als Resümee wird festgehalten:
Die Redeanteile der Figuren in dieser Szene nehmen mit ihrer geringeren sozialen Stellung ab.
Die Anteile des Dialekts in ihrer Sprache werden dagegen größer.

f) Die Hausaufgabe zur folgenden Stunde lautet: Beschreibt in Stichworten, wie in der Szene Komik bei der Darstellung der Figuren und des Militärs entsteht.

1 Kreuze an: Bei diesem Protokoll handelt es sich um ein

☐ Verlaufsprotokoll.   ☐ Ergebnisprotokoll.

Begründe deine Entscheidung:

_____

_____

2 Ordne die folgenden Begriffe den Abschnitten des Protokolls zu, indem du die Begriffe in den entsprechenden Kasten einträgst:

> Ergebnisse · Thema · Hausaufgabe zur folgenden Stunde · Unterrichtsschritte · Hausaufgabe zur Stunde · Resümee

3 Schreibe in Stichworten mögliche Vorteile auf, die du in dem Anfertigen und Sammeln von Unterrichtsprotokollen siehst für

- Schüler bzw. Schülerinnen, die eine Stunde versäumt haben:

  _____

  _____

- die Vorbereitung auf eine Klassenarbeit:

  _____

  _____

- den Protokollanten bzw. die Protokollantin:

  _____

  _____

- den Lehrer bzw. die Lehrerin:

  _____

  _____

Protokoll einer SV-Sitzung

SV-Sitzung des Carl-Duisberg-Gymnasiums am 02.05.2022, 12.20 – 13.05 Uhr, im Forum der Schule

NILS: Als Schülersprecher eröffne ich hiermit unsere heutige Sitzung. Zuerst eine Bitte: Vergesst nicht, euch in die Anwesenheitsliste einzutragen. Dann zu unserem heutigen Thema:
5 Ich habe euch einberufen wegen eines Antrags der 9b. Danach sollten wir alles daransetzen, dass an unserer Schule endlich auch eine Cafeteria eingerichtet wird. Ich bitte zuerst die Vertreter der 9b, das Wort zu ergreifen.
10 RASHEEDA: Seit Jahren reden wir von der Einrichtung einer Cafete. Nichts ist bis jetzt geschehen. Stattdessen finden wir uns immer noch mit dem viel zu kleinen Hausmeisterkiosk ab, und der ist nur in der großen Pause geöffnet. Von dem
15 mickrigen Warenangebot ganz zu schweigen.
ANDREAS: Ich verstehe das nicht. Unsere Nachbarschule, das Mariengymnasium, hat eine florierende Cafete, mit einer Auswahl von Getränken, mit Pizza, Schnitzel und Salaten, was ihr wollt. Die ist auch noch nach der 6. Stunde auf, 20 sodass man da auch mal zu Mittag essen kann. Und wir, eine Schule mit mehr als 1 000 Schülern, schaffen das nicht.
JULIAN: Die Oberstufenschüler haben ja gut lachen. Die gehen in den Pausen einfach rüber in die 25 Marienschule. Aber wir von der Sek. I dürfen ja den Schulhof in den Pausen nicht verlassen.
NILS: Da fühle ich mich als Schüler der Oberstufe angesprochen. Also, wir haben eine Umfrage gestartet. Ich kann euch sagen, auch die Sek. II 30 unterstützt voll den Plan. Fast alle von uns haben dafür votiert.
HERR TÖPFER: Als Verbindungslehrer habe ich mich mal im Kollegium umgehört. Auch dort ist

man der Meinung, dass wir eine Cafete brauchen, und zwar weil wir immer mehr Nachmittagsunterricht haben. Da muss unseren Schülerinnen und Schülern die Möglichkeit gegeben werden, etwas Richtiges zu essen. Die Frage kam aber auf, wie die Cafete betrieben werden soll. Manche im Kollegium meinen durch Selbsthilfe, etwa durch Eltern und Schüler in den Freistunden.

KATHARINA: Also ich bin entschieden gegen die Selbsthilfe. Das ist immer der Anfang vom Ende. So etwas klappt nur für kurze Zeit. Ich schlage vor, wir beauftragen damit eine Cateringfirma; die haben voll die Ahnung von so etwas und bei mehr als 1 000 Schülern schaffen wir noch mindestens zwei versicherungspflichtige Arbeitsplätze. Über diesen Punkt möchte ich eine Abstimmung! *(Beifall)*

NILS: Wenn niemand zu diesem wichtigen Detail noch was sagen will, stimmen wir ab. *(einstimmige Mehrheit für die Cateringfirma)* Nächste Frage: Wo soll die Cafete eingerichtet werden?

HERR TÖPFER: Da gab es vor Kurzem mal ein Gespräch mit der Schulleiterin, an dem auch Herr Klose, unser Hausmeister, und ich teilgenommen haben. Herr Klose zeigte sich in der Frage durchaus kooperativ, obwohl dabei sein Kiosk überflüssig werden könnte. Er brachte uns auf die Idee, dass sich am besten das Foyer im Westflügel eignen würde. Dort gibt es keine Klassen, die gestört werden könnten; da ist auch genug Platz. Außerdem ist das Foyer von allen Schülern gut erreichbar.

FREDERIK: Genial. Wie steht es dort mit den Leitungen? Wasser, Strom? Wo kriegen wir Tische und Stühle her?

NILS: Rebecca, unsere stellvertretende Schülersprecherin, und ich waren bei der Schulleiterin. Sie hat sich schon mal mit dem städtischen Bauamt verständigt. Die sehen keine Schwierigkeiten beim Legen der erforderlichen Anschlüsse. Was die Stühle und Tische angeht, will Frau Heidenreich mit unserem Förderverein sprechen. Ich bin der Meinung, dass wir Frau Heidenreich bitten sollten, auch die Verhandlung mit der Cateringfirma zu führen.

KATHARINA: Das ist doch logisch! Wer sonst außer der Schulleitung wäre dazu berechtigt? *(Beifall)*

NILS: Also stimmen wir ab, ob die Cafete im Westflügel eingerichtet werden soll und ob wir die Schulleitung bitten, die erforderlichen Verhandlungen zu führen. *(einstimmige Mehrheit für den Vorschlag)* Damit ist die Sitzung heute beendet. Ich glaube, wir sind ein gutes Stück mit der neuen Cafeteria weitergekommen. Ich danke euch!

1 An zwei Stellen stimmt die Schülervertretung über einen Antrag ab. Es fehlt jedoch ein ausformulierter Abstimmungsantrag. Formuliere ihn. Beginne mit:

Die SV des Carl-Duisberg-Gymnasiums stellt den Antrag, dass

_____

_____

Die SV des Carl-Duisberg-Gymnasiums stellt den Antrag, dass

_____

_____

2 Der Schülersprecher Nils hat dich gebeten, ein Ergebnisprotokoll für die Sitzung zu erstellen. Schreibe das Protokoll. Hilfen dazu erhältst du in dem Informationskasten zu Anfang des Kapitels (S. 42) und in dem Unterrichtsprotokoll von Serena Z. (S. 42 f.).

Ein Gedicht untersuchen und deuten

Bei der **Analyse (genaue Untersuchung und Deutung) eines Gedichts** geht es darum, herauszufinden, wie Inhalt, Aussage und Wirkung eines Gedichts durch seine sprachliche Gestaltung verdeutlicht werden.

So kannst du die schriftliche Analyse eines Gedichts aufbauen:

- In der **Einleitung** nennst du die wichtigsten **Textdaten** (Textart, Titel, Autor/Autorin, Erscheinungsjahr) und bestimmst kurz das **Thema** des Gedichts (worum es geht oder was dargestellt wird).

- Im **Hauptteil** beschreibst du zunächst die **äußere Form** des Gedichts (Strophenzahl, Verseinteilung, Reimschema, Metrum) und erklärst deren Bedeutung. Danach gehst du auf den **Inhalt** ein (z. B. Situation des lyrischen Ichs, Atmosphäre, Darstellung des Themas in den einzelnen Strophen, inhaltliche Entwicklung). Dabei kannst du strophenweise vorgehen, manchmal lassen sich auch mehrere Strophen zusammenfassen. In diesem Zusammenhang solltest du unbedingt die **sprachlichen Gestaltungsmittel** (z. B. sprachliche Bilder, Wortwahl, Satzbau) nicht nur benennen, sondern auch ihre Wirkung und ihre Bedeutung für Inhalt und Aussage des Gedichts erläutern.

- Zum **Schluss** kannst du zunächst eine kurze **Zusammenfassung** der wichtigsten Ergebnisse deiner Untersuchung formulieren. Dann versuchst du, auf dieser Grundlage im Sinne einer Gesamtdeutung eine mögliche **Intention** (Aussageabsicht) des Gedichts zu bestimmen. Abschließend kannst du auch eine **persönliche Bewertung** des Gedichts vornehmen, die du dann auch begründen solltest.

Adelbert von Chamisso (1781 – 1838)
Frühling und Herbst

Fürwahr, der Frühling ist erwacht;
Den holden Liebling zu empfahn,
Hat sich mit frischer Blumenpracht
Die junge Erde angetan.

5 Die muntern Vögel, lieberwärmt,
Begehn im grünen Hain ihr Fest.
Ein jeder singt, ein jeder schwärmt
Und bauet emsig sich sein Nest.

Adelbert von Chamisso, Gemälde eines unbekannten Künstlers (1810er-Jahre)

Und alles lebt und liebt und singt

10 Und preist den Frühling wunderbar,

Den Frühling, der die Freude bringt;

Ich aber bleibe stumm und starr.

Dir, Erde, gönn ich deine Zier,

Euch, Sänger, gönn ich eure Lust,

15 So gönnet meine Trauer mir,

Den tiefen Schmerz in meiner Brust.

Für mich ist Herbst; der Nebelwind

Durchwühlet kalt mein falbes Laub;

Die Äste mir zerschlagen sind,

20 Und meine Krone liegt im Staub.

(1826)

1 In dem Gedicht finden sich einige Wörter, die wir heute nicht mehr so oft benutzen und deren Bedeutung vielleicht nicht ganz klar ist. Versuche, aus dem Kontext heraus die zutreffende Bedeutung zu ermitteln, und ordne die Bedeutung dem jeweiligen Begriff zu, indem du, wie in dem Beispiel, entsprechende Pfeile ziehst.

Begriff	Bedeutung
Fürwahr	kleiner Wald, Park
holden	gelb, gelblich, graugelb
empfahn	wahrhaftig, in der Tat
angetan	empfangen
Hain	geneigt, zugetan, anmutig, bezaubernd
falbes	bekleidet

2 Die Überschrift des Gedichts lautet „Frühling und Herbst". Verbinde die beiden Begriffe „Frühling" und „Herbst" mit der jeweils zutreffenden Charakterisierung durch einen Pfeil.

Zeit des Untergangs
Zeit der erwachenden Natur
Frische, grüne Farben
Gedämpfte, bunte Farben
Muntere Vogelstimmen
Vogelzug nach Süden

Frühling   **Herbst**

3 Untersuche die Atmosphäre des Gedichts. Schreibe dafür zentrale Wörter heraus, durch die die Stimmung besonders gut verdeutlicht wird. Achte dabei insbesondere auf stimmungshaltige Adjektive. Formuliere anschließend einen Satz, der die Atmosphäre möglichst treffend beschreibt.

_____

_____

_____

_____

_____

_____

Die Atmosphäre des Gedichts ist _____

_____

4 Beschreibe kurz die Situation, in der sich das lyrische Ich befindet (Ort, Zeit, Stimmung).

Das lyrische Ich _____

_____

_____

5 Kreuze an, welche Formulierung du für zutreffend hältst, um das Thema des Gedichts zu bestimmen.

☐ In dem Gedicht „Frühling und Herbst" von Adelbert von Chamisso, das 1826 entstanden ist, vergleicht das lyrische Ich die beiden Jahreszeiten Frühling und Herbst miteinander.

☐ In dem Gedicht „Frühling und Herbst" von Adelbert von Chamisso, das 1826 entstanden ist, bedauert das lyrische Ich, dass der Frühling kommt und es sich in trüber Stimmung befindet.

☐ In dem Gedicht „Frühling und Herbst" von Adelbert von Chamisso, das 1826 entstanden ist, beschreibt das lyrische Ich die trübe Stimmung, die es empfindet, obwohl der Frühling als Jahreszeit der Lebensfreude und der Liebe gekommen ist.

6 Ergänze die folgenden Aussagen zum äußeren Aufbau des Gedichts.

Das Gedicht besteht aus _____ Strophen zu je _____ Versen , das Reimschema ist

ein _____ . Nach dem _____ Vers ist ein deutlicher Einschnitt

zu bemerken, der sprachlich durch die Konjunktion _____ gekennzeichnet wird.

7 Untersuche den Aufbau des Gedichts nun näher, indem du zunächst den Inhalt der einzelnen Strophen jeweils in einem Satz in eigenen Formulierungen wiedergibst.

Das Versmaß (Metrum)

Wenn man Gedichte besonders betont vorliest, merkt man, dass die einzelnen Verse oft ein bestimmtes Betonungsmuster haben. Dies liegt daran, dass innerhalb der einzelnen Verse **Hebungen** (betonte Silben) und **Senkungen** (unbetonte Silben) in einer festen Abfolge angeordnet sind. Diese regelmäßige Folge von Hebungen und Senkungen nennt man **Versmaß** oder **Metrum**.
Eine Einheit von zwei oder drei Silben, von denen eine betont ist, nennt man Takt oder **Versfuß**.
Dabei unterscheidet man folgende Versfüße:

Jambus (XX́): z. B. Gedícht   **Trochäus** (X́X): z. B. Díchter

Daktylus (X́XX): z. B. Dáktylus   **Anapäst** (XXX́): z. B. Anapäst

Wenn ein Vers auf einer betonten Silbe endet, nennt man dies **männliche (stumpfe) Kadenz**, eine unbetonte Silbe am Schluss wird als **weibliche (klingende) Kadenz** bezeichnet.

Beispiel für die Bestimmung von Versen:
Nun déckt die blássen Wángen brénnend Rót
fünfhebiger Jambus mit männlicher Kadenz (XX́ XX́ XX́ XX́ XX́)

Häufig kann das Versmaß für die Deutung des Gedichts genutzt werden, z. B. wenn es besonders regelmäßig oder auffallend unregelmäßig ist oder plötzlich wechselt.

1 Versuche, das Versmaß des Gedichts zu bestimmen. Dafür kannst du zunächst von denjenigen Wörtern ausgehen, die auch bei „normalem" Sprechen, also nicht im Zusammenhang eines Gedichts, eine deutliche Betonung aufweisen. Im Deutschen werden zum Beispiel die „bedeutungstragenden" Silben gerade von Nomen/Substantiven, Verben und Adjektiven betont, unbetont bleiben hingegen die meisten Vor- und Nachsilben (z. B. be-, ent-, ver-; -ig, -lich, -ung) und vor allem Flexionsendungen (z. B. -en, -er, -es). Schreibe über die betonten Silben der folgenden Wörter Betonungszeichen.

Frühling   erwacht   holden   Liebling   empfahn   frischer

Blumenpracht   junge   Erde   angetan   muntern   Vögel

lieberwärmt   begehn   grünen   Hain   Fest   jeder

singt   schwärmt   bauet   emsig   Nest

2 Übertrage nun die Betonungszeichen in den Text des Gedichts. Untersuche dann, ob sich in einzelnen Versen schon eine regelmäßige Abfolge von betonten und unbetonten Silben erkennen lässt. In anderen Versen musst du wahrscheinlich noch weitere Betonungen einfügen, damit das Versmaß oder Metrum deutlich wird. Beginne zunächst mit der ersten Strophe und halte dann das Ergebnis fest:

Als Versmaß liegt ein _____ hebiger _____ vor.

3 Führe nun die Untersuchung des Versmaßes auch für die dritte Strophe durch. Beachte aber den letzten Vers: Wenn du das Gedicht vortragen würdest, welche Wörter bzw. Silben müssten betont werden? Welche Wörter bzw. Silben werden dem Versmaß entsprechend betont? Trage beide Varianten ein:

Betonung beim Vortrag: Betonung dem Versmaß entsprechend:

Ich aber bleibe stumm und starr.   Ich aber bleibe stumm und starr.

4 Kreuze an, welche Begründung für die Ausnahme beim Versmaß zutreffend sein könnte:

☐ Das Personalpronomen „Ich" (V. 12) wird besonders betont, weil damit der Gegensatz der Stimmung des lyrischen Ichs zu dem Frühlingsgefühl ausgedrückt wird.

☐ Die Ausnahme vom Versmaß macht darauf aufmerksam, dass der Inhalt besonders bedeutsam ist.

☐ Der Verfasser hat nicht auf das Versmaß geachtet.

Sprachliche Bilder untersuchen

Die Sprache eines Gedichts löst beim Leser/bei der Leserin bestimmte Vorstellungen, Gefühle und Stimmungen aus. Dies geschieht vor allem durch eine anschauliche Wortwahl und **sprachliche Bilder**, bei denen sozusagen mit Sprache „gemalt" wird. Solche sprachlichen Bilder sind

- **Vergleiche**, die mit bestimmten Vergleichswörtern (*wie, so wie, als wenn*) eingeleitet werden (z. B. „Die Nase spitz, wie eines Giebels Sparren").

- **Metaphern**, durch die ein Ausdruck dadurch eine neue Bedeutung erhält, dass man ihn aus seinem ursprünglichen Bereich in einen neuen überträgt. Oft wird die Metapher auch als verkürzter Vergleich bezeichnet, weil ein Vergleichswort (z. B. *wie*) fehlt (z. B. „das Meer der Stadt").

- **Personifikationen**, in denen Dinge, Tiere oder allgemeine Begriffe als menschliche Wesen dargestellt werden (z. B. „Autos jagen").

- **Symbole**, bei denen ein konkreter Gegenstand neben seiner offensichtlichen eigentlichen Bedeutung noch eine weitere, übertragene Bedeutung hat (z. B. die Drehorgel als Symbol des Stadtlebens, das immer unverändert und ziellos weiterläuft).

Wichtig ist, dass du die einzelnen sprachlichen Bilder nicht nur benennst, sondern möglichst auch ihre Wirkung und Bedeutung im Zusammenhang des Gedichts erklärst.

1 Suche in dem Gedicht Personifikationen und schreibe sie heraus.

V. 1: „der Frühling ist erwacht"

V. 2 – 4: der Frühling als „Liebling" der „junge[n] Erde", die sich mit Blumen geschmückt hat

V. 5 – 6: _____

V. 9 – 10: _____

V. 11: _____

V. 13 – 15: _____

_____

2 Kreuze an, welche Aussagen über die Wirkung der Personifikationen zutreffend sein könnten:

☐ Der Frühling, die Erde und die Vögel haben menschenähnliche Gestalt.

☐ Es wird im Sinne eines Kontrasts ein Zusammenhang deutlich zwischen dem lyrischen Ich und der Natur.

☐ Der Frühling, die Erde und die Vögel wirken wie menschliche Lebewesen mit menschlichen Eigenschaften und Verhaltensweisen.

☐ Die Natur wirkt insgesamt belebt und daher bedrohlich für den Menschen.

3 In der letzten Strophe stellt das lyrische Ich seinen Zustand mithilfe mehrerer Metaphern bildhaft dar. Formuliere einen kurzen Text in der Ich-Form, in dem du die Verfassung des lyrischen Ichs unmittelbar, also ohne die Verwendung sprachlicher Bilder, wiedergibst.

Ich fühle mich _____

_____

_____

_____

_____

Sprachliche Gestaltungsmittel bestimmen

Sprachliches Mittel	Erklärung	Beispiel
Alliteration	mehrere Wörter beginnen mit dem gleichen Anfangsbuchstaben	„Und alle Dächer sind Glorie und Glast. Und nun erst halten die ruhlosen Glocken […]" (Stefan Zweig, Sonnenaufgang in Venedig)
Anapher	mehrere Sätze oder Satzteile beginnen mit dem gleichen Wort/den gleichen Wörtern	„Bald der, bald jener" (Detlev von Liliencron, In einer großen Stadt)
Ellipse	Auslassung von Satzgliedern, die man gedanklich leicht ergänzen kann	„Verwandelt alles!" (Franz Werfel, Der rechte Weg)
Gegensatz (Antithese)	inhaltliche Gegenüberstellung von Gedanken und Begriffen	„Nun deckt die blassen Wangen brennend Rot" (Emil Nicolai, Straßenbild)
Metapher	sprachliches Bild, das durch die Übertragung eines Begriffs in einen anderen Bereich entsteht, verkürzter Vergleich	„Den Straßenstrom bin ich herabgeschwommen" (Franz Werfel, Der rechte Weg, (Traum))
Parallelismus	mehrere Sätze oder Satzteile haben einen parallelen Satzbau	„Es treibt vorüber mir im Meer der Stadt […] Es tropft vorüber mir ins Meer des Nichts" (Detlev von Liliencron, In einer großen Stadt)
Personifikation	sprachliches Bild; Dinge, Tiere oder allgemeine Begriffe werden vermenschlicht	„[D]rängend fassen Häuser sich so dicht an […]" (Alfred Wolfenstein, Städter)
Rhetorische Frage	Frage, auf die eigentlich keine Antwort erwartet wird; Aussage in Frageform	„Schon so spät!?" (Franz Werfel, Der rechte Weg, (Traum))
Symbol	ein konkreter Gegenstand (oder eine Handlung), der (die) neben seiner offensichtlichen eigentlichen Bedeutung noch eine übertragene, abstraktere Bedeutung hat	Die Drehorgel als Symbol des Stadtlebens, das immer unverändert und ziellos weiterläuft
Vergleich	sprachliches Bild; Verbindung zweier Gegenstände oder Handlungen, die gemeinsame Eigenschaften haben, durch Vergleichswörter (*wie, so wie, als wenn*)	„Unsere Wände sind so dünn wie Haut" (Alfred Wolfenstein, Städter)

1 Untersuche, welche sprachlichen Gestaltungsmittel in dem Vers „Ein jeder singt, ein jeder schwärmt" (V. 7) verwendet werden. Ergänze dafür den folgenden Satz.

In Vers 7 verwendet der Autor eine _____

_____ und einen _____ , um damit zu verdeutlichen, dass wirklich die gesamte Natur mit all ihren einzelnen Lebewesen den Frühling in

ausgelassener Stimmung zu genießen scheint.

2 Erkläre kurz, in welchem Verhältnis das lyrische Ich des Gedichts zur es umgebenden Natur steht. Berücksichtige dabei die Ergebnisse der bisher bearbeiteten Aufgaben.

_____

_____

_____

_____

3 Kreuze an, welche der folgenden Aussagen über die Deutung des Gedichts deiner Ansicht nach zutreffend sind.

☐ Das Gedicht macht deutlich, dass es sowohl fröhliche als auch traurige Tage im Leben gibt.

☐ Das Gedicht zeigt den engen Zusammenhang zwischen dem Menschen und der Natur.

☐ Das Gedicht verdeutlicht die Schönheit des Frühlings, der als Jahreszeit des Neuanfangs, der Lebensfreude und der Liebe dargestellt wird.

☐ Das Gedicht zeigt, welchen Einfluss die Jahreszeit auf die Stimmung der Menschen haben kann.

☐ Das Gedicht verdeutlicht den Kontrast zwischen der betrübten Stimmung des lyrischen Ichs und dem Frühling als Jahreszeit der Lebensfreude und der Liebe.

☐ Das Gedicht soll zeigen, dass es angesichts der Naturschönheiten keinen Grund zur dauerhaften Traurigkeit geben kann.

☐ Die trübsinnige Stimmung des lyrischen Ichs wirkt durch den Gegensatz zur es umgebenden Natur noch verstärkt auf den Leser bzw. die Leserin.

☐ Das lyrische Ich beneidet die frühlingshafte Natur wegen ihrer ausgelassenen Heiterkeit.

Mithilfe von Materialien eine lineare Argumentation verfassen – Soll es eine allgemeine Helmpflicht für Radfahrende geben?

Willst du einen **bestimmten Standpunkt** vertreten und andere Menschen von deiner Ansicht **überzeugen**, kommt es darauf an, dass du mit **aussagekräftigen Argumenten** arbeitest, mit denen du deine Haltung begründest.

Überzeugend wird deine Darstellung, wenn du deine Argumente mit **Belegen** und **Beispielen** **veranschaulichst** und **absicherst**, indem du

- **anschauliche Beispiele** verwendest (**a. B.**),
- auf **eigene Erfahrungen** verweist (**E.**),
- dich auf **allgemeingültige Werte** wie Freiheit, Gerechtigkeit, Gesundheit ... berufst (**a. W.**),
- **statistisches Material** heranziehst (**s. M.**) oder
- dich auf die **Erfahrung und die Autorität** anderer berufst (**A.**).

Anstelle von Standpunkt spricht man auch von Meinung bzw. These (Behauptung). Entsprechend spricht man von Gegenstandpunkt/Gegenmeinung/Gegenthese.

Am Mitteilungsbrett der SV hängt folgender Aufruf:

Aufruf zur Stellungnahme

An der Erich-Kästner-Schule hat es im vergangenen Monat zwei Fahrradunfälle gegeben, bei denen die Radfahrenden zum Glück einen Helm trugen und deshalb nur leichte Kopfverletzungen erlitten.
Wir, eure SV, fordern euch zu einer schriftlichen Stellungnahme auf, in der ihr zu der Frage Stellung nehmen sollt, ob es über die Empfehlung hinaus, einen Fahrradhelm zu tragen, eine allgemeine Helmpflicht für Radfahrende geben soll. Wie bei Mofa- und Motorradfahrern bzw. -fahrerinnen müsste dann ein Bußgeld bezahlt werden, falls kein Helm beim Fahren getragen wird.
Schickt bitte eure Stellungnahmen an unsere Mailadresse. Eine Auswahl von überzeugenden Einsendungen werden wir auf unserer Homepage veröffentlichen.

Eure SV

Im Folgenden findest du einige Tipps und Übungsmöglichkeiten, wie du eine solche Stellungnahme verfassen kannst.

Schritt 1: Die eigene vorläufige Meinung klären

1 Schreibe auf, was du dieser jungen Frau sagen würdest, die ohne Helm mit einem Fahrrad fährt.

_____

_____

_____

_____

_____

_____

_____

_____

2 Formuliere deine eigene vorläufige Meinung zu der Frage, ob es eine allgemeine Helmpflicht für Radfahrende geben soll oder nicht, und begründe deine Meinung. Arbeite dazu in deinem Heft.

Schritt 2: Eine Stoffsammlung anlegen

Damit du in der Lage bist, deine vorläufige Meinung zu bekräftigen oder aber auch zu einer anderen Meinung zu gelangen, ist es wichtig, zuvor jeweils Argumente für und gegen die Einführung einer allgemeinen Helmpflicht zu sammeln.

Im Folgenden findest du einige Materialien, denen du Argumente für beide Positionen entnehmen kannst. Die Argumente sammelst du am besten in einer Tabelle. Lege dazu in deinem Heft für jede Position eine eigene Tabelle nach dem folgenden Muster an. Lass dabei genügend Platz für deine Eintragungen.

Argumentation für eine allgemeine Helmpflicht	
Argument	**Absicherung/Veranschaulichung des Arguments**
…	…

Argumentation gegen eine allgemeine Helmpflicht	
Argument	**Absicherung/Veranschaulichung des Arguments**
…	…

Material 1

In einem Internet-Diskussionsforum zu der Frage nach der Einführung einer Helmpflicht finden sich die folgenden Beiträge:

Franzi2008:
Ich bin klar für eine Helmpflicht. Radfahrer und -fahrerinnen sind im Straßenverkehr großen Gefahren ausgesetzt, das weiß ich aus meiner eigenen Erfahrung. Wie oft musste ich schon eine Vollbremsung hinlegen, um nicht in eine sich öffnende Autotür zu krachen! (   )

DerBerti:
Ist doch merkwürdig. Für Mofa-Fahrende gibt es die Helmpflicht und keiner regt sich auf. Sind sie wirklich so viel gefährdeter als Fahrradfahrer und -fahrerinnen? Also: Helmpflicht für Fahrrad-fahrende! (   )

Marli:
Klaro, das mit den Autotüren kenne ich auch. Aber warum passiert so etwas? Weil die Radfahrwege einfach zu unsicher sind. Und hier muss man ansetzen. Und nicht bei einer Helmpflicht. So sieht das übrigens auch der ADFC[1]. (   )

Fetzer:
Wenn ich nicht mehr ohne Helm Fahrrad fahren darf, dann lasse ich es eben sein. Mit den Dingern auf dem Kopf sieht man sowas von bescheuert aus. Und dann im Sommer die Hitze! Nein danke! (   )

Bille:
Genau das ist das Problem mit der Helmpflicht: Viele entscheiden sich dann, auf das Fahrrad zu verzichten. Das zeigen Umfragen, die ich gelesen habe. Sie lassen sich dann z. B. von den Eltern fahren und damit steigt das Verkehrsaufkommen. Wollen wir das? (   )

Marco:
Ich sehe das anders als Bille: Wenn der Helm verpflichtend ist, dann müssen alle einen tragen und niemand wird mehr blöd angemacht, wenn er einen Helm trägt. Es gibt dazu ein gutes Parallelbei-spiel: Fast alle tragen beim Skifahren einen Helm und keiner guckt blöd! (   )

---

[1] ADFC: Allgemeiner Deutscher Fahrradclub; vertritt die Interessen der Fahrradfahrenden

1 Unterstreiche in den einzelnen Aussagen mit verschiedenen Farben jeweils den Standpunkt, das Argument und die Absicherung/Veranschaulichung des Arguments (soweit jeweils vorhanden).

2 Trage zu jedem Argument ein, durch welche Art von Beleg es veranschaulicht bzw. abgesichert wird. Nutze dazu die Abkürzungen in dem Infokasten auf S. 54 oben.

3 Kennzeichne mit Pfeilen, welche Beiträge sich aufeinander beziehen.

4 Wähle als Beispiel den Beitrag des Diskussionsteilnehmers Fetzer aus und versuche, ähnlich wie Marco in dem letzten Beitrag, das Argument zu entkräften.

_____

_____

_____

_____

5 Trage die Argumente für und gegen eine Helmpflicht und deren Absicherung/Veranschaulichung jeweils in die entsprechenden Tabellen ein, die du zuvor angelegt hast (siehe S. 55).

Material 2

Präsident des Verkehrsgerichtstags lehnt Helmpflicht für Fahrradfahrer ab

Goslar: Der Präsident des Deutschen Verkehrsgerichtstags, Staudinger, ist gegen eine Helmpflicht für Fahrradfahrer. Wörtlich sagte er: „Wir erlauben jedem, sich selbst zu gefährden." Dies ergebe sich aus der im Grundgesetz verankerten freien Entfaltung der Persönlichkeit. Es brauche triftige Gründe, damit der Staat eingreifen dürfe, sagte Staudinger vor Beginn des
5 Kongresses in Goslar. Staudinger schlug Infokampagnen und Werbeaktionen vor, die das Tragen eines Helmes empfehlen sollten. Man habe es ja auch geschafft, dass auf Skipisten keiner einen Helm uncool finde, so Staudinger. Außerdem befürchtet er, dass eine Helmpflicht den Trend zum Fahrradfahren bremsen könne.

Bayern 2 Nachrichten, 28.01.2021, Bayerischer Rundfunk, München

6 Lies die Nachricht und entscheide, ob die folgenden Aussagen zutreffend sind oder nicht:

Aussage	Trifft zu.	Trifft nicht zu.
Herr Staudinger ist Vizepräsident des Deutschen Verkehrsgerichtstages.		
Herr Staudinger spricht sich dagegen aus, eine Helmpflicht für Radfahrende einzuführen.		
Herr Staudinger vertritt die Ansicht, dass es jedem Bürger und jeder Bürgerin selbst überlassen bleibt, sich freiwillig in Gefahr zu begeben.		
Herr Staudinger glaubt, dass das Tragen eines Helmes beim Fahrradfahren überflüssig ist.		
Er will sich dafür einsetzen, dass mehr Menschen einen Helm beim Fahrradfahren tragen.		
Herr Staudinger befürchtet, dass bei einer Helmpflicht weniger Menschen mit dem Fahrrad fahren.		

7 Versetze dich in die Position von Herrn Staudinger. Was könnte er z. B. der Radfahrerin auf dem Foto von Seite 55 sagen?

_____

_____

_____

_____

_____

Material 3

Das ist der Deutsche Verkehrsgerichtstag

Zu Beginn jeden Jahres treffen sich Verkehrsexperten und Juristen beim Deutschen Verkehrsgerichtstag in Goslar. Dort diskutieren sie aktuelle Fragen rund um die Verkehrssicherheit. Der Deutsche Verkehrsgerichtstag (VGT) findet seit 1963 jährlich in der letzten Januarwoche in Goslar in Niedersachsen statt. Als bedeutendster Kongress für Verkehr und Verkehrsrecht
5 hat der VGT deutschlandweit einen großen Einfluss, da die von Experten ausgearbeiteten Empfehlungen oft politisch Gehör finden und umgesetzt werden.

wdr wissen, 26.01.2017, Westdeutscher Rundfunk, Köln

8 Begründe mit deinen Worten, warum Herrn Staudingers Meinung eine besondere Bedeutung zukommt bei der Frage, ob eine Helmpflicht für Radfahrende eingeführt werden soll oder nicht.

_____

_____

_____

9 Schreibe heraus, um welche Art von Beleg es sich handelt, wenn man sich auf Herrn Staudinger beruft (siehe dazu auch den Infokasten auf S. 54).

_____

_____

10 Welcher der Diskussionsteilnehmer in dem Forum (siehe Material 1, S. 56) benutzt ebenfalls diese Art der Stütze?

_____

Auch den folgenden Statistiken können Argumente entnommen werden:

Material 4

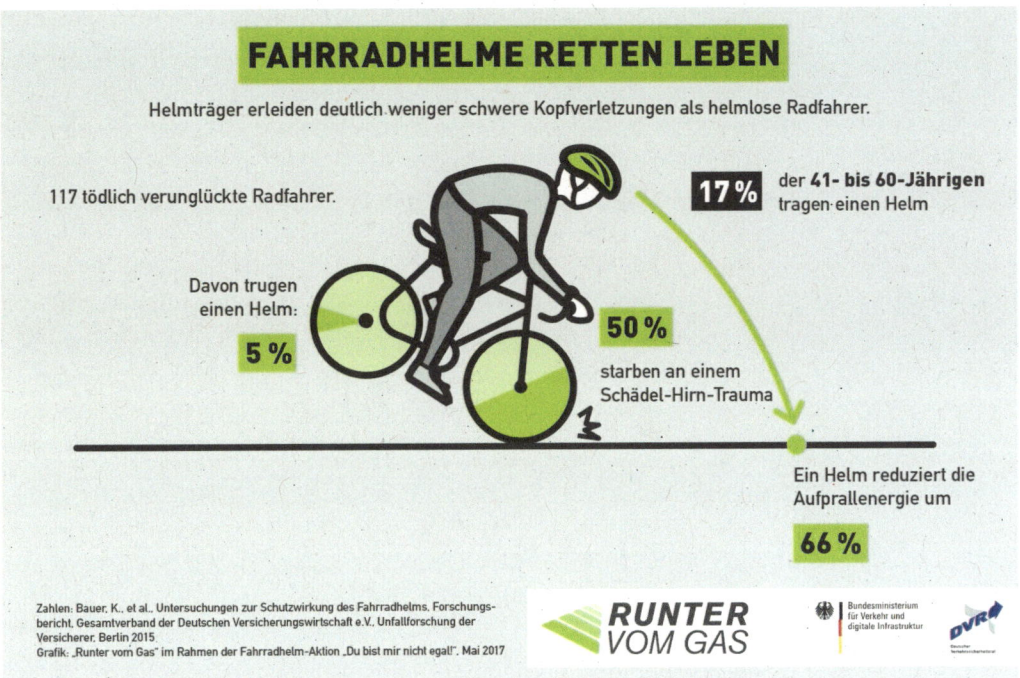

11 Kreuze an, welche Aussagen zu der Statistik zutreffend sind.

☐ Der Gesamtverband der Deutschen Versicherungswirtschaft hat 117 Unfälle untersucht, die für Radfahrer und Radfahrerinnen tödlich verlaufen sind.

☐ Helme reduzieren die Aufprallenergie um weniger als 60%.

☐ 95 % der tödlich verunglückten Radfahrer und Radfahrerinnen trugen keinen Helm.

☐ Die Hälfte der tödlich verunglückten Radfahrer und Radfahrerinnen starb an schweren Gehirnverletzungen.

☐ Der Gesamtverband der Deutschen Versicherungswirtschaft empfiehlt, beim Fahrradfahren einen Helm zu tragen.

Material 5

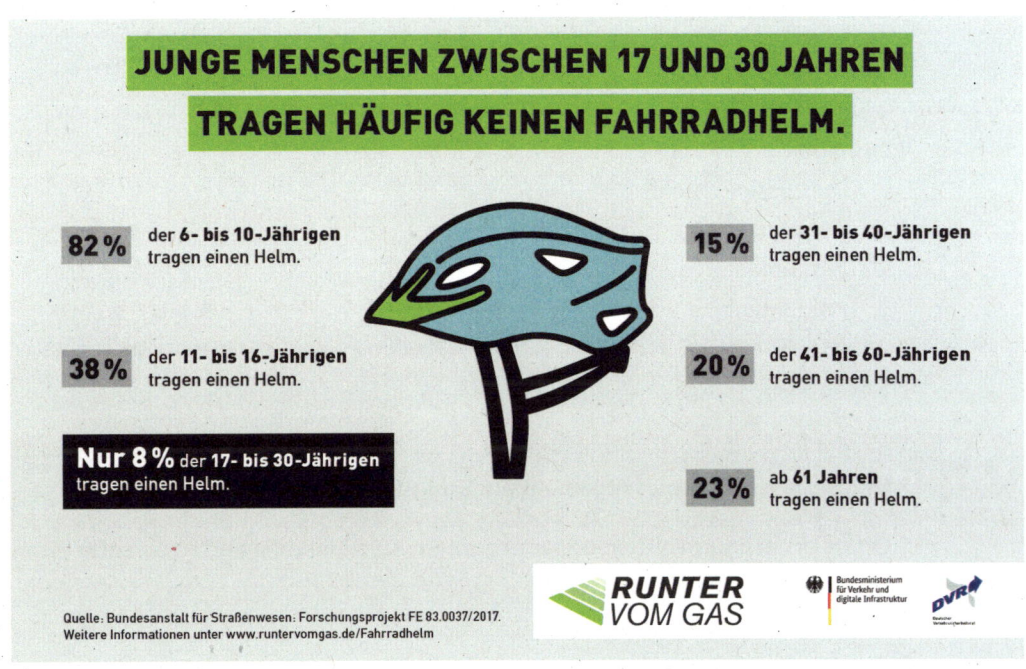

12 Nimm mithilfe der Statistik (Material 5, S. 59) Stellung zu der Aussage: „Es ist nicht notwendig, eine allgemeine Helmpflicht einzuführen, da die meisten Fahrradfahrer und -fahrerinnen einen Helm tragen."

_____

_____

_____

_____

_____

_____

 **13** Trage die Erkenntnisse aus den zwei Statistiken (Materialien 4 und 5, S. 59) jeweils in die Tabellen ein, die du zuvor angelegt hast (siehe S. 55).

 **14** Du kannst auch im Internet nach weiteren möglichen Argumenten zu den beiden Positionen recherchieren und sie ebenfalls in die Tabellen eintragen.

Schritt 3: Einen Schreibplan erstellen

Bevor du die Stellungnahme verfasst, ist es sinnvoll, einen **Schreibplan** aufzustellen. Du legst dabei fest, welchen **Standpunkt** du bei der Frage, ob es eine allgemeine Helmpflicht für Fahrradfahrende geben soll, vertreten willst, welche **Argumente** du verwenden und in welcher **Reihenfolge** du sie ordnen willst.

So könnte das **Muster eines Schreibplans** aussehen:

Überschrift: Thema
1 Einleitung
2 Hauptteil
2.1 These/Standpunkt
2.1.1 Argument 1
2.1.2 Argument 2
2.1.3 Argument 3
2.1.4 …
3 Schluss

Bei der Reihenfolge der Argumente ist es wirkungsvoll, wenn du eine **steigende Anordnung** wählst, sodass dein wichtigstes Argument am Schluss steht.

Oft ist es auch sinnvoll, ein **Gegenargument** aufzunehmen und es zu **entkräften**.

1 Schau dir deine Tabellen (siehe S. 55) mit den aus den Materialien 1 – 5 gesammelten Argumenten für und gegen die Einführung einer allgemeinen Helmpflicht an und entscheide dich dann, für welchen Standpunkt du im Folgenden argumentieren willst.

☐ Ich bin für die Einführung einer allgemeinen Helmpflicht.

☐ Ich bin gegen die Einführung einer allgemeinen Helmpflicht.

2 Du hast gelernt, dass man am besten seine Argumente so anordnet, dass das wichtigste Argument zuletzt angeführt wird. Die Entscheidung, welches Argument das wichtigste ist, hängt sowohl davon ab, an wen sich die Argumentation richtet, als auch von der eigenen Einschätzung. Ergänze in den folgenden Aussagen jeweils ein zutreffendes Argument.

a) Wenn du weißt, dass der Adressat bzw. die Adressatin deiner Argumentation den Wert der Freiheit besonders hoch einschätzt, dann ist das Argument, dass

_____

_____

besonders wichtig.

b) Wenn für dich Gesundheit eine größere Bedeutung als deine persönliche Freiheit hat, dann ist für dich das Argument, dass

_____

_____

besonders wichtig.

3 Lege für deine Stellungnahme die Rangfolge deiner Argumente fest und erstelle anschließend einen Schreibplan. Orientiere dich dabei an dem Muster im Infokasten auf S. 60.

_____

_____

_____

_____

_____

_____

_____

_____

_____

_____

_____

Schritt 4: Die Stellungnahme formulieren

Eine schriftliche Stellungnahme zu einer strittigen Frage besteht aus drei Teilen:

1. Einleitung:
In der Einleitung **führst du in das Thema** ein und weckst das Interesse der Leserschaft.
In der Einleitung sollte noch **kein Argument** ausgeführt werden.

2. Hauptteil:
Im Hauptteil **nennst du deine Position** zu der strittigen Frage und **führst deine Argumentation entsprechend deines Schreibplans aus**. Achte darauf, Überleitungen zu den einzelnen Argumenten zu formulieren, sodass die Argumente miteinander verknüpft werden. Nutze dazu Formulierungen wie:
Wichtig ist zunächst, dass …
Ein weiteres Argument, das dafür spricht, dass …, ist …
Mein wichtigstes Argument ist, dass …

3. Schluss:
Im Schlussteil **rundest du deine Argumentation ab**. Du kannst dich dabei z. B. auf deine Einleitung beziehen, einen Kompromissvorschlag machen oder einen Wunsch für die Zukunft äußern.

Ein Argument ausformulieren

1 Lies noch einmal den Diskussionsbeitrag von Franzi2008 im Internet-Forum (siehe Material 1, S. 56). Dieser Beitrag lässt sich für eine schriftliche Stellungnahme noch ausbauen, indem die Situation ausführlicher geschildert wird, um auf die Gefahr für die Fahrradfahrenden hinzuweisen. Probiere es aus. Arbeite dazu in deinem Heft.

2 Wähle einen weiteren Beitrag aus dem Diskussionsforum (S. 56) aus und überarbeite ihn. Achte dabei darauf, dass du umgangssprachliche Wendungen vermeidest und das Argument so ausbaust, dass es möglichst überzeugend wirkt. Arbeite dazu in deinem Heft.

Ein Gegenargument entkräften

Eine Argumentation kann dadurch überzeugender gestaltet werden, dass du ein Gegenargument zu deiner Position anführst und dieses entkräftest.
Nutze dazu Formulierungen wie:

Ich kann verstehen, wenn darauf hingewiesen wird, dass …. Aber entscheidender ist doch, …
Natürlich stimmt, dass … Aber nach meiner Erfahrung …
Man kann einwenden, dass … Dennoch muss man darauf verweisen, dass …

3 Formuliere zu der von Fetzer im Diskussionsforum (s. S. 56) vertretenen Meinung eine Gegenargumentation. Achte dabei darauf, sachlich zu formulieren. Arbeite dazu in deinem Heft.

Eine Einleitung formulieren

Viele Menschen fordern, dass es eine Helmpflicht geben soll. Damit soll verhindert werden, dass schwere Verletzungen entstehen, wenn es zu einem Unfall kommt. Ist ja auch richtig. Aber ist die Helmpflicht wirklich ok? Ich bezweifle das und sag auch jetzt, warum ich so denke.

4 Nimm Stellung zu dieser Einleitung. Orientiere dich dabei an den Kriterien, die in dem Infokasten auf S. 62 angeführt werden.

_____

_____

_____

_____

_____

_____

_____

Einen Schluss formulieren

Ich komme damit auf meine zu Anfang gestellte Frage zurück, ob eine gesetzliche Helmpflicht für Radfahrende sinnvoll ist oder nicht. Mich hat vor allem das Argument überzeugt, dass bei einer allgemeinen Helmpflicht weniger Menschen das Rad und stattdessen wieder das Auto benutzen. Deshalb steht mein Standpunkt fest: Statt eine allgemeine Helmpflicht einzuführen ist es besser, die Gefahren für Radfahrende im Straßenverkehr zu reduzieren.

5 Kreuze an, welche Aussagen für den Schlussteil zutreffen:

- ☐ Der Schlussteil fügt noch ein weiteres Argument hinzu.
- ☐ Im Schlussteil wird auf die Einleitung zurückgegriffen.
- ☐ Der Schlussteil formuliert einen Kompromiss zu der Streitfrage.
- ☐ Die Streitfrage wird eindeutig beantwortet.
- ☐ Der Schlussteil bezieht sich noch einmal auf das stärkste Argument.
- ☐ Der Schlussteil ist sprachlich angemessen gestaltet.
- ☐ Der Schlussteil ist gelungen.

6 Formuliere nun eine Stellungnahme zu der Frage, ob es eine allgemeine Helmpflicht für Radfahrende geben soll. Arbeite dazu in deinem Heft.

7 Setzt euch zu zweit zusammen, tauscht eure Stellungnahmen untereinander aus und überprüft sie anhand der folgenden Checkliste.
Gebt euch gegenseitig Tipps, wie ihr eure Argumentation noch verbessern könnt.

Checkliste: Eine Stellungnahme formulieren

Einleitung

☐ Es wird in das Thema eingeführt.

☐ Die Einleitung weckt das Interesse der Leserinnen und Leser.

☐ Der Standpunkt, der in der Argumentation vertreten wird, wird deutlich.

Hauptteil

☐ Argumente: Es werden überzeugende Gründe für den Standpunkt vorgetragen.

☐ Absicherung/Veranschaulichung der Argumente: Die Argumente werden durch anschauliche Beispiele oder treffende Belege (z. B. eine Statistik oder die Aussage einer Expertin bzw. eines Experten) abgesichert/veranschaulicht.

Schluss

☐ Der Standpunkt wird noch einmal deutlich zusammengefasst bzw. ein Kompromiss vorgeschlagen.

Sprache

☐ Die Argumente werden sprachlich miteinander verknüpft.

☐ Die Formulierungen sind sprachlich angemessen.

☐ Satzbau, Rechtschreibung und Zeichensetzung stimmen.

Eine dialektische Erörterung schreiben – Sollen auch an unserer Schule die Schülerinnen und Schüler den Putzdienst übernehmen?

Argumente sammeln

Im Hauptteil einer **dialektischen (antithetischen) Erörterung** werden zu einem strittigen Thema die Pro-Argumente für die These (= eigener Standpunkt) und die Kontra-Argumente für die Antithese (=Gegenmeinung) einander gegenübergestellt. Als Vorarbeit sollte man zunächst möglichst viele Argumente zu dem Thema nach Pro und Kontra geordnet sammeln. Aus dieser Sammlung kann man dann später die Argumente auswählen, die man in seiner Erörterung verwenden will.

Die Klasse 9a ist unzufrieden mit der Ordnung in ihrem Klassenraum. Deshalb hat sie sich mit einem Projekt einer Nachbarschule beschäftigt. Dort putzen die Schülerinnen und Schüler selbst und sind für Ordnung und Sauberkeit in den Klassenräumen, Aufenthaltsräumen und Fluren zuständig. Zu der Frage, ob ein solcher Putzdienst auch an ihrer Schule eingeführt werden sollte, haben die Schülerinnen und Schüler folgende Argumente gesammelt:

Sollen auch an unserer Schule die Schülerinnen und Schüler den Putzdienst übernehmen?	Pro-Argument	Kontra-Argument
A) Es würden weniger Tische und Stühle beschädigt werden. Die Schülerinnen und Schüler würden sich für die Einrichtung der Klassenräume verantwortlich fühlen.		
B) Unterrichtszeit würde verloren gehen.		
C) Ein solcher Putzdienst müsste gegen den Widerstand der Schülerschaft durchgesetzt werden.		
D) Dies ist eine Erziehung dazu, für sich selbst und das eigene Tun Verantwortung zu übernehmen.		
E) Die Einführung eines Putzdienstes für alle Schülerinnen und Schüler ist ungerecht gegenüber denen, die von sich aus auf Ordnung und Sauberkeit achten.		
F) Die Schülerinnen und Schüler würden sich ordentlicher verhalten und weniger Müll herumliegen lassen.		

1 Sieh dir die Sammlung von Argumenten an. Kreuze jeweils an, ob es sich um ein Argument für (= Pro-Argument) oder gegen (= Kontra-Argument) die Einführung eines Schülerputzdienstes handelt.

2 Übernimm die Argumente nach Pro und Kontra geordnet in dein Heft und ergänze diese Sammlung um möglichst viele weitere Pro- und Kontra-Argumente.

Argumente ausbauen

Deine Argumente wirken überzeugender, wenn du sie mit **Belegen und Beispielen** veranschaulichst und absicherst. Solche Belege können sein:

- eigene Erfahrungen und Erlebnisse,
- Fallbeispiele (z. B. aus den Medien oder Erlebnisse in der Schule),
- nachweisbare Tatsachen (z. B. statistische Angaben),
- allgemein anerkannte Werte und Normen (z. B. das Recht, nicht ausgeschlossen zu werden),
- Berufung auf anerkannte Autoritäten (z. B. Wissenschaftler oder Wissenschaftlerinnen).

Am Ende eines Arguments kannst du noch Schlussfolgerungen ziehen oder bereits Gegenargumente aufgreifen, bevor du mit deiner Argumentation fortfährst.

1 Bestimme, um welche Art von Beleg (z. B. eigene Erfahrungen oder Fallbeispiel, s. Infokasten oben) es sich jeweils handelt. Ordne die Belege mithilfe der Großbuchstaben (A bis F) den Argumenten der Sammlung auf S. 65 zu.

	Art des Belegs	Beleg für Argument
In der Nachbarschule gibt es seit dem letzten Jahr durch Schülerinnen und Schüler übernommene Putzdienste. Seit dieser Zeit sind die Beschädigungen an Einrichtungsgegenständen deutlich zurückgegangen.	*Fallbeispiel*	*A*
In einem Interview, das ich gestern im Fernsehen gesehen habe, äußerte ein Pädagogikprofessor, es sei unbedingt notwendig, dass Schülerinnen und Schüler z. B. durch die Übernahme von Putzdiensten praktisch lernten, gemeinsam für etwas verantwortlich zu sein.		
Jeder sollte den Schaden beseitigen, den er angerichtet hat. Diejenigen, die den Dreck machen, sollten ihn deshalb auch wegmachen. Diese Personen sollten den Putzdienst übernehmen.		
An unserer Schule fahren die Busse direkt nach Unterrichtsschluss. Der Putzdienst könnte nur während der letzten Stunde durchgeführt werden.		
Ich muss mein Zimmer seit einiger Zeit alleine in Ordnung halten. Zuerst fiel mir das schwer. Nach einigen Wochen habe ich aber gemerkt, dass ich weniger herumliegen ließ als früher und meine Sachen gleich wieder zurückstellte.		
Bei einer Umfrage in unserer Klasse waren 70 % der Schülerinnen und Schüler gegen die Einführung eines solchen Putzdienstes.		

2 Finde auch zu den von dir selbstständig gefundenen Argumenten zu der Frage: „Sollen auch an unserer Schule die Schülerinnen und Schüler den Putzdienst übernehmen?" (siehe Aufgabe 2, S. 65) passende Beispiele und Belege. Halte die Ergebnisse in deinem Heft fest.

Der Aufbau einer dialektischen Erörterung

Eine **dialektische Erörterung** gliedert sich in **Einleitung, Hauptteil und Schluss**. Bei den einzelnen Teilen sollte man Folgendes beachten:

● Die **Einleitung** dient dazu, den Leser oder die Leserin mit wenigen Sätzen mit dem Thema vertraut zu machen und in das Thema einzuführen.

● Im **Hauptteil** werden die Argumente für und gegen die zu erörternde Frage dargelegt. Eine Möglichkeit, den Hauptteil zu gestalten, besteht darin, die **Kontra- und Pro-Argumente in zwei Blöcken** darzulegen. Zuerst werden die Argumente gegen den eigenen Standpunkt (= Kontra-Argumente) dargelegt. Danach führst du die Argumente aus, die für deinen Standpunkt sprechen (= Pro-Argumente). Dabei werden die Argumente der Gegenmeinung (Antithese) vom gewichtigeren zum weniger gewichtigeren angeordnet. Bei der Argumentation für den eigenen Standpunkt (= These) gehst du genau andersherum vor: von den weniger gewichtigen Argumenten zu den gewichtigeren. Eine andere wirkungsvolle Möglichkeit, den Hauptteil aufzubauen, besteht darin, **jeweils einem Argument direkt ein Gegenargument gegenüberzustellen**. Auch hier solltest du die Argumente nach ihrer Wirksamkeit anordnen. Das überzeugendste Kontra-Argument sollte am Anfang der Argumentation widerlegt werden. Mit dem Pro-Argument, das für die Begründung des eigenen Standpunkts am wichtigsten ist, sollte die Argumentation enden.

● Der **Schluss** sollte die Form einer **zusammenfassenden abschließenden Stellungnahme** besitzen. Die Argumentation kann mit einem **Ausblick** (z. B. auf die mögliche Entwicklung des Problems) oder einem **Appell** enden.

Das folgende Schaubild fasst die zwei Möglichkeiten des Aufbaus einer dialektischen Erörterung noch einmal zusammen:

Einleitung: Hinführung zum Thema

Hauptteil:
Möglichkeit 1

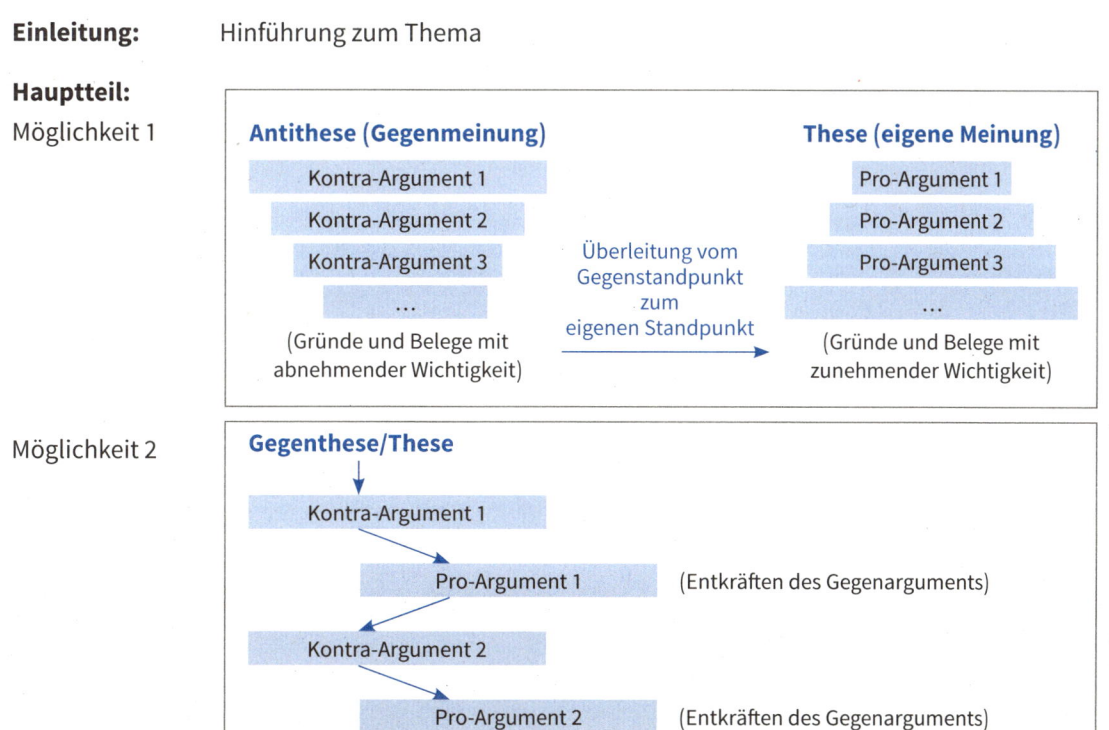

Möglichkeit 2

Schluss: zusammenfassende Stellungnahme/Ausblick/Appell

1 Sieh dir die folgende angefangene Gliederung an. Welchen Standpunkt vertritt der Verfasser? Begründe deine Meinung.

Der Verfasser ist der Meinung, dass _____

_____

_____

_____

Gliederung

Thema: Sollen auch an unserer Schule die Schülerinnen und Schüler den Putzdienst übernehmen?

1. **Einleitung**

2. **Hauptteil**

2.1 Antithese: Die Schülerinnen und Schüler sollen den Putzdienst nicht übernehmen.

2.1.1 Kontra-Argument 1: _____

2.1.2 Kontra-Argument 2: _____

2.1.3 Kontra-Argument 3: Durchsetzung des Putzdienstes nur gegen den Widerstand der Schülerinnen und Schüler

2.2 Überleitung

2.3 These: _____

2.3.1 Pro-Argument 1: Die Schülerinnen und Schüler würden ordentlicher werden, sodass weniger Müll herumläge.

2.3.2 _____

2.3.3 _____

3. **Schluss:** Abwägung und eigene Entscheidung/Ausblick

---

2 Vervollständige die Gliederung mithilfe deiner Sammlung von Argumenten.

3 Wie müsste eine Gliederung aussehen, wenn der Verfasser bzw. die Verfasserin die zweite Möglichkeit des Aufbaus einer dialektischen Erörterung gewählt hätte? Entwickle eine entsprechende Gliederung in deinem Heft.

4 Entscheide dich für einen Standpunkt zu der Frage: „Sollen an unserer Schule die Schülerinnen und Schüler den Putzdienst übernehmen?". Fertige mithilfe deiner Sammlung von Argumenten und Belegen (Aufgabe 2, S. 65/Aufgabe 2, S. 66) zu diesem Thema eine Gliederung für eine dialektische Erörterung in deinem Heft an. (Tipp: Achte auf das Prinzip der Steigerung bei der Anordnung der Argumente!)

Argumente verbinden und gewichten

Beim Schreiben des Hauptteils einer Erörterung ist es auch wichtig, dass du darauf achtest, die **Argumente** sinnvoll zu **verknüpfen** und den gedanklichen Zusammenhang der einzelnen Teile sprachlich zu verdeutlichen. Dabei helfen dir z. B. folgende Wörter und **Wendungen**, die

- **anreihend, evtl. auch steigernd wirken**: *außerdem, ferner, darüber hinaus, überdies, schließlich, nicht zuletzt, zum Ersten/Zweiten/Dritten, zunächst, erstens, ebenso, noch wichtiger ist, vor allem, schwerer wiegt, besonders wichtig ist, dann, auch, zunächst, des Weiteren ...*
- **einen Gegensatz herstellen/unterschiedliche Meinungen hervorheben**: *aber, jedoch, indes, andererseits/auf der anderen Seite, hingegen, dagegen, allerdings, zwar/aber, trotzdem, dessen ungeachtet, einerseits/andererseits, dennoch, nicht nur/sondern auch, wenn also/dann ...*
- **begründen**: *weil, da, denn, daher, deshalb, deswegen, darum, aus diesem Grund ...*
- **Folgen angeben**: *also, folglich, demzufolge, demnach, infolgedessen ...*
- **Bedingungen angeben**: *sonst, andernfalls, wenn, falls, insofern, unter der Bedingung, dass ...*

Mit **Formulierungen** wie *tatsächlich* oder *wirklich* oder *aber besonders, umso wichtiger ist, ausschlaggebend ist, noch überzeugender ist* kannst du deine **Argumente** bekräftigen und besonders **gewichten**.

Besondere Aufmerksamkeit musst du für die **Verknüpfungen von Argumenten und Gegenargumenten** aufwenden. Häufig helfen dir – insbesondere bei der zweiten Möglichkeit des Aufbaus einer dialektischen Erörterung – die oben genannten Formulierungen zur Herstellung eines Gegensatzes. Wenn du dich für die erste Möglichkeit des Aufbaus entscheidest, musst du den **Wendepunkt**, an dem du von den Argumenten für die Antithese zu denen für die These wechselst, gut ausgestalten. An folgenden **Formulierungen** kannst du dich dabei orientieren:

- Die angeführten Argumente zeigen recht deutlich, dass ..., trotzdem gibt es gute Gründe ...
- Trotz dieser Gründe gegen ... sind viele dennoch der Meinung, dass ... Hierfür haben sie auch gute Gründe. Zum einen führen sie an, dass ...
- Um zu einem ausgewogenen Urteil zu kommen, werde ich nun die Argumente der Gegenseite erläutern ...

1 Bei den folgenden Auszügen aus dem Hauptteil einer Erörterung fehlen verbindende und gewichtende Formulierungen. Ergänze diese, indem du die Wörter und Wendungen aus den Wortspeichern einfügst.

_____ spricht gegen die Übernahme des Putzdienstes durch die

Schülerinnen und Schüler, dass er nur gegen deren Willen eingeführt werden kann. Bei einer

Umfrage in unserer Klasse waren _____ 70 % gegen die Einführung

eines solchen Putzdienstes. _____würde die Einführung eines

5 solchen Putzdienstes zu großem Unmut aufseiten der Schülerinnen und Schüler führen.

> tatsächlich • zum einen • demzufolge

_____ spricht gegen einen Schülerputzdienst, dass er ungerecht ist. Viele Schülerinnen und Schüler achten von sich aus auf Ordnung und Sauberkeit. _____ ist _____ einzusehen, warum sie zu so einem Putzdienst herangezogen werden sollten. _____ sollten nur

10 die Personen den Putzdienst übernehmen, die auch für Unordnung sorgen. Ein Putzdienst für alle Schülerinnen und Schüler wäre also _____ ungerecht. Dies ist meiner Meinung nach _____ .

> insofern • des Weiteren • in keiner Weise • in der Tat • folglich • besonders ausschlaggebend

_____ als die vorherigen Gegenargumente ist, dass ein solcher Putzdienst auf Kosten des Unterrichts ginge. _____, ob man einen solchen

15 Putzdienst für sinnvoll hält, muss man _____ sehen, dass er nur in der Unterrichtszeit durchgeführt werden könnte. _____ die Busse fahren an unserer Schule unmittelbar nach Unterrichtsschluss. _____ müsste die Hälfte der letzten Stunde für den Putzdienst durch die Schülerinnen und Schüler genutzt werden. _____ das spricht gegen einen solchen Putz-

20 dienst. _____ der Putzdienst das Verhalten der Schülerinnen und Schüler _____ positiv beeinflussen würde, wögen diese Vorteile _____ den Verlust der Unterrichtszeit nicht auf.

> denn • andererseits • noch wichtiger • infolgedessen • einerseits • vor allem • auch wenn • dessen ungeachtet • allerdings

Die Einleitung einer Erörterung

Die **Einleitung** einer Erörterung dient dazu, den Leser oder die Leserin mit wenigen Sätzen in das Thema einzuführen. Sie sollte die folgende Argumentation aber nicht vorwegnehmen. Als Einleitung in das Thema kann z. B. dienen:

- ein eigenes Erlebnis,
- eine aktuelle Diskussion aus den Nachrichten oder Medien,
- eine Begriffserklärung (z. B. „Alkoholmissbrauch" oder „Schuluniformen"),
- eine Tatsache (z. B. Umfragen oder Statistiken),
- eine beobachtbare aktuelle Tendenz (z. B. das Tragen von bauchfreier Kleidung),
- ein Zitat, eine Redewendung, ein Sprichwort o. Ä.

1 Überarbeite die folgende Einleitung inhaltlich und sprachlich.

> Probleme mit der Ordnung im Klassenraum. Wer hat die nicht? Auch in unserer Schule gibt es sie. Deshalb fordern viele Schülerinnen und Schüler, dass an unserer Schule sie selbst den Putzdienst übernehmen sollten. Dieses Problem werde ich jetzt erörtern.

Der Schluss einer Erörterung

Im **Schlussteil** wägt man die Pro- und Kontra-Argumente kurz gegeneinander ab und legt seine eigene Entscheidung zum zu erörternden Problem noch einmal dar. Dabei sollte die Abwägung die im Hauptteil genannten Argumente nicht wiederholen oder ergänzen, sondern die Form einer abschließenden **zusammenfassenden Stellungnahme** besitzen. Oft kann die Erörterung mit einem **Ausblick** (z. B. auf die mögliche Entwicklung des Problems) oder einem **Appell** enden.

1 Überarbeite den folgenden Schluss. Ergänze ihn auch um einen Ausblick oder einen Appell.

> Am Ende sieht man, dass es zwar gut wäre, wenn die Schülerinnen und Schüler den Putzdienst übernehmen würden. Die Busse fahren aber direkt nach Schulschluss. Ein Schülerputzdienst lässt sich also nicht einrichten. Deshalb bin ich gegen die Einrichtung eines solchen Putzdienstes.

2 Verfasse nun eine vollständige Erörterung zu dem Thema: „Sollen auch an unserer Schule die Schülerinnen und Schüler den Putzdienst übernehmen?".

Grammatik üben

Wortarten im Überblick

Wortarten, die flektierbar sind

Wortart	Beispiel
Verb (Zeitwort, Tätigkeitswort)	
Vollverb	*gehen, ich gehe, leben, handeln*
Hilfsverb	*sein, ich **bin** gegangen, werden, haben*
Modalverb	*wollen, sollen, dürfen, können, mögen, müssen*
Nomen/Substantiv (Namenwort, Hauptwort)	*Kind, Kinder, Blume, Gedanke*
Artikel (Geschlechtswort, Begleiter)	
bestimmter Artikel	*der, die, das*
unbestimmter Artikel	*ein, eine, ein*
Adjektiv (Eigenschaftswort)	*klein, (ein) kleines (Kind)*
Pronomen (Fürwort)	
Personalpronomen (persönliches Fürwort)	*ich, mir, du*
Possessivpronomen (besitzanzeigendes Fürwort)	*mein, dein*
Demonstrativpronomen (hinweisendes Fürwort)	*dieser, jener, das (kann)*
Relativpronomen (bezügliches Fürwort)	*der, welcher*
Reflexivpronomen (rückbezügliches Fürwort)	*sich, mich, uns*
Interrogativpronomen (fragendes Fürwort)	*wer?, wessen?*
Indefinitpronomen (unbestimmtes Fürwort)	*jemand, niemand*
Numerale (Zahlwort)	*zwei, hundert, das dritte (Kind)*

Wortarten, die nicht flektierbar sind

Wortart	Beispiel
Adverb (Umstandswort)	
Lokaladverb (Umstandswort des Ortes)	*hier, dort, abwärts*
Temporaladverb (Umstandswort der Zeit)	*jetzt, heute, immer*
Modaladverb (Umstandswort der Art und Weise)	*gern, vielleicht, etwas, sehr*
Kausaladverb (Umstandswort des Grundes)	*darum, deshalb, somit*
Interrogativadverb (Umstandswort, mit dem man fragt)	*Wo? Wohin? Warum?*
Konjunktionaladverb (Umstandswort, das eine Verknüpfung herstellt)	*aber, trotzdem*[1]
Präposition (Verhältniswort)	*vor, an, in*
Konjunktion (Bindewort)	
nebenordnende Konjunktion	*und, oder*
unterordnende Konjunktion (Subjunktion)	*weil, als, dass*
Interjektion (Ausrufewort)	*oh!, au!*

---

[1] Mit Wörtern wie *aber, trotzdem* können Wortgruppen oder Sätze logisch miteinander verbunden werden. Im Gegensatz zu einer Konjunktion können diese Wörter als Satzglieder umgestellt werden. Deshalb spricht man von Konjunktionaladverbien, z. B.: *Er liest sehr gern, **aber** er hat im Moment nicht die Zeit dafür. – Er liest sehr gern, er hat **aber** im Moment nicht die Zeit dafür. Sie ist krank, **trotzdem** geht sie zur Schule. – Sie ist krank, sie geht **trotzdem** zur Schule.*

Tillmann Prüfer

Meine 16-Jährige: „Wir wollen nur ein bisschen chillen"

Lotta ist 16 Jahre alt. Ihr Vater Tillmann Prüfer schreibt im wöchentlichen Wechsel in der Beilage der Wochenzeitschrift DIE ZEIT über sie und seine anderen <u>drei</u> Töchter im Alter von 22, 14 und 8 Jahren.

Immer wenn Lotta Gäste erwartet, kündigt sie mir das <u>vorher</u> an: „Übrigens, Papa, wir haben morgen <u>einen</u> kleinen Abend hier mit <u>sechs</u> Freundinnen. Da könnt ihr gerne mal ausgehen, wenn wir euch zu laut sind, ihr
5 <u>müsst</u> ja nicht unbedingt dabei sein." <u>Hätte</u> ich meinen Eltern gesagt, dass ich demnächst einen „Abend" mit Jungs machen möchte und es deswegen nicht schlecht wäre, <u>wenn</u> sie sich etwas abseits hielten, wären sie sehr alarmiert gewesen. Sie hätten Angst gehabt, dass ich mit <u>meinen</u> Jungs die Hausbar austrinke. Und sie hätten mit <u>dieser</u> Befürch-
10 tung wohl gar nicht falschgelegen. Ähnlich reagiere ich. „Du <u>willst</u> mit sechs Freundinnen hier Party machen? Niemals!", sage ich. „<u>Hey</u>, Papa, wir wollen nur ein bisschen <u>chillen</u>."
Was genau mit Chillen gemeint ist, weiß ich eigentlich nicht so recht. Meinen <u>Jugendliche</u> damit, dass sie <u>apathisch</u> rumhängen möchten? Alkohol trinken? Musik hören? Auf jeden Fall habe ich große Vorbehalte, wenn jemand in Abwesenheit von uns Eltern in <u>unserer</u> Wohnung
15 chillen möchte. „Ich kenne die doch gar nicht!", argumentiere ich. „Du <u>könntest</u> sie mir ja erst einmal vorstellen, <u>bevor</u> ihr <u>hier</u> das Wohnzimmer in <u>Beschlag</u> nehmt!" – „<u>Oh</u> Mann, du bist so … unsozial", motzt Lotta dann. „Denk mal darüber nach!"
Okay, ich denke mal darüber nach. Ich mag es gerne, wenn es zu Hause ganz <u>unspektakulär</u> zugeht. Das heißt, wenn Kinder ihre Hausaufgaben machen <u>und</u> ich auf dem Sofa liegend <u>eine</u>
20 Zeitung lesen kann. Es gibt genügend <u>Aufregung</u> da draußen in der Welt, ich brauche keine Aufregung <u>drinnen</u>. Ich finde, das ist ein ganz normales Bedürfnis. Ich habe nichts <u>gegen</u> die Jugend. Aber wenn zu viel Jugend in meiner Nähe ist, dann kann ich nicht mehr in Ruhe auf dem Sofa <u>liegen</u>. Außerdem gerate ich in Rollenkonflikte. Wenn andere Jugendliche da sind, weiß ich nicht, ob ich eher den zuvorkommenden Gastgeber geben und den Kindern Schnitt-
25 chen und <u>Limo</u> servieren soll. <u>Oder</u> ob ich <u>ihnen</u> besser kumpelhaft „Hey, was geht, alles *swag*?" zurufen sollte, <u>während</u> ich auf dem Sofa hängend an einem Joint ziehe. <u>Vielleicht</u> irgendwas dazwischen? Oder am besten gar nichts?
Junge Menschen mit ihrer <u>selbstverständlichen</u> Art geben mir oft <u>das</u> Gefühl, irgendwie <u>falsch</u> zu sein. Schon im <u>Umgang</u> mit den eigenen Töchtern fällt es mir oft schwer, mich nicht alt zu
30 <u>fühlen</u>. Aber das auch von fremden Jugendlichen gespiegelt zu bekommen gibt mir den Rest. Das muss ich nicht unbedingt in der eigenen Wohnung erleben. Die eigene Wohnung sollte für mich ein <u>Schutzraum</u> sein, in dem ich mich so wohl wie nur irgend möglich fühlen kann. Und deswegen bleibe ich auf dem Sofa, und die Jugend soll woanders chillen. Meine Frau teilt diese Haltung übrigens überhaupt nicht. Sie meint, ich <u>verhielte</u> mich damit wie ein Schrat, <u>der</u> sich
35 lieber zu Hause vergräbt, statt Offenheit zu zeigen. „Das ist doch viel besser, wenn <u>die</u> jungen Menschen <u>sich</u> bei uns treffen, als wenn sie irgendwo draußen herumhängen." Das verstehe ich schon. Aber sie können doch auch <u>bei</u> anderen Vätern in anderen Wohnungen abhängen, <u>damit</u> die sich alt und abgemeldet fühlen.
Meistens endet es so: Lotta macht ihren <u>Abend</u>, und ich schließe mich <u>im</u> Schlafzimmer ein.
40 Lotta kann ihren Freundinnen ja erzählen, ich läge sich im Bett. Dann sind sie vielleicht <u>aus</u> Rücksicht auf das Alter etwas <u>leiser</u>.

ZEITmagazin Nr. 3/2022, 12.01.2022, Hamburg

1 Ordne die unterstrichenen Wörter aus dem Text von Tillmann Prüfer in die richtigen Spalten der Tabelle ein.

Verb A Vollverb B Hilfsverb C Modalverb	Nomen/Substantive	Artikel A bestimmter B unbestimmter
A (4): _____ _____ _____ _____ B (1): _____ C (3): _____ _____ _____	(7): _____ _____ _____ _____ _____ _____	A (2): _____ _____ B (2): _____ _____

Adjektiv	Pronomen	Numerale
(5): _____ _____ _____ _____ _____	(6): _____ _____ _____ _____ _____ _____	(2): _____ _____

Adverb	Präposition	Konjunktion A nebenordnend B unterordnend	Interjektion
(4): _____ _____ _____ _____	(4): _____ _____ _____ _____	A (2): _____ _____ B (4): _____ _____ _____ _____	(2): _____ _____

Die Aussageweisen des Verbs – Der Modus

Verben können durch ihren **Modus** ausdrücken, ob es sich um eine reale Tatsache, einen Wunsch oder eine Aufforderung handelt. Man unterscheidet deshalb drei Modi: den Indikativ (Wirklichkeitsform), den Konjunktiv (Möglichkeitsform) und den Imperativ (Befehlsform).

Der Konjunktiv II als Ausdruck der Nicht-Wirklichkeit (Irrealis)

Mit dem **Konjunktiv II** stellt man eine Aussage als nicht möglich, nicht wirklich oder nicht wahrscheinlich dar. Man kann mit ihm auch einen Wunsch ausdrücken. Der Konjunktiv II wird aus den Indikativformen des Präteritums und des Plusquamperfekts gebildet.

Beispiele: ich flog → ich flöge, ich hatte gewonnen → ich hätte gewonnen

Der Konjunktiv II kann auch mit „würde" umschrieben werden.
Beispiel: Wenn es keinen Platten hätte, <u>würde</u> ich mit dem Fahrrad <u>fahren</u>.

1 Unterstreiche im folgenden Songtext von Herman van Veen wie im ersten Vers alle Formen des Konjunktivs II.

Herman van Veen (geb. 1945)
Könntest du zaubern

Refrain:
<u>Wärst</u> du ein Zauberer, dann <u>gäb's</u> nur Sonnenschein.
Wärst du ein Zauberer, wär' niemand mehr gemein.
Wärst du ein Zauberer, ein Zauberer,
ein Zauberer, ein Zauberer,
5 dann würden alle Menschen Freunde sein.

In jedem Haus wären hundert Zimmer mit einem Fernsehapparat.
Deine Eltern würden niemals sterben, hätten immer Zeit und Rat.
Aus dem Brunnen käm' statt Wasser Cola, Limo, Apfelsaft.
Was dein Herz sich nur erträumte, wäre wahr durch Zauberkraft.

Refrain:
10 Wärst du ein Zauberer, dann gäb's nur Sonnenschein. (Und Hunger hätte keiner.)
Wärst du ein Zauberer, wär' niemand mehr gemein. (Die Großen wären kleiner.)
Wärst du ein Zauberer, ein Zauberer,
ein Zauberer, ein Zauberer,
dann würden alle Menschen Freunde sein.

15 Es würden keine Fäuste fliegen und keinem Menschen ginge es schlecht.
Das Gute würde spielend siegen, jedes Lächeln wäre echt.
Im Winter gäb's genügend Schnee und trotzdem wär's gemütlich warm.
Und niemand würde reich geboren und niemand würde arm.

Refrain

Doch wird ein Zaubertrick dir nicht geschenkt,
20 das kostet mehr Zeit, als sich mancher denkt.
Zehn Jahre sucht man nach dem Tuch, und fünfzig nach dem Zauberbuch.
Und bis man es erlesen hat, ist man gebrechlich, alt und matt.
Den Zauberkurs von A – Z beherrscht man nicht mal als Skelett.
Doch mein Sohn versucht im Leben, das Zaubern niemals aufzugeben.

Refrain

Herman van Veen: Könntest du zaubern (Toveren), Text: Thomas Woitkewitsch (OT: Temming, Henk/Westbroek, Henk),
© Thomas Woitkewitsch

Der **Konjunktiv II** wird aus den Indikativformen des Präteritums und Plusquamperfekts gebildet.

Beispiel: er läuft – er lief – er war gelaufen … wenn er schneller liefe, gelaufen wäre

2 Vervollständige die folgende Tabelle.

Indikativ Präsens	Indikativ Präteritum	Konjunktiv II, abgeleitet vom Präteritum
ich komme	ich kam	ich käme
er ruft an	er rief an	
du gibst	du gabst	
sie heben		
es reißt		
er liest		
		ich liefe
	sie gruben	
du sprichst		
		sie dächten
sie sitzt		
	ihr kamt	
		er schriebe

3 Den Konjunktiv II kann man auch mit einer Form von *würde* umschreiben. Vervollständige die folgende Tabelle. Bei der Bildung der Formen des Konjunktivs II solltest du immer erst die Indikativformen nennen, von denen sie abgeleitet sind.

Indikativ	Konjunktiv II, abgeleitet vom Präteritum	Umschreibung mit *würde*
es regnet (es regnete)	es regnete	es würde regnen
sie leben (sie lebten)	sie lebten	
er putzt (_____)		
sie fliehen (_____)		
wir geben (_____)		
sie findet (_____)		
du brauchst (_____)		
ich singe (_____)		
wir verbieten (_____)		
er sitzt (_____)		
ihr findet (_____)		
sie schwimmt (_____)		
wir trinken (_____)		
du singst (_____)		

4 Vervollständige die folgenden Sätze mithilfe der Ausdrücke in den Klammern. Entscheide bei den einzelnen Sätzen, welche Form des Konjunktivs II (mit oder ohne *würde* als Umschreibung) deinem Sprachgefühl eher entspricht.

Was wäre, wenn ...

- es im Sommer nicht mehr regnete/regnen würde. (regnen)
- ich im Lotto _____. (gewinnen)
- du in einem Hollywoodfilm die Hauptrolle _____. (spielen)
- es für alle Menschen auf der Welt genug zu essen _____. (geben)
- die große Pause eine Stunde _____.(dauern)
- ich mit meinem Goldfisch an der Leine spazieren _____. (gehen)
- ich dreimal im Jahr Geburtstag _____. (feiern)
- er morgen um die ganze Welt _____. (fliegen)
- ich morgen Miley Cyrus _____. (treffen)
- er ein paar Kilos _____. (abnehmen)

- mir jemand jeden Tag meine schwere Schultasche _____.(tragen)
- mich der Bundespräsident gleich _____. (anrufen)
- meine Geschwister sich nicht dauernd _____. (streiten)
- sich das dreckige Geschirr heute von selbst _____. (abwaschen)
- mein Verein heute das gegnerische Team _____. (schlagen)

5 Du wirst als Mitglied eines irdischen Forschungsteams auf einem fremden Planeten gefangen genommen. Man sperrt dich in einen Käfig und es kommt darauf an, so schnell wie möglich zu beweisen, dass du zu den intelligenten Lebewesen zu rechnen bist. Aber wie zeigst du fremden Wesen, die du nicht kennst, dass du intelligent bist? Formuliere mindestens fünf Möglichkeiten und verwende dabei die Formen des Konjunktivs II (Irrealis).

Beispiel: Ich würde versuchen, ein Feuer anzuzünden.

Modalverben und Modaladverbien

Neben dem Konjunktiv II gibt es weitere Möglichkeiten, eine Aussage über die Art und Weise einer Handlung zu treffen.

Modalverben können unterschiedliche Bedeutungen haben:

können:	Möglichkeit/Fähigkeit	mögen:	(höflicher) Wunsch
dürfen:	Erlaubnis	sollen:	Verpflichtung
müssen:	Pflicht/Notwendigkeit	wollen:	Wille/Absicht

1 Forme den Beispielsatz „Marvin fährt mit der U-Bahn" entsprechend der unterschiedlichen Bedeutung der Modalverben um.

Bedeutung des Modalverbs	Beispiel
Möglichkeit/Fähigkeit	*Marvin kann mit der U-Bahn fahren.*
Wunsch	
Wille/Absicht	
Erlaubnis	
Verpflichtung	
Pflicht/Notwendigkeit	

2 Setze passende Modaladverbien in den Lückentext ein.

Die Reporterin Wiebke fährt mit der U-Bahn zu ihrem Interview mit dem Hollywoodstar

Jenny L. und ist _____ aufgeregt.

„_____ komme ich pünktlich!

_____ heute muss alles glattgehen.“

5 Plötzlich kommt die U-Bahn _____ zum Stehen. Wiebke

sieht sich panisch um.

Die anderen Fahrgäste scheint die Unterbrechung _____

zu stören. _____ geht es gleich weiter. Es vergehen

_____ Minuten, ohne dass sich der Zug wieder in Bewe-

10 gung setzt. Nervös trommelt Wiebke mit den Fingern auf ihre Armlehne.

„_____ habe ich mir das vorgestellt, das gibt es doch

nicht!“

„Sehr geehrte Fahrgäste, wegen technischer Probleme kommt es zu einem außerplanmäßigen

Halt. In wenigen Minuten kann es _____ weitergehen“,

15 scheppert es aus den Lautsprechern.

Wiebke blickt hektisch auf ihre Armbanduhr. „Wenn der Schaffner recht behält, könnte ich

meinen Interviewtermin _____ noch schaffen. Wenn

nicht, war alle Arbeit und Aufregung _____.“

Frustriert lässt Wiebke ihren Kopf hängen, als plötzlich ein Ruck durch die Abteile geht und

20 sich die U-Bahn unter Quietschen mühsam wieder in Bewegung setzt.

Wiebke atmet auf und holt noch einmal die Karteikarte mit den Interviewfragen heraus, um

sie _____ zum hundertsten Mal durchzugehen.

Der Konjunktiv in der indirekten Rede (Konjunktiv I)

Der **Konjunktiv I** wird vor allem zur Kennzeichnung der indirekten Rede verwendet. Man macht damit deutlich, dass man die Aussage eines anderen wiedergibt. Die Formen des Konjunktivs I werden von den Tempusformen Präsens, Perfekt und Futur I bzw. vom Infinitiv abgeleitet:

Indikativ	Konjunktiv I
er schreibt (Präsens)	er schreibe
er schrieb (Präteritum) er hat geschrieben (Perfekt) er hatte geschrieben (Plusquamperfekt)	er habe geschrieben
er wird schreiben (Futur I)	er werde schreiben

Unterscheiden sich die Konjunktiv-I-Formen nicht vom Indikativ, verwendet man **Ersatzformen** aus dem Konjunktiv II. Beispiel:

Ella und Ben: „Wir haben heute Deutschunterricht."

● Ella und Ben sagten, sie haben (nicht vom Indikativ zu unterscheiden) heute Deutschunterricht.
● Ella und Ben sagten, sie hätten (Ersatzform Konjunktiv II) heute Deutschunterricht.

1 Bilde zu den folgenden Verbformen jeweils den Konjunktiv I. Achte auf das jeweilige Tempus.

Indikativ	Konjunktiv I
er ist gelaufen	*er sei gelaufen*
du sagst	
sie rief an	
sie wird winken	
er will helfen	
du gibst	
sie antwortete	
er liebt	
sie wird rennen	
sie sind	
er kam	
es wird gelingen	
du fährst	
er hatte gelesen	
es wird gut	

2 Forme die folgenden Sätze in die indirekte Rede um. Achte darauf, wann du anstelle des Konjunktivs I als Ersatzform den Konjunktiv II oder die Umschreibung mit *würde* benötigst.

- Anna wandte ein: „Die Klasse hat diese Vorschläge bereits vor Wochen abgelehnt."

_____

_____

- Die Ärzte teilten mit: „Dem Patienten wird es morgen schon viel besser gehen."

_____

_____

- Timo erzählt: „Der Dackel der Nachbarin sauste mit schleifender Leine an mir vorbei. Ich war der Letzte, der ihn gesehen hat."

_____

_____

_____

- Emma befürchtet: „Ich habe morgen nichts zum Anziehen."

_____

_____

- Julia und Leonie sagten: „Wir kommen morgen und bringen das Buch mit."

_____

_____

- Marie sagt: „Ich jogge gerne."

_____

_____

- Lukas betont: „Wenn es nach mir geht, wird die Schule morgen erst um 9.00 Uhr beginnen."

_____

_____

- Nils schwärmte: „Der Urlaub auf Langeoog war wirklich schön. Nächstes Jahr werden wir wieder hinfahren."

_____

_____

_____

3 Im Folgenden findest du einen Auszug aus einem Interview des Journalisten Oliver Herold mit dem Sänger Herman van Veen, von dem du auf S. 75 f. schon einen Song kennengelernt hast. Stell dir vor, du würdest einem Freund oder einer Freundin von dem Interview berichten. Gib die Aussagen des Sängers in der indirekten Rede wieder.

OLIVER HEROLD: *Herr van Veen, Sie sind Liedermacher, Schriftsteller, Clown, Geiger, Schauspieler, Maler, sprechen fünf Sprachen – ich hoffe, ich habe jetzt nichts vergessen. Wann haben Sie alle Talente entdeckt?*

VAN VEEN: Ich bin so ein Montessori[1]-Kind. Eine Lehrerin hat mit uns allen einen
5   Malwettbewerb gemacht und die Gewinner durften einen Märchenpark besuchen, da wollte ich unbedingt hin. Ich habe also mein Bestes gegeben und gewonnen. Damals habe ich entdeckt, dass man einfach eingeladen wird, wenn man etwas Schönes macht. Mein Interesse war geweckt worden. Ich konnte aber auch sehr gut pfeifen und ein Jahr später kam dann ein anderer Lehrer, gab mir eine Geige und sagte: „Hier,
10 pfeif darauf!" Also begann ich, Geige zu lernen – und damit hatte ich schon mal zwei Sachen: Zeichnen und Geige spielen (lacht). Außerdem hatte ich eine Oma und eine Mutter, die beide sehr schön singen konnten. Wenn sie sangen, und das taten sie nicht so oft, hat mich das immer sehr berührt. An einem Weihnachtsfest hat mich meine Oma gebeten, auch ein Lied vorzusingen, und das habe ich so schön gemacht, dass ich
15 danach gefragt worden bin, ob ich das nochmal singen kann. So ist es eigentlich geblieben. [...]

OLIVER HEROLD: *Sie sind auch der Erfinder der Zeichentrickfigur Alfred Jodokus Quack. Wie viel Herman van Veen steckt denn in Alfred?*

VAN VEEN: Alle Charaktere und Figuren, die in dieser Comicserie vorbeiwatscheln, sind
20 autobiografisch. Das sind alles Menschen, die ich kenne, und sie tragen die Namen von Menschen, die ich kenne. Alfred hat viel mit dem kleinen Herman zu tun, als ich zwischen zehn und vierzehn Jahre alt war und andauernd gefragt habe: Warum? So ging das. Und so geht das noch. [...]

Neue Westfälische, Ausgabe 03, 22./23. Januar 2022, Bielefeld

---

[1] **Montessori:** Maria Montessori (1870 – 1951) war eine italienische Ärztin, Philosophin und Pädagogin. Sie entwickelte ein Schulkonzept, in dessen Mittelpunkt die Individualität jedes einzelnen Kindes stehen sollte.

So kannst du jeweils beginnen:

Auf die Frage des Journalisten, wann Herman van Veen alle seine Talente entdeckt habe, antwortet der Sänger in dem Interview: Er sei so ein …

Des Weiteren antwortet der Sänger auf die Frage, wie viel Herman van Veen in der von ihm erfundenen Comicfigur Alfred Jodokus Quack stecke: Alle Charaktere und Figuren, die in dieser Comicserie vorbeiwatscheln würden (vorbeiwatschelten), …

Die Sichtweise einer Aussage – Aktiv und Passiv (Genus Verbi)

Aus den letzten Schuljahren weißt du bereits, dass man ein Geschehen aus zwei Sichtweisen darstellen kann: Bei der Aktivform wird die Handlung vom Täter aus gesehen; bei der Passivform rückt der Täter in den Hintergrund und das Geschehen wird aus der Sicht des Betroffenen gesehen. Du kannst also zwei **Handlungsarten (Genera Verbi)** unterscheiden:

das **Aktiv**: Viele Arbeiter bauten seit 1881 den Panamakanal.
das **Passiv**: Der Panamakanal wurde seit 1881 (von vielen Arbeitern) gebaut.

Du bildest die Passivform durch eine flektierte (gebeugte) Form des Verbs „werden" und das Partizip II eines Verbs (hier: *wurde* – Präteritum von „werden", *gebaut* – Partizip II von „bauen"). Der „Täter" wird entweder in einer Präpositionalgruppe mit *von* (von vielen Arbeitern) genannt oder er fehlt ganz.
Wird der „Täter" nicht genannt, spricht man auch von einem **täterlosen Passiv**. Das Verschweigen des „Täters" kann unterschiedliche Gründe haben, z. B. dass der „Täter" unbekannt oder unwichtig ist oder bewusst ungenannt bleiben soll.

1 Unterstreiche in dem folgenden Text alle Passivformen und, falls vorhanden, die Präpositionalobjekte mit *von*, die den „Täter" angeben.

Die Geschichte des Panamakanals

1869 wurde der Suezkanal eröffnet, der das Mittelmeer und das Rote Meer miteinander verbinden sollte. Nun glaubten viele Menschen, dass ein Kanal, der in Mittelamerika Pazifik und Atlantik verbinden würde, ebenso leicht zu bauen sein müsste. Man hoffte außerdem auf

großen finanziellen Gewinn. 1879 wurde die französische Panamakanal-Gesellschaft von der

⁵ Regierung Kolumbiens – Panama wurde damals noch von Kolumbien regiert – mit dem Bau

dieses Kanals beauftragt. Tausende von Arbeitern wurden beim Bau des Kanals beschäftigt,

jedoch erwies sich das Projekt im tropischen Klima Mittelamerikas als schwieriger als erwar-

tet. Viele der Arbeiter wurden von Krankheiten wie Malaria und Gelbfieber heimgesucht, von

1881 bis 1889 starben ca. 22 000 Menschen bei den Arbeiten. Nachdem erst ein kleinerer Teil

¹⁰ des Kanals fertiggestellt worden war, musste die französische Panamakanal-Gesellschaft 1889

Konkurs anmelden. Die Arbeiten wurden eingestellt und sie wurden erst 1906 wieder aufge-

nommen. Panama war inzwischen ein selbstständiger Staat geworden. Der Weiterbau des

Kanals wurde von dem Ingenieur George W. Goethals aus den USA geleitet, da die Rechte an

der Kanalzone bereits 1901 an die US-amerikanische Regierung verkauft worden waren. Im

¹⁵ August 1914 wurde der Panamakanal fertiggestellt und er wurde zum ersten Mal von einem

Schiff durchfahren. Von 2007 bis 2016 wurde wieder am Panamakanal gebaut, da die beliebte

Wasserstraße von immer mehr und immer größeren Schiffen durchfahren wird. Heute

werden etwa fünf Prozent des weltweiten Seefrachtverkehrs durch den Kanal transportiert.

2 Warum werden in dem Text so viele Passivformen verwendet?

_____

_____

_____

_____

_____

Bei der **Umformung** eines Passivsatzes in einen Aktivsatz wird das Subjekt des Passivsatzes zum Akkusativobjekt des Aktivsatzes.

Passivsatz: 1879 wurde **die französische Panamakanal-Gesellschaft** *(Subjekt)* von der Regierung Kolumbiens mit dem Bau dieses Kanals beauftragt.

Aktivsatz: 1879 beauftragte die Regierung Kolumbiens **die französische Panamakanal-Gesell-schaft** *(Akkusativobjekt)* mit dem Bau dieses Kanals.

3 Forme die Passivsätze aus dem Text, die in Form von Präpositionalobjekten mit *von* den „Täter" nennen, in Aktivsätze um und schreibe diese in dein Heft. Achte dabei auf die richtige Zeitform.

Oft nennt der Passivsatz den „Täter" nicht. Du kannst diese Passivsätze trotzdem auch im Aktiv ausdrücken, indem du aus dem Zusammenhang ein Subjekt erschließt, das Sinn ergibt, oder indem du das unpersönliche Pronomen *man* als Subjekt wählst.

Täterloses Passiv: 1869 wurde der Suezkanal eröffnet.
Aktivsatz: Man eröffnete 1869 den Suezkanal.

4 Forme jetzt die Passivsätze, die den „Täter" nicht nennen, in Aktivsätze um. Finde jeweils ein sinnvolles Subjekt und schreibe die Aktivsätze in dein Heft. Achte dabei auf die richtige Zeitform.

Die Passivformen mit *werden* + Partizip II drücken einen Vorgang aus, weshalb wir auch vom **Vorgangspassiv** sprechen. Daneben gibt es auch eine Passivform mit *sein* + Partizip II, die einen Zustand beschreibt, der als Resultat eines Vorgangs angesehen werden kann. Diese Passivform nennen wir **Zustandspassiv**.

Die Tür wurde geöffnet. **(Vorgangspassiv)**
Die Tür ist geöffnet. **(Zustandspassiv)**

5 Entscheide, welche der folgenden Sätze im Aktiv **(A)** und welche im Passiv stehen. Unterscheide beim Passiv zwischen Vorgangspassiv **(VP)** und Zustandspassiv **(ZP)**.

Die Planung des neuen Panamakanals

Die Planungen für die Erweiterung des Panamakanals sind abgeschlossen. ( ) Die Bauarbeiten werden Panama sehr viel Geld kosten. ( ) Kritiker glauben, dass das kleine Land die notwendigen Investitionen nicht wird leisten können. ( ) Doch der Anfang ist gemacht. ( ) Mit 15 000 Kilo Dynamit wurde an einem Hügel Gestein gesprengt. ( ) In den kommenden Jahren werden 130 Millionen Kubikmeter Gestein abgetragen werden. ( ) Zurzeit kommt es im Kanal immer wieder zu Staus und langen Wartezeiten. ( ) Dies wird von vielen Reedereien kritisiert. ( ) Alle Beteiligten hoffen aber auf ein schnelles Ende der Bauarbeiten. ( )

Satzglieder erkennen

Sätze bestehen aus **Satzgliedern**, die mithilfe der Umstellprobe ermittelt und mit der Satzgliedfrage bestimmt werden können. Satzglieder können aus einem oder mehreren Wörtern bestehen. Die wichtigsten Satzglieder sind:

Satzglied	Satzgliedfrage	Beispiel
Subjekt	Wer oder was?	**Noah** möchte vor der Klasse eine Rede halten.
Prädikat	Was tut das Subjekt?/Was geschieht?	Darauf **bereitet** er sich intensiv **vor**.
Prädikativ	Wer oder was ist das Subjekt? Als was gilt jemand?	Noah ist **Klassensprecher der 9b**. Er gilt **als guter Redner**.
Objekt Akkusativobjekt	Wen oder was?	Er schreibt auf ein Blatt **Stichworte**.
Dativobjekt	Wem?	Er berichtet **seinen Eltern** von seinen Ideen.
Genitivobjekt	Wessen?	Die Rede bedarf **der mehrmaligen Überarbeitung**.
Präpositionales Objekt	Über wen? Über was?	Er will **über die Arbeit von Tageszeitungen** berichten.
Adverbiale Temporaladverbiale	Wann? Wie oft? Wie lange?	Der Vortrag soll **nicht länger als fünf Minuten** dauern.
Kausaladverbiale	Warum? Weshalb?	**Aus Interesse** hat er sich für dieses Thema entschieden.
Modaladverbiale	Wie? Auf welche Art und Weise?	Er muss darauf achten, **langsam und deutlich** zu sprechen.
Lokaladverbiale	Wo?	**Auf seinem Schreibtisch** türmen sich die Entwürfe.
Instrumentaladverbiale	Womit? Mit welchem Mittel?	**Mit einem Textverarbeitungsprogramm** kann er seinen Text bequem optimieren.
Konditionaladverbiale	Unter welcher Bedingung?	**Bei Regenwetter** fällt die Veranstaltung aus.
Konzessivadverbiale	Trotz welchen Gegengrunds/Umstands?	**Trotz aller Widerstände** konnte die neue Sporthalle gebaut werden.
Finaladverbiale	Wozu? Zu welchem Zweck?	**Zur Korrektur der Klassenarbeiten** nimmt Herr Müller immer einen Rotstift.

1 Bestimme in dem folgenden Text von Tillmann Prüfer die unterstrichenen Satzglieder. Trage die entsprechenden Abkürzungen in die Klammern ein:

S (Subjekt), **P** (Prädikat), **Präd.** (Prädikativum), **AO** (Akkusativobjekt), **DO** (Dativobjekt), **PO** (Präpositionales Objekt), **TAdv** (Temporaladverbiale), **MAdv** (Modaladverbiale), **LAdv** (Lokaladverbiale), **IAdv** (Instrumentaladverbiale), **FAdv** (Finaladverbiale).

Tillmann Prüfer
Meine 22-Jährige: „Mein Kater muss mit!"

Luna ist 22 Jahre alt (_____). Ihr Vater Tillmann Prüfer schreibt im wöchentlichen Wechsel in der Beilage der Wochenzeitschrift DIE ZEIT über sie und seine anderen drei Töchter im Alter von 16, 14 und 8 Jahren (_____).

Meine Tochter Luna hat einen Kater (_____), er heißt Cosmo. Eine einzelne Katze zu haben (_____) ist manchmal komplizierter, als etwa zwei Katzen zu haben. Zwei Katzen können miteinander abhängen, eine Katze aber braucht Unterhaltung. Wenn Luna ein paar Tage (_____) wegfährt, dann muss jemand in ihre Wohnung (_____)
5 einziehen, um Cosmo zu unterhalten. Zum Beispiel mit Katzenspielzeug (_____). Wenn Cosmo in Jagdlaune ist, hechtet er jedem Wollfaden (_____) hinterher.

Neulich haben wir (_____) die Großeltern besucht, das ist eine kleine Reise. Für Luna war klar: „Cosmo muss mit!" Das machte mich ziemlich nervös. Ich bin nicht sehr gut darin, wegzufahren – und schon gar nicht mit Kindern. Reisen bedeutet, dass man bis zu einem
10 bestimmten Zeitpunkt (_____) verschiedene Dinge zusammengepackt haben muss.

Es gilt (_____), eine Reihe von Tagen im Kopf schon vorzuempfinden. Man sollte nichts Wichtiges (_____) vergessen, aber auch nicht zu viel eingepackt haben. Dazu die ganzen Reisedokumente, neuerdings (_____) auch Impfnachweise. Ich fahre kein Auto, also bin ich von Verkehrsmitteln wie Zügen und manchmal sogar Flugzeugen abhängig. Diese
15 Dinger haben die Eigenschaft, dass sie nicht auf einen (_____) warten.

Für jemanden wie mich kann nur eine Sache schlimmer sein, als zu einer Reise (_____) aufzubrechen. Nämlich mit meinen Töchtern zu einer Reise aufzubrechen – also mit Wesen, die stets so tun (_____), als hätten sie alle Zeit der Welt und als würde der Zugführer am Hauptbahnhof (_____) bestimmt warten, bis man sich am Donut-Stand endlich
20 für einen Blueberry Frosted entschieden hat. Wenn ich mit meinen Töchtern reise, bin ich ein mürrischer, ständig antreibender Reiseleiter (_____). Ein Nervenbündel, das das eigene Stressempfinden ungefiltert (_____) auf die Mitreisenden überträgt.

Und nun also auch noch auf eine Katze. Katzen, so <u>hörte</u> (_____) ich, reisen nicht

gerne. <u>Das</u> (_____) haben wir offenbar gemeinsam. Aber Luna meinte, das sei schon

25 okay, sie habe eine Katzentransportbox. Es sei nur wichtig, dass die Katze entspannt sei und

nicht etwa dringend auf die Toilette müsse, denn „<u>im Zug</u> (_____) gibt es wohl kein

Katzenklo", merkte sie an. Ich hatte gelesen, eine Katze brauche <u>ihr Lieblingsspielzeug und</u>

<u>„Leckerlis"</u> (_____). Doch was würde geschehen, wenn im gleichen Abteil ein Hund

wäre? Oder eine Maus? Ich fragte Luna, ob sie an Leckerlis und Spielzeug gedacht habe. Sie

30 <u>bejahte</u> (_____).

Ich fürchtete, Cosmo werde <u>fünf Stunden</u> (_____) im Zug miauen, fauchen, kratzen.

Doch Luna meinte, meine Ansicht, dass Katzen nicht reisen könnten, sei veraltet. Wenn man

eine Reise <u>stressfrei</u> (_____) gestalte, könnten Katzen sogar richtige Reisefreunde

werden. Es gebe Leute, die <u>reisten</u> (_____) mit ihrer Katze um die ganze Welt. Kann

35 sein, dass Cosmo ein stressfreier Weltenbummler ist, ich bin es jedenfalls nicht. Ich glaube,

ich habe einfach Angst vor dem Unwägbaren. Ich schätze keine Situationen, die außerhalb

meiner Kontrolle sind – schon gar nicht unterwegs.

Auf der Reise war dann ich es, der <u>die ganze Zeit</u> (_____) fauchte. Ständig herrschte ich

Luna (_____) an, sie möge bloß nicht <u>den sich in der Katzenbox fläzenden Kater</u>

40 (_____) ansprechen, sonst drohe <u>eine Katastrophe</u> (_____). Cosmo hingegen

zeigte sich so wohlerzogen und friedfertig und freundlich und entspannt, wie es eine Katze

nur <u>sein kann</u> (_____). Nach einer Weile schlug Luna <u>ihren Schwestern</u> (_____)

vor: „Wollen wir Cosmo rauslassen?" Dies muss der Moment gewesen sein, in dem ich in

Ohnmacht fiel, an alles Weitere erinnere ich mich nicht. Der Kater, hörte ich <u>später</u>

45 (_____), habe sich <u>gut</u> (_____) unterhalten.

ZEITmagazin Nr. 4/2022, 19.01.2022, Hamburg

Satzreihe und Satzgefüge

Die Satzreihe

Eine **Satzreihe** besteht **mindestens aus zwei Hauptsätzen** (Teilsätze), die inhaltlich eng zusammengehören und eine Aussageeinheit bilden. Man unterscheidet folgende Satzverbindungen:

a) **unverbundene** Satzreihe:
- mit Komma: Max will auf die Party gehen, Murat ist dagegen.
- mit Semikolon: Max will auf die Party gehen; Murat ist dagegen.

b) **verbundene** Satzreihe:
- mit nebenordnender Konjunktion oder Konjunktionaladverb (s. S. 72), z. B. *und, oder, aber, denn, daher, darum, dadurch, also* …: Max will auf die Party gehen, aber (doch) Murat ist dagegen.
- Vor *und* bzw. *oder* und bei Reihungen mit *weder … noch* und *entweder … oder* steht in der Regel kein Komma.

1 Verbinde die folgenden Sätze durch passende nebenordnende Konjunktionen bzw. Konjunktionaladverbien. Achte dabei auch auf die Kommasetzung.

- Patrick geht gerne ins Kino. Franziska sieht abends gerne fern.

  _____

  _____

- Jana hat keinen Appetit auf Eis, sie mag Milchshakes.

  _____

  _____

- Leon kann sehr gut zeichnen, Kunst ist sein Lieblingsfach.

  _____

  _____

- Das Fahrrad ist grün, es wirkt modern.

  _____

  _____

Das Satzgefüge

Das **Satzgefüge** ist eine Verbindung aus einem **Hauptsatz** und einem **Gliedsatz** (Nebensatz). Ein Gliedsatz übernimmt die **Aufgabe eines Satzglieds oder Satzgliedteils**. Dabei ist er dem Hauptsatz untergeordnet. Er hängt grammatisch von ihm ab und kann nicht alleine stehen. Gliedsätze/Nebensätze werden zumeist durch eine **unterordnende Konjunktion (Subjunktion)** (*als, nachdem, weil, obwohl, sodass* …) oder ein **Relativpronomen** (*der, die, das, welcher*) mit dem Hauptsatz verbunden. Sie können nicht alleine stehen, die finite (konjugierte, gebeugte) Form des Verbs steht am Schluss.

Die häufigsten Gliedsatz-/Nebensatzarten sind:

- Subjektsatz
- Objektsatz
- Attributsatz/Relativsatz
- Adverbialsatz

Gliedsätze/Nebensätze werden durch ein Komma vom Hauptsatz abgetrennt.

---

1 Unterstreiche in dem folgenden Text alle Glied-/Nebensätze. Zeichne um die finiten Verbformen der Glied-/Nebensätze einen Kasten und versieh die Konjunktionen sowie Relativpronomen mit einer Wellenlinie (wie im Beispiel).

Unser Kalender

Unser Kalender gehört zu den alljährlichen Selbstverständlichkeiten, die wir in Anspruch nehmen, ohne dass wir weiter darüber nachdenken. Tag für Tag reißen wir ein neues Kalenderblatt ab. Jahr für Jahr scheint sich alles nach einem festgefügten Rhythmus zu wiederholen. Doch das war nicht immer so. Bereits im Jahre 46 v. Chr. entwickelte Julius Caesar einen
5 Kalender, der auf dem Sonnenjahr beruhte. Das sogenannte julianische Jahr war im Durchschnitt 365,25 Tage lang, sodass regelmäßig ein Schaltjahr eingefügt werden musste. Allerdings war diese Zeitmessung noch zu ungenau. Das Jahr war um exakt 0,0078 Tage zu lang,

deshalb stimmte im Laufe der Jahre der Kalender nicht mehr mit der Jahreszeit über-
10 ein. Am Ende des 16. Jahrhunderts hatte sich bereits ein Unterschied von zehn Tagen zwischen dem tatsächlichen Sonnenstand und dem Kalender ergeben. Wenn man jetzt nichts geändert hätte, dann hätten unsere Nachfah-
15 ren Weihnachten vielleicht einmal im Sommer feiern müssen.

Papst Gregor XII. passte mit der von ihm erarbeiteten Reform die Zeiteinteilung wieder dem Sonnenstand an, sodass der Fehler behoben werden konnte. Am 24. Februar 1582 wurde beschlossen, dass in jenem Jahr auf den 4. Oktober sogleich der 15. Oktober folgen sollte.

20 Gleichzeitig wurde die durchschnittliche Jahreslänge auf 365,245 Tage festgelegt. Dieser Reform verdanken wir es, dass sich erst in etwa 3 000 Jahren eine Differenz um einen Tag vom Lauf der Sonne ergeben wird.

Subjektsatz und Objektsatz

Subjekt- und Objektsätze übernehmen die Aufgaben der Satzglieder Subjekt und Objekt. Sie werden häufig mit der Konjunktion *dass* eingeleitet. Man erfragt sie mit den Satzgliedfragen **Wer oder was?/Wem?/Wen oder was?**.

Beispiele: **Dass du wieder gesund bist,** freut mich sehr.

              Subjektsatz

          Ich glaube, **dass du recht hast.**

              Objektsatz

Objektsätze können auch mit einem **W-Fragewort** oder der Konjunktion *ob* eingeleitet werden **(indirekte Fragesätze)**. Beziehen sich indirekte Fragesätze auf eine konkrete direkte Äußerung, steht die Verbform in der Regel im **Konjunktiv** der **indirekten Rede**.

Beispiele: Sie fragte ihn: „Kommst du mit zum Schwimmen?" – Sie fragte ihn, **ob er mit zum Schwimmen komme.**

          Er fragte sie: „Wie hast du das gemacht?" – Er fragte sie, **wie sie das gemacht habe.**

1 Unterstreiche in den folgenden Satzgefügen wie im Beispiel die Glied-/Nebensätze und bestimme jeweils, ob es sich um einen Subjektsatz oder um einen Objektsatz handelt.

- Dass du abreisen musst, macht uns wirklich traurig. *Subjektsatz* _____

- Nur wer geduldig ist, kommt ans Ziel. _____

- Ich mag nicht, dass ihr so neugierig seid. _____

- Dass es einen Unfall gegeben hat, meldeten bereits die Fernsehnachrichten.

  _____

- Wir warten darauf, dass sie sich entscheidet. _____

- Dass Semire einen Fehler gemacht hat, ist zu verzeihen. _____

- Wie lange die Reise dauert, steht noch nicht fest. _____

2 Forme wie in dem Beispiel die Subjekt- und Objektsätze aus Aufgabe 1 zu Sätzen mit einfachem Satzglied (Subjekt oder Objekt) um. Unterstreiche das entsprechende Satzglied.

Beispiel: <u>Dass du abreisen musst</u>, macht uns wirklich traurig. → <u>Deine Abreise</u> macht uns wirklich traurig.

- Nur wer geduldig ist, kommt ans Ziel.

_____

_____

- Ich mag nicht, dass ihr so neugierig seid.

_____

_____

- Dass es einen Unfall gegeben hat, meldeten bereits die Fernsehnachrichten.

_____

_____

- Wir warten darauf, dass sie sich entscheidet.

_____

_____

- Dass Semire einen Fehler gemacht hat, ist zu verzeihen.

_____

_____

- Wie lange die Reise dauert, steht noch nicht fest.

_____

_____

3 Forme die folgenden direkten Fragesätze in indirekte Fragesätze um. Beachte dabei die Regeln der indirekten Rede.

- Gülcan fragte: „Können wir nicht gemeinsam für die Klassenarbeit lernen?"

_____

_____

- Mateo fragte: „Wann und wo sollen wir uns treffen?"

_____

_____

- Johanna fragte: „Ist denn das Thema so schwierig?"

_____

_____

- Leon wollte wissen: „Warum fragen wir nicht einfach die Lehrerin um Rat?"

_____

_____

Attributsatz/Relativsatz

Relativsätze übernehmen sehr oft die **Aufgabe eines Attributs** und bestimmen dann ein Nomen/ Substantiv aus dem Hauptsatz näher. Deshalb nennt man sie auch **Attributsätze**. Relativsätze werden durch ein **Relativpronomen** (_der, die, das, welcher, welche, welches, wer, was_) oder ein **Relativadverb** (_wo, wohin, woher, wann …_) eingeleitet.

Beispiele: Die Straße, |**die**| **nach rechts abzweigt**, führt in die nächste Stadt.
　　　　　　　　Rel.-Pron.　　　Relativsatz

　　　　　　Dort, |**wo**| **die Straße den Ort verlässt**, liegt das Waldschlösschen.
　　　　　　　Rel.-Adv.　　　Relativsatz

1 Bilde aus den folgenden Satzpaaren Satzgefüge, indem du einen Hauptsatz in einen Attribut-/ Relativsatz umformst.

- Elias hat einen neuen Computer. Er ist auf dem neuesten Stand der Technik.

_____

_____

- Der Kindergarten ist im Sommer geschlossen. Ihn besuchen etwa 100 Kleinkinder.

_____

_____

_____

- Die Polizei sucht einen Bankräuber. Er soll etwa 35 Jahre alt sein und eine braune Cordhose tragen.

_____

_____

_____

- Auf dem Sportplatz findet ein spannendes Fußballspiel statt. Dort haben bereits berühmte Mannschaften gespielt.

- Im Fernsehen läuft eine interessante Sendung. In ihr berichten Schülerinnen und Schüler von ihren Auslandsaufenthalten.

- Robert findet das Buch spannend. Es handelt von den Kreuzzügen im Mittelalter.

2 Überarbeite den folgenden Text, indem du da, wo es sinnvoll ist, aus einzelnen Satzreihen Satzgefüge machst. Verwende vor allem Attribut-/Relativsätze.

Wirbelstürme

Tropische Wirbelstürme sind gefürchtet. Sie entwickeln sich über dem Meer. Beim Übertritt auf das Festland verlieren sie spätestens nach anderthalb Tagen ihre Kraft.
Voraussetzung für die Entstehung eines Wirbelsturms ist eine mindestens 27 Grad Celsius warme Wasseroberfläche. Sie kommt nur in den
5 Tropen vor. Das Meerwasser verdunstet, es wird von der Sonne aufgeheizt; die gewaltige Energiezufuhr verwandelt es in gasförmigen Wasserdampf. Er steigt schnell nach oben. Dort, in kühleren Luftregionen, bilden sich Wolken, und
10 die ersten Gewitterschauer gehen nieder.
Herrscht extremes Luftdruckgefälle, wird immer mehr feuchtwarme Luft von unten angesaugt. Die Erddrehung lässt die riesigen Wolkentürme in Bewegung geraten. Mächtige
15 Wirbel entstehen. Sie wachsen zu dem verheerenden Sturm an.
Wirbelstürme verwüsten, begleitet von schweren Regengüssen, oft auch Gebiete außerhalb der Tropen. So bilden sich pro Jahr etwa acht
20 Hurrikans über dem Atlantik. Von ihnen suchen schließlich zwei oder drei den nordamerikanischen Kontinent heim.

Wirbelsturm vor der Küste Bangladeschs 2007

Adverbialsätze

Adverbialsätze sind Nebensätze/Gliedsätze, die die Funktion von adverbialen Bestimmungen übernehmen. Sie dienen dazu, die **Umstände eines Geschehens** näher zu kennzeichnen. Eingeleitet werden sie durch eine **unterordnende Konjunktion**.

Folgende Arten von Adverbialsätzen gibt es:

Adverbialsatz	Aspekt der Um-standsbeschreibung	Konjunktionen	Beispiel
Temporalsatz	Zeitpunkt, Zeitdauer	als; nachdem; bevor; wenn; während; sobald	Als Philipp die Ankündigung sah, war es schon zu spät.
Kausalsatz	Ursache, Begründung	weil; da	Er schreibt es auf, weil er so vergesslich ist.
Konditionalsatz	Bedingung, Voraus-setzung	wenn; falls; sofern	Falls du nichts dagegen hast, bleibe ich morgen zu Hause.
Konsekutivsatz	Folge	sodass; dass; so …, dass	Marie ist so erschöpft, dass sie früh zu Bett geht.
Finalsatz	Absicht, Zweck	damit; dass; auf dass	Sie üben intensiv das neue Theaterstück, damit die Aufführung ein Erfolg wird.
Konzessivsatz	Einräumung; ein Gegengrund, der nicht zählt	obgleich; obwohl	Obwohl wir müde waren, wanderten wir noch ein paar Kilometer weiter.
Modalsatz	Art und Weise	indem; dadurch, dass	Sie gewannen das Spiel dadurch, dass die ganze Mannschaft den Strafraum abriegelte.
Adversativsatz	Gegenteil	während; anstatt dass	Er war gelangweilt, während sie sich gespannt den Fernsehkrimi an-schaute.
Komparativsatz	Vergleich	als; wie; als ob; als wenn	Es ist so geschehen, wie ich es vorausge-sehen habe.
Lokalsatz	Ort, Richtung	wo; wohin; woher[1]	Das Nachbargrund-stück beginnt, wo die Büsche stehen.

---

[1] Der Lokalsatz wird als einziger Adverbialsatz nicht mit einer Konjunktion, sondern mit einem W-Fragewort eingeleitet.

1 Bilde wie in dem Beispiel aus den unterstrichenen adverbialen Bestimmungen Adverbialsätze. Achte darauf, dass die Bedeutung jeweils erhalten bleibt. Denke daran, zwischen Glied-/ Nebensatz und Hauptsatz ein Komma zu setzen.

- <u>Vor Sonnenuntergang</u> kamen wir in der Herberge an.

  Bevor die Sonne untergegangen war, kamen wir in der Herberge an.

- <u>Wegen des guten Wetters</u> gehen viele Menschen ins Freibad.

  _____

  _____

- <u>Im Falle eines Erfolgs</u> erhält der Sportler eine Medaille.

  _____

  _____

- <u>Aus Neugier</u> kamen die Schüler auf dem Schulhof zusammen.

  _____

  _____

- <u>Durch intensives Üben</u> kann man in der Schule Erfolg haben.

  _____

  _____

2 Unterstreiche in den folgenden Satzgefügen die Adverbialsätze und klammere die unterordnenden Konjunktionen ein. Setze die Kommas und bestimme die Art des Adverbialsatzes (s. S. 95).

- (Wenn) es im Sommer in allen Schulen eines Bundeslandes Ferien gibt, beginnt die große Reisewelle.

  Adverbialsatz: *Temporalsatz*

- Bereits kurz nach Schulschluss starten viele Familien mit ihrem Auto in den Urlaub weil sie möglichst bald ihren Ferienort erreichen wollen.

  Adverbialsatz: _____

- Auf die Autobahnen strömen so viele Autos dass es vor allem an den Hauptverkehrspunkten zu langen Staus kommt.

  Adverbialsatz: _____

- Die Lage verschärft sich dadurch dass es auf den Straßen im Sommer viele Baustellen gibt.

  Adverbialsatz: _____

- Bevor der Urlaub überhaupt Entspannung bescheren kann bedeutet die Anreise viel Stress.

  Adverbialsatz: _____

- Obwohl die Menschen von dem Problem wissen wiederholt sich das Verkehrschaos jedes Jahr.

  Adverbialsatz: _____

- Während Tausende von Urlaubern Staus in Kauf nehmen entscheiden sich viele für die Reise mit der Bahn.

  Adverbialsatz: _____

- Wo sie ihren Sommerurlaub verbringen legen viele bereits im Winter fest.

  Adverbialsatz: _____

- Damit ihre Kunden sich entspannen können haben Reiseveranstalter eine bunte Vielzahl von Angeboten im Programm.

  Adverbialsatz: _____

- Eine Flugreise bietet sich geradezu an falls man andere Kontinente besuchen und ferne Länder und Kulturen erkunden möchte.

  Adverbialsatz: _____

- Häufig ist der Urlaubsort dann ganz anders als man ihn erwartet hat.

  Adverbialsatz: _____

3 Der folgende Text besteht fast ausschließlich aus Satzreihen. Überarbeite ihn, indem du mithilfe von Adverbialsätzen und Attribut-/Relativsätzen Satzgefüge bildest. Schreibe den Text entsprechend um.

Der Smutje

Moderne Schiffe mit ihren immer kleiner werdenden Besatzungen könnten auf den Smutje, den Schiffskoch, eigentlich verzichten. Es gibt doch Gefrierschränke und attraktive Fertiggerichte. Jeder an
5 Bord könnte sich nach Appetit und Laune selbst bedienen. So wäre für die Verpflegung der Mannschaft gesorgt und jeder zufriedengestellt.
Ohne Smutje auszulaufen wäre aber ein großer Fehler, sagen einhellig alle Experten. Sie mussten
10 sich mit dem Aufgabenbereich des Smutjes befassen.
Der Koch brutzelt nämlich nicht nur die Mahlzeiten,

sondern ist zugleich eine wichtige Vertrauensperson an Bord. Seine Kombüse ist Treffpunkt für alle. Hier findet sich jeder ein. Der Smutje spricht mit allen, er kann ihnen zuhören und ihre Sorgen verstehen. So ist er viel mehr als ein Koch: Er ist die Seele des Schiffes.

Komplexe Satzgefüge

Satzgefüge können auch aus einem Hauptsatz und mehreren Gliedsätzen (Nebensätzen) bestehen, die voneinander abhängen. Man spricht in diesem Fall von **komplexen Satzgefügen**.

Beispiel: Nachdem Lea das Referatsthema, das die Lehrerin vorgeschlagen hatte, übernommen hatte, ging sie zur Vorbereitung in die Stadtbibliothek.

Zu diesem Satz passt die folgende **grafische Darstellung**:

```
                                                        _____.
                                                          Hauptsatz

~~~~~~~~~~~~~~~~~~~,            ~~~~~~~~~~~~~~~~~~~,
Nebensatz 1. Ordnung           Nebensatz 1. Ordnung

              ~~~~~~~~~~~~~~~~~~~,
              Nebensatz 2. Ordnung ·
```

Bei dieser Form des Satzgefüges muss man besonders **darauf achten**, dass sie **nicht zu komplex** wird, damit der Leser oder die Leserin die Beziehungen zwischen den einzelnen Gliedsätzen (Nebensätzen) noch überblicken kann.

---

1 Ordne die folgenden komplexen Satzgefüge den passenden grafischen Darstellungen zu, indem du die entsprechenden Buchstaben in die Kästchen einträgst.

a) Das Kreuzfahrtschiff, das noch im Hafen vor Anker liegt, obwohl es heute morgen auslaufen sollte, hat einen Motorschaden.

b) Seitdem meine Freunde wissen, dass ich gern ins Kino gehe, schenken sie mir zu jedem Geburtstag einen Gutschein.

c) Trotz des drohenden Sturms, den der Wetterdienst vorausgesagt hatte, und der schlechten Ausrüstung, die ihnen der Bergführer aus Versehen zur Verfügung gestellt hatte, weil er in Gedanken mit anderen Dingen beschäftigt war, machte sich die Gruppe zur Wanderung auf.

```
☐                                   _____.
                                       Hauptsatz

    ~~~~~~~~~~~~~~~~~~~,
    Nebensatz 1. Ordnung

              ~~~~~~~~~~~~~~~~~~~,
              Nebensatz 2. Ordnung


☐   _____,                                        _____.
    Hauptsatz                                          Hauptsatz

              ~~~~~~~~~~~~~~~~~~~,
              Nebensatz 1. Ordnung

                    ~~~~~~~~~~~~~~~~~~~,
                    Nebensatz 2. Ordnung
```

	――――――,	――――――,		――――――.
☐	Hauptsatz	Hauptsatz		Hauptsatz

⁓⁓⁓⁓⁓, ⁓⁓⁓⁓⁓,
Nebensatz   Nebensatz
1. Ordnung   1. Ordnung

⁓⁓⁓⁓⁓,
Nebensatz
2. Ordnung

2 Zeichne zu den folgenden komplexen Satzgefügen die passende grafische Darstellung.

● Das gelb angestrichene Haus in der Lessingstraße, das damals, als wir es zum ersten Mal sahen, noch ein Jugendzentrum beherbergt hatte, wurde gestern abgerissen.

● Wenn du denkst, dass du denkst, dann denkst du nur, dass du denkst.

● Ich erinnere mich gerne an die letzten Sommerferien, als wir gemeinsam mit Jonas und Paula, mit deren komfortablem Wohnmobil wir unterwegs waren, im sonnigen Spanien Urlaub gemacht haben.

- Anstatt dass du sagst, was du dir als Geschenk zu deinem Geburtstag wünschst, müssen wir nun selbst überlegen, was dir wohl am besten gefällt.

---

3 Forme die Satzreihen in komplexe Satzgefüge um.

- Wir schliefen tief und fest, das Unfassbare geschah, das hatten wir nicht erwartet.

_____

_____

_____

- Ich spiele in einer Band, mit ihr übe ich jeden Dienstag, dienstags sollte ich eigentlich zum Tennistraining gehen.

_____

_____

_____

- Herr Meier grüßt Frau Müller freundlich, sie nickt nur, denn sie trägt einen schweren Einkaufs-korb und dieser Korb ist gefüllt mit Obst und Milchflaschen.

_____

_____

_____

- Morgen findet ein Fußballspiel statt, die deutsche Nationalmannschaft spielt gegen die USA, doch in den Staaten wird kaum jemand das Spiel im Fernsehen verfolgen, denn dort ist Football beliebter.

_____

_____

_____

- Luis geht in die neunte Klasse, zu ihr gehören noch 25 andere Schülerinnen und Schüler, von ihnen ist er der beste Sportler.

_____

_____

_____

4 Der folgende Text ist aufgrund der komplexen Satzgefüge unübersichtlich geraten. Überarbeite ihn abschnittsweise, damit er besser verständlich und stilistisch ansprechender wird.

Der Einfluss der Griechen und Römer

Frauen und Männer, die sehr gelehrt waren, sodass ihre Meinung sehr anerkannt ist, haben sich jahrzehntelang darüber gestritten, ob Europa den Römern, die im Rahmen ihrer Eroberungszüge technische und kulturelle Neuerungen auf dem gesamten Kontinent bekannt machten, oder den Griechen, die in Kunst und Literatur Maßstäbe, die auch heute noch
5 gelten, setzten, mehr zu verdanken habe. Wenn man die griechischen und lateinischen Sprachspuren in den indoeuropäischen Sprachen, die die Forscher in mühevoller Arbeit untersuchen, als Hinweis für den kulturellen Einfluss, den beide Völker ausübten, nimmt, lässt sich gar nicht bestreiten, dass sie die Geschichte Europas gleichermaßen geprägt haben. Dass es in fast allen europäischen Sprachen, wie entsprechende Studien bewiesen haben,
10 ähnliche Wörter für „Politik" und „Demokratie", für „Geometrie" und „Theater" gibt, ist jedoch zunächst auf die Griechen zurückzuführen; aber ohne die Römer, deren militärische Macht auch positive Folgen hatte, wäre vielleicht vieles, wofür diese Begriffe, die heute Allgemeingut sind, stehen, in Vergessenheit geraten.
Als der griechische Dichter Homer (8. Jh. v. Chr.), über den nur wenig bekannt ist, seine
15 berühmten Epen „Ilias" und „Odyssee" schrieb, die den Trojanischen Krieg und das Schicksal des Odysseus besingen, wurde die Stadt Rom gerade gegründet, deren Gründungsjahr die Sage mit 753 v. Chr. angibt. Man errichtete die Stadt auf sieben Hügeln, damit man die Schlammmassen im Tal umgehen konnte.
Mit all ihrer Gelehrsamkeit, die beacht-
20 lich war, konnten die Griechen der entstehenden Vormachtstellung der Römer nur wenig entgegensetzen, obwohl sie irgendwie auch Sieger blieben, weil die Römer von den
25 Griechen, deren Weisheit sie schätzten, lernen und ihre Kultur übernehmen wollten. Viele bedeutende Römer sprachen nicht nur vollendetes Griechisch, sondern übersetzten auch viele
30 Werke der griechischen Philosophie und Redekunst in das Lateinische. Diese und andere Bücher über Landwirtschaft, Geografie oder Dichtkunst wurden durch Vermittlung der Römer
35 zur Grundlage der Bildung in Europa.

Mosaik mit einer Szene aus der „Odyssee" des griechischen Dichters Homer

Rechtschreibung üben

Wenn du die Rechtschreibung trainierst, versprechen **zwei Strategien** Erfolg:

1. Viele Schreibungen beruhen auf eindeutigen **Regeln**. Diese Regeln der Rechtschreibung musst du dir **einprägen**. Dazu dienen u. a. die **Kästchen** mit der Taschenlampe. Wenn du diese Regeln kennst, wirst du ähnliche Fälle durch Nachdenken erkennen und dann richtig schreiben.

2. Es gibt aber auch sogenannte **Merkschreibungen**. Hier musst du dir das Wort oder die Wendung merken und in deinem **Gedächtnis** speichern. Dabei helfen das Abschreiben, das Markieren der wichtigen Stellen und das Erstellen von Merklisten, mit denen man wie beim Vokabeltraining die Rechtschreibung lernen kann. Dazu dienen zum Beispiel auch die **Diktattexte** und **Übungen**. (Weitere „Tipps für die Rechtschreibung" findest du innen auf der hinteren Umschlagseite.)

Groß- und Kleinschreibung – Nominalisierung/Substantivierung

Verben, Adjektive und Partizipien können im Satzzusammenhang als Nomen/Substantive verwendet werden und müssen entsprechend großgeschrieben werden. Vor den **nominalisierten/ substantivierten Wörtern** steht häufig ein Artikel, ein Adjektiv, eine Präposition mit einem eingeschlossenen Artikel, eine Mengenangabe oder eine andere Wortart. Fehlt der Begleiter, kann man ihn ersetzen.

Beispiele: das Springen – lautes Schreien – beim Zusehen – alles Gute

1 Im Folgenden sind jeweils zwei Sätze abgedruckt. In einem Satz wird ein Verb, Adjektiv oder Partizip als Nomen/Substantiv verwendet. Schreibe die Satzpaare in der richtigen Weise ab und unterstreiche die nominalisierten/substantivierten Wörter und den Begleiter, falls vorhanden.

- Der Radiosender versprach, die Hörer über den Spielstand auf dem LAUFENDEN zu halten.
  Das LAUFENDE Spiel musste wegen starken Regens für eine Stunde unterbrochen werden.

- Wegen des schönen Wetters machen viele Menschen einen Ausflug ins GRÜNE.
  Während die Polizisten früher GRÜNE Uniformen trugen, sind diese inzwischen durch blaue ersetzt worden.

- Der Sportverein sucht schon lange nach Trainingsräumen. Ein Vertreter der Stadt sagte heute, dass etwas GEEIGNETES gefunden wurde.
  Bei dem Sporteignungstest müssen leider viele feststellen, dass sie nicht GEEIGNET sind.

- Durch den starken Seegang waren viele Passagiere nach kurzer Zeit BLAU und GRÜN im Gesicht.
  Durch das helle GRÜN und BLAU kommt der Stoff besonders gut zur Geltung.

- Im Zoo sollten die Besucher nicht das Raubtiergehege BETRETEN.
  Das BETRETEN der Eisfläche ist gefährlich.

Zu den Adjektiven zählt man oft auch die Ordnungszahlen (Ordinalzahlen), die wie ein Adjektiv zusammen mit dem Nomen/Substantiv gebeugt (dekliniert) werden können. Ordnungszahlen können ebenfalls nominalisiert/substantiviert werden.

2 Verfahre wie in Aufgabe 1.

- Fürs ERSTE unterbrach die Polizei die Suche nach dem Entführer.
  Das ERSTE Haus in der Straße ist die Hauptpost.

- Der Läufer lief als VIERTER ins Ziel.
  Er belegte damit den VIERTEN Platz.

- Wir verabredeten uns für den ZEHNTEN Mai.
  Wir sehen uns am ZEHNTEN des nächsten Monats.

Auch Pronomen, Kardinalzahlen (Grundzahlen), Adverbien (Umstandswörter), Präpositionen (Verhältniswörter) und Konjunktionen (Bindewörter) können zu Nomen/Substantiven werden.

3 Verfahre wie in Aufgabe 1.

- Um zu bestehen, muss er mindestens eine VIER in der Arbeit schreiben.
  Das Quartett, das zur Eröffnung spielte, bestand aus VIER Streichern.

- Die Eltern verlangen, dass die Kinder ohne WENN und ABER mit zum Besuch bei den Verwandten fahren.
  Einige Insekten sind völlig harmlos, WENN sie ABER gereizt werden, können sie sehr aggressiv werden und stechen.

- Der Redner versuchte im FOLGENDEN, die Vorteile anschaulich aufzuzeigen.
  In den auf das Gewitter FOLGENDEN Minuten verließ aus Sorge vor weiteren Unwettern niemand das Haus.

- Nachdem der Ball mehrfach HIN und HER geschossen wurde, landete er schließlich doch im Tor.
  Der Verkäufer blieb bei dem ewigen HIN und HER der Kundin immer noch sehr geduldig.

- Das Ferienhaus muss einige Wochen im VORAUS bezahlt werden.
  In der Regel fährt der Rettungswagen dem Notarztwagen VORAUS.

- Am Ende waren die Veranstalter der Meinung, dass dem GANZEN zu viel Aufmerksamkeit beigemessen wurde.
  Am Ende der Veranstaltung waren die Organisatoren der Meinung, dass sich der GANZE Aufwand gelohnt hatte.

- Die Arbeit nahm WESENTLICH mehr Zeit in Anspruch, als ursprünglich erwartet worden war.
  Im WESENTLICHEN sind auf der Konferenz die erhofften Ziele festgelegt worden.

- Wir müssen das FÜR und WIDER einer Skifreizeit genau abwägen.
  In der Klasse sprachen einige Schüler FÜR, andere WIDER die Skifreizeit.

s-Laute

Man unterscheidet den **stimmhaften** (gesummten) und **stimmlosen** (gezischten) s-Laut. Den **stimmhaften** s-Laut schreibt man **immer** mit einfachem **s**.

Beispiel: Wie**s**e

Vor einem Konsonanten oder am Wortende wird der stimmhafte s-Laut manchmal zu einem stimmlosen s-Laut. Mithilfe der Verlängerungsprobe kann man herausfinden, ob der s-Laut ursprünglich stimmhaft ist und daher mit einfachem **s** geschrieben wird.

Beispiele: Mau**s** – Mäuse, sie ra**st** – rasen

Für den **stimmlosen** s-Laut gibt es drei Schreibweisen (**s**, **ss** oder **ß**). Nach langem betontem Vokal oder Diphthong wird der stimmlose s-Laut mit **ß** geschrieben (z. B. Ma**ß**e), nach kurzem betontem Vokal wird er häufig mit **ss** geschrieben (z. B. me**ss**en).

1 Setze in die folgenden Texte die passenden s-Laute ein.

Sylvia Englert (geb. 1970)
Schreib'   doch einfach auf!

Sich gro___e Mengen von Informationen zu merken fällt nicht leicht – die Lö___ung ist,

sie schriftlich aufzuzeichnen. Erste Schreibversuche finden sich schon auf den Wänden von

Höhlen, in denen die Vorfahren des Homo sapiens hausten. Al___ die „Indianer" Amerika

be___iedelten, benutzten sie als Gedächtni___stütze für ihre überlieferten Geschichten

5 comicartige Folgen von kleinen Bild___ymbolen (Piktogramme), die sie auf Birkenrinde

zeichneten. In Ägypten schrieb man mit Pin___eln und Ru___-Tinte auf Papyrus, in

Me___opotamien drückte man ein spitze___ Stöckchen in Tontafeln und hatte dafür schon

eine abstrakte Schriftsprache erfunden, die Keilschrift. Im alten Rom benutzte man,

wenn'___ schnell gehen sollte, Wach___täfelchen.

10 In Rom konnten sich die Bürger übrigen___ schon sehr früh über Tage___ereigni___e

informieren: Die sogenannte „Acta Diurna", eine Art frühe Zeitung, wurde an öffentlichen

Plätzen ausgehängt. Allerdings war sie eine eher langweilige Lektüre, etwa so wie das

„Amt___blatt" heute. Zu den echten Vorläufern der heutigen Pre___e zählten die privaten

Briefe von Händlern, Profe___oren und Fürsten; Kaufleute waren eine Art wandelnde

15 Nachrichtenquelle. Auch Flugblätter gab es, auf denen aber mei___t nur eine Nachricht

verkündet wurde.

Die gesprochene Sprache aufzuschreiben stellte sich als gute Idee heraus, denn nun konnte

man sie auch transportieren. Jetzt war es möglich, sich über weite Strecken mitzuteilen: In

Ägypten verbreiteten kleine Tontäfelchen die Nachricht von der Krönung des Pharao

20 Ramses II. Julius Caesar nutzte Botentauben, um Gallien unter Kontrolle zu halten. In Afrika und Südamerika benutzen manche Völker heute noch die „Nachrichtentrommel": Mit ihr kann man sich in unüber____ichtlichem Gelände über mehrere Kilometer Entfernung die neue____ten Ereigni____e mitteilen.

Wer schreiben konnte, hatte Macht – das war damal____ in allen Ländern so. Oft beherrsch-

25 ten nur Priester die____e schwierige Kunst, und auch in Mitteleuropa waren es die Mönche, die als Gelehrte Wi____en bewahrten. In Ägypten waren Schreiber hochgeschätzte Fachleute, die wegen der vielen komplizierten Symbole eine lange Au____bildung in ihrem Beruf brauchten. Im Auftrag des Pharao produzierten sie flei____ig Gericht____protokolle, Briefe, Rechnungen und Verträge.

30 Obwohl das Wort „Papier" von der ägyptischen Pflanze Papyrus abgeleitet ist, wurde das, wa____ wir heute als Papier kennen, in China erfunden und verbreitete sich er____t im 13. Jahrhundert in Mitteleuropa. Zu die____er Zeit konnten die mei____ten Deutschen, bi____ hin zum Adel, nicht le____en und schreiben. Sogar viele Könige unterschrieben mit einem Kreuz. Al____o übermittelte man Informationen mithilfe von Bildern: Wer die Bibel

35 nicht le____en konnte, der schaute sich die Bilder in den Kirchenfen____tern oder Wandma-lereien an und reimte sich so die Geschichte der Kreuzigung zusammen. Deutsch le____en zu können nützte lange Zeit auch nicht gerade viel: In Deutschland waren die mei____ten Texte bi____ zum 15. Jahrhundert lateinisch geschrieben.

(2002)

Nomen/Substantive mit der Endung **-nis**, **-is**, **-as** und **-us** werden im Singular immer mit einfachem **s** geschrieben. Im Plural steht jedoch **ss**, falls der s-Laut bei der Pluralbildung erhalten bleibt.
Vor allem Fremdwörter auf **-us** weisen häufig für das Deutsche unübliche Pluralformen auf.

Beispiele: Ärgernis – Ärgernisse
Kürbis – Kürbisse
Atlas – Atlasse *oder* Atlanten
Organismus – Organismen **(!)**

2 Bilde zu den folgenden Verben und Adjektiven Nomen/Substantive auf -*nis*. Schreibe jeweils die Singular- und Pluralform auf:

● wagen: *Wagnis, Wagnisse*

● hindern: _____

- erleben: _____

- verhängen: _____

- sich ereignen: _____

- geheim: _____

- finster: _____

- wild: _____

Zusammen- und Getrenntschreibung

Grundregeln

Die folgende Übersicht enthält wichtige Regeln zur **Zusammen- und Getrenntschreibung**. Wenn du dir beim Schreiben unsicher bist, kannst du dort nachschauen. Du solltest im Zweifelsfall jedoch immer auch ein Wörterbuch zurate ziehen.

I. Verbindungen aus einer Präposition oder einem Adverb und einem Verb

1. **Präpositionen** oder **Adverbien** (und weitere Wortarten) können mit Verben verbunden werden. Diese Verbindungen werden oft zusammengeschrieben. Häufig liegt die Betonung bei diesen Zusammensetzungen auf dem ersten Wortbestandteil.
   Beispiele: **an**kommen, **voraus**laufen, **rückwärts**gehen, **auseinander**setzen, **zusammen**stellen, **hin**gefahren, **aus**gelaufen, **zurück**geholt, **zusammen**getreten

1.1 Die Zusammenschreibung gilt auch, wenn im Satzzusammenhang **zwischen** die Wortbestandteile die Partikel **zu** eingefügt wird.
   Beispiel: Er hatte die Absicht, rechtzeitig **anzukommen**. (Infinitiv: ankommen)
   aber:

1.2 Er hatte die Absicht, rechtzeitig **zu kommen**. (Infinitiv: kommen)
   Sie versuchte, die Straße **zu überqueren**. (Infinitiv: überqueren)

II. Verbindungen aus einem Nomen/Substantiv und Verb

2. Verbindungen aus einem **Nomen/Substantiv** und einem **Verb** werden in der Regel getrennt geschrieben.
   Beispiel: Im Urlaub möchte ich **Ski laufen**.

3. Wenn eine Verbindung aus einem Nomen/Substantiv und einem Verb **wie ein Adjektiv** gebraucht wird und z. B. als Attribut ein Nomen/Substantiv näher bestimmt, kannst du entscheiden, ob du getrennt schreibst oder zusammenschreibst.
   Beispiel: **Bagger fahrende/baggerfahrende** Männer

4. In einigen Fällen bilden ein ursprüngliches Nomen/Substantiv und ein Verb eine Zusammensetzung, weil das Nomen **nicht mehr als eigenständiges Wort** angesehen wird.
   Beispiele: leidtun, eislaufen, kopfstehen, heimkommen

III. Verbindungen mit dem Hilfsverb *sein*

5. Verbindungen mit dem **Hilfsverb *sein*** werden immer getrennt geschrieben.
   Beispiele: Gegen 12.00 Uhr wird sie **da sein**. Zuvor ist sie noch nie **da gewesen**.

IV. Verbindungen aus zwei Verben

6. **Verbindungen aus zwei Verben** werden in der Regel **getrennt** geschrieben.
   Beispiel: Möchtest du mit mir **joggen gehen**?

7. Verbindungen mit den Verben **lassen** und **bleiben** können dann zusammengeschrieben werden, wenn sich eine neue, übertragene Bedeutung ergibt. Auch bei der Verbindung **kennen lernen/kennenlernen** ist die Schreibweise freigestellt.
   Beispiel: Leider ist Paul im letzten Schuljahr **sitzen geblieben/sitzengeblieben**.

V. Verbindungen aus einem vorangestellten Adjektiv und einem Verb

8. Verbindungen aus einem **vorangestellten Adjektiv und einem Verb** werden meistens getrennt geschrieben.
   Beispiele: langsam gehen, laut rufen, himmlisch schmecken

9. Zusammenschreiben musst du jedoch, wenn Adjektiv und Verb eine **neue, übertragene Bedeutung** ergeben.
   Beispiele: Der Angeklagte wurde im Prozess **freigesprochen**. (Aber: bei einem Referat frei sprechen!)
   Ich hätte mich **kranklachen** können!

10. Verbindungen aus einem Verb und einem vorangestellten Adjektiv können sowohl zusammen- als auch getrennt geschrieben werden, wenn das Adjektiv ein Ergebnis des im Verb ausgedrückten Vorgangs bezeichnet.
    Beispiel: Hast du den Schlüssel **kaputtgemacht/kaputt gemacht**?

1 Welche der zuvor genannten Regeln musst du bei der Schreibweise der fett gedruckten Ausdrücke anwenden? Schreibe die passende Ziffer in die Klammer dahinter.

- Wenn du um 14.00 Uhr **zurück bist** (5), haben wir noch genügend Zeit für ein Beratungsgespräch.

- Weil Pauline im Urlaub sehr viel **Fahrrad fahren** (   ) will, bringt sie ihr Rad zum Händler, um es kontrollieren zu lassen.

- Vor nahezu 3 000 Jahren begannen die Griechen damit, Theaterstücke **aufzuschreiben** (   ) und auf speziellen Bühnen **aufzuführen** (   ).

- Die **Stahl erzeugende/stahlerzeugende** (   ) Industrie gehört in China zu den Wachstumsbranchen.

- Es ist nicht ratsam, von dem Mauervorsprung **herunterzuspringen** (   ).

- Solltest du mich noch einmal einfach so **stehen lassen/stehenlassen** (   ), kündige ich dir die Freundschaft auf.

- Adjektive und Adverbien werden **kleingeschrieben** (   ).

- In welchem Alter hast du **lesen gelernt** (   )?

- Schülerinnen und Schüler, die am Wandertag **eislaufen** (   ) oder **Ski fahren** (   ) wollen, müssen sich in eine gesonderte Liste eintragen.

- Jule ist es nicht **schwergefallen** (   ), sich bei ihrem Freund zu entschuldigen.

- Paul ist bei dem Wettkampf leider **schwer gestürzt** (   ).

- Auf eine definitive Aussage ließ er sich nicht **festnageln** (   ).

- Das Schnitzel war so groß, dass er seinen Teller nicht **leeressen/leer essen** (   ) konnte.

- Darüber sollten wir uns noch einmal **auseinandersetzen** (   ), um die Sachlage abschließend **zu klären** (   ).

2 Trage die in Klammern gesetzten Verbindungen in der richtigen Form in die Lücken ein. In einigen Fällen gibt es zwei Möglichkeiten.

- _____ (FLEISCHFRESSEN) Pflanzen wachsen in den Tropen, einige Sorten gibt es jedoch auch in unseren Regionen zu kaufen.

- Mit einem Spezialschwamm kannst du dein Fahrradgestänge

  _____ (BLANKPUTZEN).

- Der Ätna gehört zu den Vulkanen, die immer wieder _____ (FEUER SPEIEN).

- Das, was sie gemacht hat, sollte ihr _____ (LEIDTUN).

- Wenn du zu lange ungeschützt in der Sonne _____ (LIEGENBLEIBEN), kannst du deine Haut dauerhaft schädigen.

- In ca. einer Stunde werde ich mit den Hausaufgaben _____ (FERTIGSEIN), dann können wir _____ (EISESSEN).

- Wenn du bei einem Referat _____ (FREISPRECHEN), ist dir die Aufmerksamkeit des Publikums eher gewiss, als wenn du alles abliest.

- Wenn alles _____ (VORBEISEIN), werde ich ein paar Tage ausspannen.

- Im klassischen Griechenland saßen die Zuschauer auf _____ (ANSTEIGEN) Stufen, die das Bühnenhaus im Halbrund _____ (UMSCHLIEßEN).

- Das Gerät ließ sich nur sehr schwer _____ (HANDHABEN),

  deshalb beschloss sie, es _____ (ZURÜCKGEBEN).

- Marta hatte im Urlaub einen netten Jungen aus Griechenland

  _____ (KENNENLERNEN), deshalb wäre sie

  gern noch eine Woche länger geblieben.

- Seine Eltern haben ihm verboten, so lange _____ (FERNSEHEN).

- Wiederholt versuchte er, ihr Vertrauen _____

  (WIEDERGEWINNEN).

Verbindungen mit der Partikel *so*

Verbindungen mit der Partikel *so* werden zusammengeschrieben, wenn es sich um **Konjunktionen** handelt, die einen Glied-/Nebensatz einleiten. Dazu gehören: **sobald, sofern, soweit, solange, soviel, sosehr, sodass** (auch: so dass). In diesem Fall ist der zweite Wortbestandteil deutlich betont.

Beispiele:

                       Konjunktion

Ich komme, **sobald** (wenn) es dunkel wird.

Hauptsatz   Gliedsatz/Nebensatz

                       Konjunktion

Sinem kommt auch, **sofern** (falls) sie mit den Hausaufgaben fertig ist.

Hauptsatz   Gliedsatz/Nebensatz

In vielen anderen Fällen, in denen die Verbindung die Aufgabe einer adverbialen Bestimmung hat, wird getrennt geschrieben.

Beispiele: Er lief **so lange**, bis man ihn nicht mehr sehen konnte.
            Sie kommt **so bald** nicht nach Hause.
            So weit solltet ihr nicht gehen, dass schließlich keiner mehr etwas mit euch zu tun haben möchte.

Die Verbindung **so genannt/sogenannt** kannst du getrennt oder zusammenschreiben.

Beispiel: Auf deine **so genannte/sogenannte** Hilfe kann ich verzichten.

1 Entscheide, ob es sich bei den fett gedruckten Ausdrücken um eine Konjunktion (**K**), die zusammengeschrieben wird, oder um eine getrennt geschriebene adverbiale Bestimmung (**A**) handelt. Trage die passenden Buchstaben in die Kästchen ein. Versieh die Gliedsätze/Nebensätze, die mit einer Konjunktion wie *sofern, soweit, sobald* eingeleitet werden, mit einer Wellenlinie.

- Die Sache liegt mir **so fern** ☐, dass ich mich damit gar nicht beschäftigen möchte.

- **Sofern** ☐ mein Taschengeld es zulässt, komme ich mit ins Kino.

- Er wird, **soweit** ich weiß, **so bald** nicht wieder mitspielen können.
- Kannst du nicht **so lange** warten, bis dein Mitschüler die Arbeit beendet hat?
- Ich werde bei dir bleiben, **solange** es dir nicht gut geht.
- Paul aß **so viel** , dass er zu platzen drohte.
- Er arbeitete stundenlang, **sodass** er Kopfschmerzen bekam.
- Unser Mittelstürmer ist, **soviel** ich weiß, am Samstag wieder einsatzbereit.
- Er bemühte sich **so sehr** , dass er rot anlief.
- Er wird, **sosehr** es mich freuen würde, die Prüfung nicht bestehen.

Texte zum Üben

1 Übertrage die folgenden Texte in der richtigen Form in dein Heft.

Welche Religion hatten die alten Griechen?

Im antiken Griechenland wurden Götter verehrt, die angeblich auf dem Berg Olymp wohnten. Man brachte ihnen viele Opfer, um sie GNÄDIGZUSTIMMEN und um das Wohlergehen des Staates ZUSICHERN. Die
5 Götter waren allmächtig(,) und für einen Sterblichen gab es keine größere Sünde als den Hochmut, sich auf die gleiche Stufe wie die Götter ZUSTELLEN (Hybris). Da die Zukunft in den Händen der Götter lag, konnten sie auch VORAUSSAGEN, was den Menschen BEVOR-
10 STAND. Um die Zukunft ZUERFAHREN, befragte man Orakel. Das berühmteste Orakel befand sich in Delphi. Im Zentrum des Tempels gab es eine Öffnung, aus der manchmal vulkanische Dämpfe AUFSTIEGEN. Alles, was die inmitten dieser Dämpfe sitzende Priesterin
15 sagte, hielt man für die Worte des Gottes Apoll.

Ruinen in Delphi, Griechenland

Was berichtet die Sage vom Minotaurus?

Eine interessante kretische Sage rankt sich um den SOGENANNTEN Minotaurus, einen Königssohn, der halb Stier, halb Mensch war. Aus Scham hielt der König Minos ihn in einem unterirdischen Labyrinth versteckt, das der erfinderische Dädalus unter dem Palast des Königs gebaut hatte. Die Bezeichnung Labyrinth ist ABGELEITET von „labrys", einer doppel-
5 schneidigen Axt, die zwei Hörner hatte, genau wie die Stiere, die damals SOOFT den Göttern geopfert wurden, um diese gnädig ZUSTIMMEN. Überall auf Kreta stößt man auf das Hör-nermotiv(,) und selbst die Zinnen des Palastes haben diese Form.
Manchmal konnte man das Monstrum in dem unterirdischen Labyrinth brüllen und gegen die Wände RENNENHÖREN, SOFERN man der Sage GLAUBENSCHENKT. Wahrscheinlich
10 versuchte man, auf diese Weise das Grollen und die Erdstöße der bei den Inselbewohnern so gefürchteten Erdbeben ZUERKLÄREN.

Wie wurden die Mumien im alten Ägypten konserviert?

Im alten Ägypten wurden die Körper wichtiger Personen nach ihrem Tod EINBALSAMIERT
(mumifiziert), um ihnen ein Leben nach dem Tod ZUERMÖGLICHEN. Die meisten Organe
wurden entfernt, SODASS der Verwesungsprozess nicht beginnen konnte. SOBALD dieses
geschehen war, wurde die Leiche mit aromatischen Desinfektionsmitteln ABGERIEBEN.
5 Dann wurde sie von Kopf bis Fuß in WOHLRIECHENDE Tücher gehüllt und in einen prunkvollen Sarkophag (Sarg) gelegt.
Als Grabstätten für die damaligen Könige dienten die Pyramiden. Der ägyptischen Religion
zufolge reichte es jedoch nicht aus, den Körper ZUERHALTEN, auch ein langwieriges Ritual
musste AUSGEFÜHRT werden, damit wirklich SICHERGESTELLT war, dass der Tote in der
10 anderen Welt WEITERLEBEN würde.

2 Diktiert euch abschließend einen von euch ausgewählten Text.

Rechtschreibung – Fremdwörter

In die deutsche Sprache wurden immer schon Wörter aus anderen Sprachen übernommen und mit
der Zeit in eingedeutscher Form geschrieben. So wurde aus dem Bureau ein Büro, aus dem Friseur
der Frisör.
Im Zuge der Rechtschreibreform von 2006 können nun einige **Fremdwörter** sowohl in ihrer
ursprünglichen als auch in der eingedeutschten Form geschrieben werden.
Dies gilt u. a. für folgende Beispiele:

- In einigen gebräuchlichen Fremdwörtern mit **ph, th, rh** und **gh** kann das h wegfallen.

Neue Schreibweise	Alte Schreibweise
Grafit	Graphit
Delfin	Delphin
Tunfisch	Thunfisch
Spagetti	Spaghetti
Panter	Panther
Jogurt	Joghurt

- Gebräuchliche Fremdwörter mit den Silben **phon, phot** und **graph** wurden weitgehend an die
  deutsche Lautsprache angeglichen. Diese Wortbestandteile können durch **fon, fot** und **graf**
  ersetzt werden.

Neue Schreibweise	Alte Schreibweise
Fotografie	Photographie
Geografie	Geographie
Saxofon	Saxophon
Grafik	Graphik
Mikrofon	Mikrophon

1 Löse das folgende Kreuzworträtsel. Setze die Wörter nur in der neuen Schreibweise ein.

waagerecht:

2 Musikinstrument

3 Bild, das man mit einer Kamera macht

4 in Zoos sehr beliebtes Meerestier

7 Gerät, durch das Töne übertragen werden können

8 dieses Meerestier wird oft für Salat verwendet

9 spezielle Art einer Zeichnung

10 Milchprodukt

senkrecht:

1 Lehre von der Erde

2 italienisches Gericht

5 Raubtier

6 ein Mineral

Zahlreiche Wörter, die wir täglich verwenden, stammen aus dem Englischen oder sind der englischen Sprache nachgebildet. Ihre Schreibweise richtet sich häufig nach der Ursprungssprache.

2 Ordne die folgenden Wörter in die entsprechende Spalte der Tabelle ein.

Smartphone • Cheeseburger • Hobby • Handy • Steak • Cocktail • Inlineskates • Software • Laser • Ketchup • online • Fitness • Basketball • Fast Food • Toast • Hockey • Monitor • Rugby • Laptop • Dinner • Badminton

Sport/Freizeit	Technik	Essen/Trinken

Da es keine einheitliche Regel für die Schreibweise von Fremdwörtern gibt, solltest du im Zweifels-fall immer in einem Wörterbuch nachschauen. Das Wörterbuch gibt dir über die Schreibweise hinaus noch weitere Hinweise, z. B. zum Genus (grammatisches Geschlecht), zur Herkunft und zur Bedeutung des Wortes.

3 In dem Wörterversteck findest du insgesamt neun Fremdwörter mit *Re* am Anfang.
Übertrage die Tabelle in dein Heft und fülle sie mithilfe des Wörterbuchausschnitts auf S. 114 aus. Die Abkürzungen für die Herkunft der Fremdwörter bedeuten: lat. – aus dem Lateinischen; engl. – aus dem Englischen; frz. – aus dem Französischen.

Fremdwort	Bedeutung	Genus	Herkunft
…	…	…	…

D	F	R	H	L	O	P	Ä	G	T	D	V	H	K	L	O
A	Q	E	G	U	K	L	Ö	P	D	F	R	T	H	N	M
R	E	V	I	S	O	R	S	D	R	T	Z	H	N	V	F
W	E	U	S	R	E	T	H	N	M	K	L	U	I	M	L
S	D	E	D	E	W	A	C	B	H	U	I	O	L	Ö	G
F	R	D	R	D	D	R	V	D	W	E	T	U	I	K	L
G	E	G	E	F	E	G	D	E	S	B	M	L	Ö	D
U	V	B	Z	R	E	V	O	L	U	T	I	O	N	Ä	R
F	I	N	E	B	S	O	E	G	B	N	U	R	D	E	R
R	T	J	P	F	E	L	S	D	R	T	H	E	K	L	E
O	A	I	T	G	V	V	S	E	G	F	T	Z	H	U	V
Z	L	U	I	H	I	E	C	E	S	D	F	E	H	J	O
E	I	K	O	J	R	E	Z	E	P	T	G	N	C	V	L
N	S	N	N	D	N	D	B	N	K	L	Ö	S	T	D	T
S	I	K	K	V	F	Z	B	N	K	L	Ö	I	W	E	E
I	E	L	H	R	E	Z	I	T	A	T	I	O	N	D	B
O	R	Ö	K	N	D	W	E	R	T	Z	H	N	V	E	H
N	U	T	L	M	S	X	E	D	G	B	J	L	P	T	D
T	N	D	H	D	E	A	D	G	T	R	U	I	P	I	O
D	G	E	N	S	T	D	G	T	H	K	L	Ö	P	T	N

Re|vi|sor [-vi̱-] *m. Gen.* -s *Pl.* -so̱ren **1.** Korrektor, der Revision (3) liest **2.** Buch-, Rechnungsprüfer

Re|vi|ta|li|sie|rung [-vi̱-] *f. 10* Erholung nach einer Krankheit

Re|vi|val [rɪva̱ɪvəl, engl.] Wiederbelebung, Erneuerung

Re|vo|ka|ti|on [-vo-, lat.] *f. 10* Widerruf, Rücknahme (eines Auftrags)

Re|vo|ke [rɪvo̱uk, engl.] *f. Gen.* – *Pl.* -s, *Kartenspiel:* falsches Bedienen

Re|vol|te [-vo̱l-, frz.] *f. 11* Aufruhr, Aufstand

re|vol|tie|ren [-vo̱l-] *intr. 3*

Re|vo|lu|ti|on [-vo-] *f. 10* **1.** Umsturz, Umwälzung **2.** *Astron.:* Gestirnumlauf **3.** Gebirgsbildung **4.** *Skat:* Solospiel

re|vo|lu|ti|o|när [-vo-]

Re|vo|lu|ti|o|när [-vo-] *m. 1.* jmd., der eine Revolution hervorruft oder an einer R. teilnimmt

re|vo|lu|ti|o|nie|ren [-vo-] *tr. 3* grundlegend umwandeln

Re|vo|lu|ti|ons|tri|bu|nal [-vo-] *n. 1, in der Frz. Revolution:* außerordentl. Gerichtshof

Re|vo|luz|zer [-vo-] *m. 5, abwertend für* Revolutionär

Re|vol|ver [-vo̱lvər, lat.-engl.] *m. 5* **1.** Handfeuerwaffe mit Trommelmagazin **2.** drehbare Einspannvorrichtung (für Werkzeuge, Optiken o. Ä.)

Re|vol|ver|blatt [-vo̱lvər-] *n. 4, ugs.:* Sensationszeitung

Re|vol|ver|dreh|bank [-vo̱lvər-] *f. 2* Drehbank mit Revolver (2)

Re|vol|ver|held [-vo̱lvər-] *m. 10, ugs., abwertend:* jmd., der (mit einer Waffe) den Helden spielt

Re|vol|ver|pres|se [-vo̱lvər-] *f. 11 nur Sg., ugs.:* Sensationspresse

Re|vol|ver|schnau|ze [-vo̱lvər-] *f. 11, ugs.* **1.** freches Mundwerk **2.** jmd., der unaufhörlich redet

re|vol|vie|ren [-vo̱lvi̱-] *tr. 3, Techn.:* zurückdrehen

Re|vol|ving|kre|dit [rɪvo̱lvɪŋ] *m. 1* **1.** Kredit, der laufend erneuert wird **2.** langfristiger Kredit, der durch aneinander anschließende kurzfristige Kredite gedeckt wird

re|vo|zie|ren [-vo-, lat.] *tr. 3* widerrufen; sein Wort r.: zurücknehmen; einen Antrag vor Gericht r.: zurückziehen

Re|vue [-vy̱:, frz.] *f. 11* **1.** *frz. Bez. für* Überblick, Rundschau (oft Titel von Zeitschriften) **2.** Bühnenstück mit Musik, Tanz und großer

Ausstattung **3.** *veraltet:* Truppenschau; R. passieren lassen *übertr.:* (im Geist) an sich vorbeiziehen lassen

Re|vue|film [-vy̱:-] *m. 1* Film in der Art einer Revue (2)

Re|vue|girl [-vy̱:gœːl] *n. 9* Tänzerin in einer Revue (2)

Rex [lat.] **1.** *m. Gen.* – *Pl.* Re|ges [-geːs] König **2.** *m. Gen.* – *Pl.* -e, *Schülerspr.:* Rektor

Reyk|ja|vík [ra̱ɪkjaviːk, amtl.: rɛɪk-] Hauptstadt von Island

Rey|on *auch:* **Re|yon,** Ray|on [rɛjɔ̃ː, engl.-frz.] *m. oder n. Gen.* – *nur Sg.* eine Kunstseide

Re|zen|sent [lat.] *m. 10* Verfasser einer Rezension

re|zen|sie|ren *tr. 3;* ein Buch, Theaterstück, einen Film r.: eine Kritik darüber schreiben

Re|zen|si|on *f. 10* **1.** krit. Besprechung (neuer Bücher, Theateraufführungen, Filme usw.) **2.** Bearbeitung eines Textes (zur Neuausgabe)

Re|zen|si|ons|ex|em|plar *auch:* **Re|zen|si|ons|ex|emp|lar** *n. 1* Buch, das einem Kritiker gratis zur Besprechung überlassen wird

re|zent [lat.] **1.** *Biol., Ethnologie:* in der Gegenwart (noch) lebend; *Ggs.:* fossil **2.** *Geol.:* in jüngerer Erdzeit entstanden (Gestein) **3.** *schweiz.:* scharf, salzig

Re|zept [lat.] *n. 1* **1.** Kochanleitung **2.** ärztl. Verordnung **3.** *übertr.:* Vorschlag zum Vorgehen, zum Handeln

Re|zep|ta|ku|lum *n. Gen.* -s *Pl.* -la **1.** *Bot.:* Blütenboden **2.** *Zool.:* sackförmiger Behälter (z.B. zur Aufnahme von Spermien)

Re|zept|block *m. 9*

re|zept|frei

re|zep|tie|ren *tr. 3;* ein Medikament r.: ein Rezept über ein M. ausstellen

Re|zep|ti|on [lat.] *f. 10* **1.** Übernahme, Aufnahme, Empfang **2.** Empfangsraum (im Hotel)

re|zep|tiv **1.** (nur) aufnehmend **2.** empfänglich

Re|zep|ti|vi|tät [-vi-] *f. 10 nur Sg.* Empfänglichkeit (für Eindrücke)

Re|zep|tor *m. 13 meist Pl.* nervöses Organ zur Aufnahme von Reizen

re|zep|to|risch

re|zept|pflich|tig

Re|zep|tur *f. 10* **1.** Herstellung eines Medikaments nach Rezept

2. Vorschrift für das Zusammenstellen und Mischen von Chemikalien **3.** *in Apotheken:* Raum zur Arzneimittelherstellung

Re|zess [lat.] *m. 1* Auseinandersetzung, Vergleich; Vertrag

Re|zes|si|on *f. 10* Rückgang (des wirtschaftl. Wachstums)

re|zes|siv von anderen Erbfaktoren (ganz oder teilweise) überdeckt; *Ggs.:* dominat

Re|zes|si|vi|tät [-vi-] *f. 10 nur Sg.; Ggs.:* Dominanz

re|zi|div [lat.] *Med.:* rückfällig

Re|zi|div *n. 1, Med.:* Rückfall

re|zi|di|vie|ren [-vi̱-] *intr. 3* wieder auftreten

Re|zi|pi|ent [lat.] *m. 10* **1.** Glasglocke, die luftleer gepumpt werden kann **2.** Empfänger (einer Nachricht) **3.** derjenige, an den sich ein (Kunst-)Werk richtet, Betrachter, Zuhörer, Leser

re|zi|pie|ren *tr. 3* auf-, übernehmen

re|zi|prok *auch:* **re|zip|rok** [lat.] **1.** aufeinander bezogen, wechselseitig **2.** umgekehrt; reziproker Wert: Wert, der durch Vertauschen von Zähler und Nenner eines Bruches entstanden ist, Kehrwert

Re|zi|pro|zi|tät *auch:* **Re|zip|ro|zi|tät** *f. 10* Wechsel-, Gegenseitigkeit, Wechselbeziehung

Re|zi|tal *n. 9* = Recital

re|zi|tan|do = recitando

Re|zi|ta|ti|on [lat.] *f. 10* künstlerischer Vortrag (von Gedichten u. Ä.)

Re|zi|ta|ti|ons|ton *m. 2 nur Sg.* Singweise nach Art des Rezitativs

Re|zi|ta|tiv *n. 1* Sprechgesang (in Oratorien, Opern u. a.)

re|zi|ta|ti|visch [-viʃ] in der Art eines Rezitativs

Re|zi|ta|tor *m. 13* Vortragskünstler

re|zi|ta|to|risch in der Art einer Rezitation

re|zi|tie|ren *tr. 3* künstlerisch vortragen

rf., rfz. *Abk. für* rinforzando

Rgt. *Abk. für* Regiment (2)

RGW *Abk. für* Rat für gegenseitige Wirtschaftshilfe (bis 1991); vgl. COMECON

rh *Abk. für* Rhesusfaktor (negativ)

Rh **1.** *Abk. für* Rhesusfaktor (positiv) **2.** *chem. Zeichen für* Rhodium

Rha|bar|ber [griech.-ital.] *m. 5* eine Heil- und Naturpflanze

---

Aus: WAHRIG. Die deutsche Rechtschreibung. Neuausgabe 2006, Wissen Media Verlag, Gütersloh, München 2006, S. 880

114

Viele Fachbegriffe, die du für die Beschreibung und Deutung literarischer Texte brauchst, stammen aus anderen Sprachen, meist aus dem Griechischen oder Lateinischen.

4 Löse das folgende Silbenrätsel. Wenn du dir unsicher bist, schau auf S. 52 dieses Arbeitsheftes nach.

> a • al • an • bol • el • fi • ka • le • li • lip • lis • me • mus • na • ni • pa • per • pher • pher • ra • ral •
> se • se • so • sym • ta • te • the • ti • tion • tion

1. Mehrere Wörter beginnen mit dem gleichen Anfangslaut:

2. Mehrere Sätze oder Verse beginnen mit dem gleichen Wort/den gleichen Wörtern:

3. Auslassung von Satzgliedern, die man gedanklich leicht ergänzen kann:

4. Inhaltliche Gegenüberstellung von Gedanken und Begriffen:

5. Sprachliches Bild, das durch Übertragung eines Begriffs in einen anderen Bereich entsteht, verkürzter Vergleich:

6. Mehrere Sätze oder Satzteile haben einen parallelen Satzbau:

7. Dinge, Tiere oder allgemeine Begriffe werden vermenschlicht:

8. Ein konkreter Gegenstand (oder eine Handlung), der (die) neben seiner offensichtlichen eigentlichen Bedeutung noch eine übertragene, abstraktere Bedeutung hat:

Die Zeichensetzung

Kommasetzung bei Satzreihen

1. Eine Aufzählung von **mehreren vollständigen Hauptsätzen** bezeichnet man als **Satzreihe**. Die Hauptsätze können durch ein Komma abgetrennt werden, wenn sie inhaltlich eng zusammengehören und die Trennung durch ein Satzschlusszeichen vom Schreiber bzw. der Schreiberin als zu stark empfunden wird.
   Beispiel: Die Kommasetzungsregeln sind gar nicht so schwer, es kommt nur auf die richtige Anwendung an.

2. Vor Konjunktionen bzw. Konjunktionaladverbien[1] wie *aber, sondern, doch, jedoch*, die einen **Gegensatz** ausdrücken, steht ein Komma.
   Beispiel: Die Theorie ist häufig ganz einfach, doch die Praxis ist manchmal ganz schön kompliziert.

3. Vor **nebenordnenden Konjunktionen** wie *und, oder, sowohl … als auch* steht in der Regel kein Komma. Man kann es aber setzen, um in Satzreihen die Lesbarkeit zu erleichtern.
   Beispiel: Die Schüler haben sich intensiv mit den Zeichensetzungsregeln beschäftigt (,) und sie sehen dem Test am nächsten Morgen mit Gelassenheit entgegen.

---

[1] **Konjunktionaladverb:** s. Fußnote S. 72

1 Entscheide, ob in den folgenden Beispielsätzen ein Komma stehen muss. Trage anschließend die fehlenden Kommas ein. Schreibe hinter den Satz die Nummer der Regel (s. Infokasten), die auf die Kommasetzung zutrifft.

Mit der Schule in Ungarn

- In diesem Schuljahr habe ich am Austauschprogramm meiner Schule teilgenommen meine Austauschgruppe ist dabei nach Ungarn gefahren. (   )

- Das war mein erster Besuch in Ungarn aber es wird bestimmt nicht mein letzter Besuch gewesen sein. (   )

- Ganz besonders erfreut waren wir alle von der außergewöhnlichen Herzlichkeit unserer Gastgeber und auch von der Schönheit des Landes waren wir immer wieder angetan. (   )

- Jeder Tag bot eine neue Überraschung und ein neues Ausflugsziel doch die Besuche in den Thermalbädern waren die Höhepunkte der Fahrt. (   )

- Mitten in wunderschönen Landschaften gelegen sprudelt warmes Wasser aus dem Boden und man kann sich einfach in die Becken legen und das warme Wasser und die Landschaft gleichzeitig genießen. (   )

- Alle Schüler waren beim Abschied auf dem Bahnhof sehr traurig aber zum Glück gibt es noch einen Gegenbesuch unserer neu gewonnenen Freunde aus Ungarn. (   )

Kommasetzung in einfachen Satzgefügen

Haupt- und Glied-/Nebensatz werden durch Kommas voneinander getrennt. Dabei kann der Glied-/Nebensatz vor dem Hauptsatz stehen, dahinter oder in den Hauptsatz eingefügt sein. Haupt- und Glied-/Nebensatz bilden ein **Satzgefüge**.

Beispiele:

Der Schüleraustausch war erfolgreich, weil die Schüler sich gut verstanden haben.

Obwohl das Wetter nicht so gut war, herrschte allgemein gute Stimmung.

Schüler, die sich am Anfang noch skeptisch zeigten, waren am Ende völlig begeistert.

1 Trage in den folgenden Sätzen die fehlenden Kommas ein. Es geht nicht nur um Satzgefüge.

Abenteuerlicher Flug nach Schweden

- Schon die Fahrt mit dem Bus von Paderborn zum Flughafen am Niederrhein war außergewöhnlich da der Busfahrer sich nicht auf das Navigationsgerät sondern auf seinen angeblichen Orientierungssinn verließ.

- Am Ende kostete uns dies wenigstens eine Dreiviertelstunde Verspätung die ziemlich nervenaufreibend war.

- Hätten wir allerdings zu dem Zeitpunkt gewusst was uns noch bevorstand hätten wir wohl nichts gesagt.

- Weil der Flughafen recht übersichtlich war lief nach Ankunft am Flugschalter alles glatt und wir saßen alle glücklich und zufrieden auf unseren Sitzen.

- Dem einen oder anderen Schüler wurden dann zwar doch die Knie weich als der Flieger abhob aber dann waren wir in der Luft und freuten uns auf einen gemütlichen Flug.

- Der Abend nahte und man konnte nur noch die Lichter der Städte erkennen.

- Bald machte sich die Aufregung der Hinfahrt bemerkbar und immer mehr Schüler schliefen ein auch wenn die Sitze nicht sehr bequem waren.

- So bemerkten wir auch nicht dass der Pilot irgendwann die Richtung änderte und wieder heimatlichen Kurs nahm.

- Entsprechend groß war die Verwunderung als wir dann in den Landeanflug übergingen aber nicht in Schweden sondern wieder am Niederrhein landeten.

- Wegen technischer Probleme war der Pilot der noch neu in seinem Beruf war auf Nummer sicher gegangen und umgekehrt.

- So mussten wir erst eine ganze Zeit warten bis ein neuer Flug gestartet werden konnte.

Kommasetzung in komplexen Satzgefügen

Das Komma trennt einen Gliedsatz/Nebensatz ab, der nicht von einem Hauptsatz, sondern von einem anderen Gliedsatz/Nebensatz abhängt. In diesem Fall spricht man von einem **komplexen Satzgefüge**.

Beispiel:
Weil die Umweltbelastung, die durch den Flugverkehr verursacht wird, immer größer wird,

      Nebensatz 1   Nebensatz 2   Nebensatz 1

sollte man auf Flugreisen möglichst verzichten.

             Hauptsatz

1 Unterstreiche in den folgenden Sätzen jeweils die unterschiedlichen Glied-/Nebensätze und den Hauptsatz mit verschiedenen Farben.

- Die Unterkunft, die wir gebucht hatten, bevor wir losfuhren, erwies sich als katastrophal.

- Um das Hotel, das mitten in der Stadt lag, die von vielen Menschen besucht wird, führte eine Hauptstraße.

- Viele Autofahrer, die auf der Hauptstraße fuhren, um in die Stadt zu gelangen, hupten unaufhörlich.

- Wir waren entsetzt, als wir merkten, dass wir auch nachts keine Ruhe finden würden.

- Obwohl unser Zimmer, das sich entgegen unseren Wünschen im Erdgeschoss befand, zum Hinterhof lag, drang der Lärm hinein.

- Weil wir nicht wollten, dass wir keine Nacht Ruhe fanden, baten wir die Reiseleitung um ein Zimmer in einem anderen Hotel.

- Weil jedoch kein Zimmer frei war, das unserer Preisvorstellung entsprach, mussten wir noch zwei Tage in dem Lärm ausharren.

2 Setze in den folgenden Sätzen die fehlenden Kommas.

- Weil die Hinfahrt die über zehn Stunden dauerte sehr anstrengend war schliefen wir direkt nach der Ankunft erst einmal zwei Stunden.

- Obwohl es sehr heiß war weil es Mittag war und die Sonne schien schliefen wir tief und fest.

- Danach gingen wir um uns das Meer anzuschauen das nur wenige Schritte vom Hotel entfernt lag an den Strand.

- Weil wir unsere Badebekleidung die noch im unausgepackten Koffer lag nicht mitgenommen hatten konnten wir nicht sofort schwimmen gehen.

- In den nächsten Tagen die voller Sonnenschein waren wie auch der Wetterbericht vorhergesagt hatte gingen wir mit großer Freude ins Wasser.

Kommasetzung bei Infinitivgruppen

Infinitivgruppen werden in der Regel durch Kommas vom übrigen Satz abgetrennt. Unter einer Infinitivgruppe versteht man einen Infinitiv mit *zu*, zu dem weitere Wörter bzw. Satzglieder hinzukommen. Eine Infinitivgruppe hängt von einem übergeordneten Satz ab. Sie kann vor oder hinter dem Hauptsatz stehen oder darin eingefügt sein. In letzterem Fall steht ein Komma vor und hinter der Infinitivgruppe.

Beispiele: Wir nahmen Skatkarten mit, um die Langeweile während der Fahrt zu vertreiben.

Um die Langeweile zu vertreiben, nahmen wir Skatkarten mit.

Wir nahmen, um die Langeweile zu vertreiben, Skatkarten mit.

In folgenden Fällen muss eine Infinitivgruppe durch Komma vom Hauptsatz abgetrennt werden:

a) Im übergeordneten Satz wird mit einem Nomen/Substantiv oder anderen Wörtern (z. B. *darauf, daran, dazu, damit, es*) auf die Infinitivgruppe hingewiesen.

Beispiele: Der Busfahrer dachte nicht daran, das Navigationsgerät zu nutzen.

Er hatte die Absicht, den Weg selbst zu finden.

b) Die Infinitivgruppe wird mit *um, ohne, statt, anstatt, außer, als* eingeleitet.

Beispiel: Der Busfahrer vertraute seinem Orientierungssinn, anstatt das Navigationsgerät anzuschalten.

Dem Schreiber bzw. der Schreiberin ist es freigestellt, ein Komma zu setzen, wenn kein Nomen/Substantiv oder ein anderes Wort im übergeordneten Satz auf die Infinitivgruppe hinweist oder sie nicht mit *um, anstatt, ohne …* eingeleitet wird. Ein einfacher Infinitiv mit *zu* kann abgetrennt werden, wenn im Hauptsatz ein hinweisendes Wort steht. Da die Kommasetzung für den Leser bzw. die Leserin eine Hilfe sein kann, ist es in keinem Fall falsch, eine Infinitivgruppe durch ein Komma abzutrennen.

Beispiele: Wir baten den Busfahrer(,) das Licht anzustellen.

In der Dunkelheit war es nicht möglich(,) zu lesen.

---

1 Unterstreiche wie in dem Beispiel in den folgenden Sätzen den Infinitiv mit *zu* und versieh die Ausdrücke, die zu dem Infinitiv gehören und ihn erweitern, mit einer Wellenlinie. Zeichne um den Ausdruck im übergeordneten Satz, auf den sich die Infinitivgruppe bezieht, bzw. um die Wörter *um, ohne, anstatt, außer, statt, als* einen Kasten.
Setze anschließend die Kommas.

Eine anstrengende Busfahrt

- Niemand hatte vor Antritt der langen Busreise daran gedacht, sich ausreichend mit Reiseproviant zu versorgen.

- Auch die Möglichkeit sich entspannt hinzusetzen war nicht immer gegeben.

- So baten schon bald die ersten Schülerinnen und Schüler darum eine Pause zu machen.

- Der Busfahrer musste daran denken seine vorgeschriebenen Ruhezeiten einzuhalten.

- So schnell kam es also nicht infrage eine Rast zu machen.

- Zum Glück hatten mehrere Schüler daran gedacht eine DVD mitzunehmen.

- Nach längeren Diskussionen gelang es sich auf einen Film zu einigen.

- Der Film half den Schülerinnen und Schülern dabei sich über die Unbequemlichkeiten hinwegzutrösten.

- So waren alle darüber erstaunt vom Busfahrer zu hören dass die langersehnte Pause anstehe.

- Ohne nach dem Zeitpunkt der Weiterfahrt zu fragen stürmten alle in die Raststätte.

- Der Anblick des Fast-Food-Restaurants verleitete viele Schülerinnen und Schüler dazu sich dort erst einmal zu verköstigen.

- Die Lehrer hatten alle Mühe damit die Schüler wieder in den Bus zu bekommen.

- Nach einer langen Fahrt freuten wir uns darüber am Ziel zu sein.

- Keiner mochte zu dem Zeitpunkt daran denken sich wieder auf den Heimweg machen zu müssen.

Texte zum Üben

1 In den folgenden Texten fehlen die meisten Kommas. Es handelt sich dabei um die Buchklappentexte der erfolgreichen Jugendbuchreihe „Die Tribute von Panem" von Suzanne Collins. Trage die fehlenden Kommas ein.

Suzanne Collins: Die Tribute von Panem – Tödliche Spiele

Als Katniss erfährt dass das Los auf ihre kleine Schwester Prim gefallen ist zögert sie keinen Moment. Um Prim zu schützen meldet sie sich an ihrer Stelle für die alljährlich stattfindenden Spiele
5 von Panem – in dem sicheren Wissen damit ihr eigenes Todesurteil unterschrieben zu haben. Denn von den 24 Kandidaten darf nur ein einziger überleben. Zusammen mit Peeta einem Jungen aus ihrem Distrikt wird Katniss in die Arena geschickt
10 um sich dem Kampf zu stellen. Beiden ist klar dass sie sich früher oder später als Feinde gegenüberstehen werden. Doch dann rettet Peeta Katniss das Leben …

(8 verpflichtende Kommas)

Suzanne Collins: Die Tribute von Panem – Gefährliche Liebe

Seitdem Katniss und Peeta sich geweigert haben einander in der Arena zu töten werden sie vom Kapitol als Liebespaar durch das ganze Land geschickt. Doch da ist auch noch Gale der Jugendfreund von Katniss. Und mit einem Mal weiß sie nicht mehr was sie wirklich fühlt oder fühlen darf. Als immer mehr Menschen
5 in ihr und Peeta ein Symbol des Widerstands sehen geraten sie alle in große Gefahr. Und Katniss muss sich entscheiden – zwischen Peeta und Gale zwischen Freiheit und Sicherheit zwischen Leben und Tod …
(6 verpflichtende Kommas)

Suzanne Collins: Die Tribute von Panem – Flammender Zorn

Möge das Gute siegen! Möge die Liebe siegen! Das grandiose Finale! Katniss gegen das Kapitol! Schwer verletzt wurde Katniss von den Rebellen befreit und in Distrikt 13 gebracht. Doch ihre einzige Sorge gilt Peeta der dem Kapitol in die Hände gefallen ist. Die Regierung setzt alles daran seinen Willen zu bre-
5 chen um ihn als Waffe gegen die Rebellen einsetzen zu können. Gale hingegen kämpft weiterhin an der Seite der Aufständischen, und das, zu Katniss' Schre-cken, ohne Rücksicht auf Verluste. Als sie merkt dass auch die Rebellen versu-chen sie für ihre Ziele zu missbrauchen wird ihr klar dass sie alle nur Figu-ren in einem perfiden Spiel sind. Es scheint ihr fast unmöglich die zu
10 schützen die sie liebt …
(7 verpflichtende Kommas)

2 Auch in den folgenden beiden Rezensionen, die sich auf die Verfilmung des ersten Bandes der Panem-Reihe und den Roman „Die Bücherdiebin" von Markus Zusak beziehen, fehlen die Kommas. Trage sie ein.

David Kleingers
„The Hunger Games": „Twilight" ausgedämmert – jetzt kommen die Teen-Gladiatoren

Brot Spiele Sponsorenverträge: Im Endzeit-Spektakel „Hunger Games" kämpfen Pubertierende als Gladiatoren in Unterhaltungs-Shows.
Dieses Mädchen ist nicht aus Freude an der Natur im Wald unterwegs. Routi-niert holt sie zunächst Pfeil und Bogen hervor die in einem hohlen Baumstamm
5 versteckt sind. Kurz darauf entdeckt sie ein Reh nimmt es ins Visier und war-tet auf den Moment für den Schuss. Der kommt in diesem Fall zwar nicht aber wenn Hollywoods Nachwuchshoffnung Jennifer Lawrence als Katniss Ever-deen in einer der ersten Szenen auf das Tier zielt dann offenbart ihr Gesicht mehr als die Entschlossenheit einer Jägerin. In ihrem Blick findet sich eine
10 Ahnung davon was der Akt des Tötens jenseits der Nahrungsbeschaffung bedeu-tet – gerade als Teenager in einem diktatorischen Zukunftsstaat der bei der Hatz zwischen Rehen und Menschen keinen Unterschied macht.
Zugleich liegt ein Versprechen in diesem Blick welches die Verfilmung von Suzanne Collins' Bestseller im weiteren Verlauf einlöst. Denn sie ist viel besser
15 als sie sein müsste. Schließlich war es angesichts des immensen kommerziellen Erfolgs der Vorlage eigentlich nur eine Formsache dass Hollywood sich des 2008

Szene aus „The Hunger Games": Gale (Liam Hemsworth) und Katniss (Jennifer Lawrence)

veröffentlichten Romans annimmt. „The Hunger Games" – in Deutschland als „Die Tribute von Panem" erschienen – ist ein Buch das man mit 14 Jahren heiß und innig liebt. Es ist aber auch eines das man als Leser jenseits der 30
20 nicht verschämt verstecken muss [...].

Aus: SPIEGEL online,16.3.2012, Hamburg

(13 verpflichtende Kommas)

Hilde Elisabeth Menzel
Ich bin nicht nett

Da fasst ein junger australischer Autor den Entschluss seinen neuen Roman in Deutschland während der NS-Zeit anzusiedeln und in kürzester Zeit steht sein Buch auf den internationalen Bestsellerlisten. Ein Phä-
5 nomen! Denn mehr als sechzig Jahre nach Kriegsende sind die Verbrechen der Nazis so umfangreich doku-mentiert wurde von den Leiden der Menschen so oft erzählt dass man den Mut bewundert dem überfüllten Markt ein weiteres Buch zu diesem Thema zuzumuten.
10 Doch mit dem Kunstgriff den Tod als Erzähler auftre-ten zu lassen ist Markus Zusak eine aufregende Variante gelungen. Der Wechsel der Perspektive scheint sich auszuzahlen. Und es ist ein ganz besonderer Tod ein humaner Tod sozusagen der mit seinem ironi-schen ja gelegentlich sarkastischen Ton Distanz schafft zum ungeheuerlichen
15 Geschehen sodass man die stellenweise allzu große Intensität der Sprache und ein gewisses Pathos[1] gut verkraften kann. [...]

(11 verpflichtende Kommas)

---

[1] **Pathos:** übertriebene Gefühlsregung

Es ist ein kleines Mädchen Liesel das dem Tod in einer Zeit am Herzen liegt in der er über die Maßen viel zu tun hat. „Es ist die Geschichte von einer beständig Überlebenden – von einer Expertin im Zurückbleiben."

20 Liesel bleibt zurück als ihr kleiner Bruder auf der Fahrt nach Süddeutschland stirbt und ihre Mutter – wie zuvor schon der Vater – für immer aus ihrem Leben verschwindet. Hier – am Grab ihres Bruders – beginnt Liesels „Karriere als Bücherdiebin". Sie nimmt sich ein Buch als Ausgleich zum Verlust all dessen was ihr vertraut war. Ein seltsamer [...] Einfall des Autors zumal es sich bei

25 dem Buch um das Handbuch für Totengräber handelt. Immerhin bringt ihr der liebevolle Pflegevater Hans Hubermann in Ermangelung anderer Lektüre mithilfe dieses Buches das Lesen bei. Die Welt der Bücher und der Sprache wird für sie ein unverzichtbarer Trost in dieser finsteren Zeit.

Mit ihren Pflegeltern in Molching nahe München hat Liesel Glück obwohl es

30 etwas dauert bis sie das weiche Herz unter der rauen Schale von Rosa Hubermann erkennt. Dem Leser geht es ähnlich doch spätestens als Rosa zustimmt dass ihr Mann den Juden Max Vandenburg im Keller versteckt hat sie ihn auf seiner Seite. Denn für die Hubermanns bedeutet dies auch eine Entscheidung gegen den eigenen Sohn der zu ihrem Kummer zum überzeugten Nazi geworden

35 ist.

(12 verpflichtende Kommas)

Die langsam wachsende tiefe Beziehung zwischen dem Kind Liesel und dem Juden Max gehört zum Besten was dieser umfangreiche Roman voller Nebenstränge und Anekdoten aus Liesels Leben während des Krieges zu bieten hat. Es ist wunderbar als Liesel ihrem Max als Weihnachtsgeschenk einen Schnee-

40 mann in seiner Kellereinsamkeit baut. „Es war der Beginn des großartigsten Weihnachtsfestes überhaupt. Wenig zu essen. Keine Geschenke. Aber im Keller stand ein Schneemann."

Zwei Geschichten aus der Kindheit seiner deutschen Mutter waren es die Markus Zusak zu diesem Roman inspiriert hatten. Zum einen ihre Erinnerung an

45 den blutroten Himmel über dem brennenden München und zum anderen an den Jungen der einem durch die Straßen getriebenen Juden ein Stück Brot reichte und dafür von einem Soldaten geschlagen wurde.

Diese Szene hatte Martin Zusak im Sinn als er von Hans Hubermanns spontanem und folgenreichem Geschenk für einen der geschundenen Juden auf dem

50 Marsch nach Dachau erzählt. Vielleicht aber war der Junge auch Vorbild für die Figur des mutigen Rudi Steiner Liesels liebsten Freund der den schwarzen Leichtathleten Jesse Owens verehrt was ihn dazu verleitet sich eines Nachts mit Kohle schwarz anzumalen und auf dem Sportplatz ein einsames 100-Meter-Rennen zu laufen – ein wahrlich tollkühnes Unterfangen in Zeiten tödlichen Rassenhas-

55 ses. Auch Rudi gilt die Zuneigung des Todes doch ihn kann oder will er nicht retten. Liesels Überleben genügt ihm.

Die Frage erübrigt sich fast ob jugendliche Leser mit dem sehr umfangreichen Roman und seinem stellenweise sarkastischen Ton überfordert sind da die beiden überaus liebenswerten literarischen Figuren tiefe Betroffenheit auslösen. Die Ab-

60 sicht des Romans den Irrsinn des Krieges an den Pranger zu stellen ist nicht zu überlesen.

(15 verpflichtende Kommas)

Aus: ZEIT online, 19.5.2008, Hamburg

Diktate für alle Gelegenheiten – Aus Wissenschaft und Technik

Mit den folgenden Diktaten könnt ihr auf diese Weise üben:

- Erklärt euch gegenseitig die Schreibweise der Wörter mit den fett gedruckten Buchstaben.
- Arbeitet in gleicher Weise mit der Zeichensetzung. Warum stehen die gesetzten Kommas in den Texten?
- Schwierige Wörter solltet ihr herausschreiben und ihre Wörterumrisse zeichnen.
- Schaut eventuell im Wörterbuch nach, wenn euch die Bedeutung nicht klar ist.
- Aus den Wörtern, die markiert sind, könnt ihr zunächst ein Wortdiktat erstellen.
- Diktiert euch anschließend gegenseitig den Text so, dass nach jedem Satz oder Abschnitt die Rolle des Schreibenden und des Diktierenden wechselt.

Wie funktioniert ein Aufzug?

Ein Aufzug ist eine **Kabine**,/die an **Führungsschienen** eines Aufzugsschachts/auf- und **abfährt**./Die Kabine hängt an Seilen,/die oben über einen **Flaschenzug** laufen,/der von einem **Elektromotor** angetrieben wird. Am anderen Ende des Seils/ist ein Gegengewicht **befestigt**,/**das genauso schwer** ist wie die Kabine,/**sodass** (so dass) der Motor/nur das
5 Gewicht der **Passagiere** heben muss./Eine **Vorrichtung**/zur **Begrenzung** der **Zugge-schwindigkeit** der Seile/und eine Sicherungseinrichtung unter der Kabine/sorgen dafür,/ **dass** die Kabine nicht **herunterfällt**./Selbst wenn diese Sicherungen ausfallen,/**fängt** ein **Stoßdämpfer** die Kabine sicher ab.

Wie funktioniert ein Flaschenzug?

Wenn ein Körper zu **schwer** ist, um direkt angehoben werden zu **können**, kann man ein Seil über eine Rolle legen, sie oben an einem **Querbalken** befestigen und den Körper an dem Seil **hochziehen**.
Eine so verwendete Rolle nennt man Flaschenzug. Die **zum Ziehen** des Seils erforderliche
5 Kraft entspricht dem **Gewicht** des Körpers. Der Körper **bewegt** sich um **die gleiche** Strecke nach oben, um die das Seil nach unten gezogen wird.
Wird das Seil über **mehrere** Rollen gespannt, ist der **Kraftaufwand zum Heben** der Körper **wesentlich** niedriger. Bei zwei Rollen ist **die obere** fest, die untere Rolle frei **beweglich**.
Wird am Seil gezogen, geht die untere Rolle nach oben, um den Körper **hochzuziehen**.
10 Um einen Körper einen Meter **hochzuheben**, muss man das Seil **zwei Meter weit** ziehen.
Das Seil legt also immer die doppelte **Strecke** zurück, um die der Körper angehoben wird.

Wie zieht ein Kran eine Last hoch?

Zum Heben schwerer Lasten/nutzen Kräne das **Prinzip** des **Flaschenzugs**./Der Flaschen-zug befindet sich/am Ende eines langen Arms (Ausleger),/der über die Last **geschwenkt** wird./
Ein Haken am Ende des unteren Flaschenzugs/wird **herabgelassen**/und die Last daran
5 **befestigt**./Das andere Seilende wird/an einer Trommel unten am Kran befestigt./Die Trom-mel dreht sich,/um das Seil auf- und **abzuspulen**/und so die Last **zu heben**/oder **herabzu-lassen**./

Ein **fahrbarer** Kran/**läuft** auf Rädern(,)/und sein Ausleger wird/mit einer **hydraulischen Vorrichtung bewegt**./

10 **Turmdrehkräne** werden auf Baustellen **benutzt**/und haben einen langen/**horizontalen** Ausleger.

Wie wird Stahl erzeugt?

Eisen wird **hauptsächlich**/in Form von Stahl **verwendet**,/der vom Aufbau her/eine **Eisen-Kohlenstoff-Legierung** ist,/der andere **Elemente** zugefügt werden können./Eisen kommt in **Eisenmineralien**/oder in **Erzen** vor,/die **überwiegend** aus/Sauerstoff-Eisen-Verbindungen bestehen.

5 Es wird in Hochöfen gewonnen,/in denen das **Eisenerz**/mit **Koks** und Kalkstein **erhitzt** wird./Aus dem erhaltenen **Roheisen** wird/in einem anderen Ofen/oder **Konverter** Stahl hergestellt./Durch oder auf das **flüssige** Roheisen/wird Luft oder Sauerstoff geblasen,/was den Kohlenstoff/**fast völlig verbrennt**./

Stahl ist ein hartes,/**widerstandsfähiges** Metall/und **relativ** billig **herzustellen**./Aus Stahl
10 werden alle **möglichen** Dinge hergestellt,/von Stiften und Nadeln/bis zu **Eisenbahnen** und **Wolkenkratzern**./

Normalstahl **korrodiert**,/da sich das darin **enthaltene** Eisen/mit dem Sauerstoff der Luft **verbindet**./So bildet sich Rost./

Rostfreier Stahl rostet deshalb nicht,/weil er sehr hohe/**Chrom- und Nickelanteile** enthält.

Warum fühlen sich einige Stoffe kühler an als andere?

Metall fühlt sich normalerweise kühl an,/ein **Holzgegenstand** dagegen weniger(,)/und Stoff fühlt sich **überhaupt nicht** kühl an./Und dennoch haben alle diese **Materialien**/genau **dieselbe Temperatur**./

Der Grund dafür ist,/**dass** die Fingerspitzen des Menschen/wärmer als die **Gegenstände**
5 sind./Deshalb **fließt** Wärme/von den Fingerspitzen zum Metall,/wobei ihre Temperatur **stark sinkt**,/**sodass** (so dass) die Gegenstände sich **kalt** anfühlen./

Die **meisten** Metalle sind gute **Wärmeleiter**./**Holz** eignet sich hierfür nur **bedingt**,/Stoff gewissermaßen **gar nicht**.

Deshalb geht **beim Berühren**/weniger Wärme an den Fingerspitzen verloren(,)/und die
10 Gegenstände fühlen sich nicht so kalt an.

Was ist Reibung?

Bremsung und **Luftwiderstand**/sind Beispiele
für **Kräfte**,/die **Reibung** genannt werden./
Reibung tritt bei allen **Maschinen** auf/und
bewirkt immer **ein Abbremsen**./Sie entsteht
5 durch **das Reiben**/eines Teils oder **Materials** an
einem anderen./
Reibung **erzeugt** Hitze und Lärm/und **lässt**
Energie verpuffen,/kann aber auch gezielt **einge-**
setzt werden,/wenn beispielsweise ein Speedway-
10 fahrer/**beim Kurvenfahren**/mit dem **Fuß**
zusätzliche Reibung herstellt.

Teste dein Wissen

Mithilfe dieses Arbeitsheftes hast du erreicht, in den unterschiedlichen Bereichen des Faches Deutsch sicherer zu werden. Im Folgenden kannst du überprüfen, was du alles gelernt hast. Kreuze die richtigen Antworten an (manchmal sind mehrere richtige Antworten möglich). Wenn du dir bei einigen Antworten noch unsicher bist, wiederhole die Übungen auf den Seiten, die jeweils angegeben sind.

Schreiben

Welche Aussagen sind richtig, um mithilfe von Materialien einen Vortrag vorzubereiten? (S. 12)

☐ Es reicht aus, wenn man das Material einmal liest und dann kurz zusammenfasst, um welchen Informationsbereich es geht.

☐ Es ist sinnvoll, für jedes Material einen Stichwortzettel anzulegen mit Detailinformationen zu dem Informationsbereich.

☐ Zur Vorbereitung des Vortrags gehört es, die Informationsbereiche, über die man berichten will, in eine sinnvolle Reihenfolge zu bringen.

☐ Damit die Zuhörenden viel von dem Vortrag lernen können, ist es wichtig, jede Detailinformation aus den Materialien anzuführen.

Kreuze an, welche Aussagen auf eine Folienpräsentation zutreffen. (S. 18)

☐ Der Vortrag kann dadurch anschaulicher gestaltet werden, dass man Folien mit einem entsprechenden Computerprogramm präsentiert.

☐ Die Folien sollten so gestaltet werden, dass möglichst viele Informationen auf ihnen Platz finden.

☐ Es hilft den Zuhörenden, sich auf die Sache zu konzentrieren, wenn möglichst viele Animationseffekte in die Präsentation eingebaut werden.

☐ Beim Vortragen ist es wichtig, auch Blickkontakt zu den Zuhörenden aufzunehmen und die Aussagen mit entsprechenden Gesten zu begleiten.

In der Einleitung zu einer Textanalyse (S. 22)

☐ nennt man Titel, Verfasser bzw. Verfasserin, Textsorte und eventuell das Erscheinungsjahr des Textes.

☐ legt man das Thema bzw. die Problematik des Textes dar.

☐ nennt man die Anzahl der Zeilen bzw. der Seiten, die der Text umfasst.

☐ gibt man einen kurzen Handlungsüberblick.

Welche Erzählform gibt es? (S. 23)

☐ Eine Er-/Sie-Erzählung.

☐ Eine Wir-Erzählung.

☐ Eine Ich-Erzählung.

Wird das Geschehen vom Erzähler bzw. von der Erzählerin wie von einem unsichtbaren Beobachter dargelegt und nur aus der Sicht eines Außenstehenden erzählt, spricht man von (S. 23)

☐ neutralem Erzählverhalten.

☐ auktorialem Erzählverhalten.

☐ personalem Erzählverhalten.

Kreuze an, in welchem Satz richtig zitiert wird (S. 29).

☐ Der unvermittelte Einstieg „Diese Tussi!" führt den Leser bzw. die Leserin gleich in die Gedankenwelt der Ich-Erzählerin.

☐ Der unvermittelte Einstieg Diese Tussi! (Z. 1) führt den Leser bzw. die Leserin gleich in die Gedankenwelt der Ich-Erzählerin.

☐ Der unvermittelte Einstieg „Diese Tussi!" (Z. 1) führt den Leser bzw. die Leserin gleich in die Gedankenwelt der Ich-Erzählerin.

Die Exposition eines Schauspiels ist (S. 34)

☐ der Höhepunkt der Handlung.

☐ der Schluss der Handlung.

☐ die Einführung in die Handlung.

Bei der Gedichtzeile „Die muntern Vögel, lieberwärmt" handelt es sich um (S. 49)

☐ einen dreihebigen Trochäus.

☐ einen vierhebigen Daktylus.

☐ einen vierhebigen Jambus.

☐ einen dreihebigen Anapäst.

Bei der Formulierung „der Frühling ist erwacht" handelt es sich um (S. 50)

☐ eine Metapher.

☐ ein Symbol.

☐ eine Personifikation.

☐ einen Vergleich.

Kreuze an, welche Aussagen zur Reihenfolge der Argumente bei einer linearen Argumentation zutreffen (S. 60/61).

☐ Das erste Argument sollte auch das wichtigste sein, damit völlig klar ist, welche Position in der Argumentation vertreten wird.

☐ Was das wichtigste Argument ist, hängt davon ab, an wen sich die Argumentation richtet bzw. wie die/der Vortragende die Argumente einschätzt.

☐ Die Argumentation sollte steigernd aufgebaut sein, sodass das wichtigste Argument am Schluss steht.

Der folgenden Grafik ist zu entnehmen, dass (S. 59)

☐ mehr als doppelt so viele Unfälle, an denen Fahrradfahrende beteiligt sind, auf Fremdverschulden zurückgehen.

☐ insgesamt 91 533 Fahrradunfälle für die Verkehrsunfallstatistik untersucht worden sind.

☐ die Unfallzahlen auf der Einschätzung durch die Betreiber der Internetseite beruhen.

☐ die Einführung einer Helmpflicht überflüssig ist, weil die meisten Unfälle nicht von den Fahrradfahrenden verursacht werden.

ebikeers

25.883
EIGENUNFÄLLE WIE FAHRFEHLER, HINDERNISSE, DEFEKTE, ETC.

65.650

Angaben Verkehrsunfallstatistik,
Bundesamt für Statistik (ebikeers.de)

Ein Argument wirkt überzeugender, wenn es belegt wird mit (S. 66)

☐ Gerüchten, die man gehört hat.

☐ Hinweisen auf eigene Erfahrungen.

☐ nachweisbaren Tatsachen.

☐ der Berufung auf die Meinung deines besten Freundes.

☐ der Berufung auf anerkannte Autoritäten.

Die Einleitung einer Erörterung (S. 70)

☐ soll den Leser und die Leserin in das Thema einführen.

☐ soll schon einmal die wichtigsten Argumente vorwegnehmen.

Beim Hauptteil einer dialektischen Erörterung ist es besser (S. 67),

☐ wenn man bei der Pro-Argumentation mit dem stärksten Argument beginnt und dann zu den schwächeren übergeht.

☐ wenn man bei der Kontra-Argumentation mit dem schwächsten Argument beginnt und das stärkste zum Schluss nennt.

☐ wenn man bei der Pro-Argumentation die Argumente vom schwächsten zum stärksten steigert.

☐ wenn man bei der Kontra-Argumentation das stärkste Argument zuerst und das schwächste zuletzt nennt.

Grammatik

Die Wörter „heute" und „dort" sind (S. 72)

☐ Adverbien.

☐ Adjektive.

☐ Präpositionen.

Der Konjunktiv II stellt eine Aussage dar als (S. 75)

☐ tatsächlich.

☐ gewünscht.

☐ vorgestellt.

☐ äußerst wahrscheinlich.

☐ nicht wirklich.

Welche Aussagen sind grammatisch richtig formuliert? (S. 75/76)

☐ Wärst du ein Zauberer, dann gebe es nur Sonnenschein.

☐ Wärst du ein Zauberer, dann gäbe es nur Sonnenschein.

☐ Würdest du ein Zauberer sein, gäbe es nur Sonnenschein.

Er sagte: „Wir kommen erst am Nachmittag." Welche Umformung in indirekte Rede ist korrekt? (S. 80)

☐ Er sagte, sie kommen erst am Nachmittag.

☐ Er sagte, sie kämen erst am Nachmittag.

☐ Er sagte, sie würden erst am Nachmittag kommen.

In welcher Aussage liegt jeweils ein täterloses Passiv vor? (S. 83)

☐ Der Panamakanal wurde 1914 fertiggestellt.

☐ Die beliebte Wasserstraße wird von vielen Schiffen passiert.

☐ Die Arbeiten wurden eingestellt.

Sie übten fast täglich, weil sie die Meisterschaft gewinnen wollten.
In dieser Aussage ist der Glied-/Nebensatz ein (S. 95)

☐ Temporalsatz.

☐ Finalsatz.

☐ Kausalsatz.

☐ Konditionalsatz.

„Weil ich glaube, dass es regnen wird, nehme ich mir einen Regenschirm mit."
Welche grafische Darstellung passt zu diesem Satzgefüge? (S. 98)

☐

_____
Hauptsatz

~~~~~~~~~~~~~~
Nebensatz 1. Ordnung

~~~~~~~~~~~~~~
Nebensatz 2. Ordnung

☐

_____
Hauptsatz

~~~~~~~~~~~~~~
Nebensatz 1. Ordnung

~~~~~~~~~~~~~~
Nebensatz 2. Ordnung

Rechtschreibung

Welcher Satz ist richtig geschrieben? (S. 102/103)

☐ Bei dem ganzen Hin und Her des Streiks war das Fahren mit der Bahn sehr unsicher.

☐ Bei dem ganzen hin und her des Streiks war das Fahren mit der Bahn sehr unsicher.

☐ Bei dem ganzen hin und her des Streiks war das fahren mit der Bahn sehr unsicher.

Was ist richtig? (S. 106/107)

☐ Ich habe den Pokal schon einmal gewonnen, jetzt möchte ich ihn wiedergewinnen.

☐ Ich möchte dein Vertrauen wiedergewinnen.

☐ Ich habe den Pokal schon einmal gewonnen, jetzt möchte ich ihn wieder gewinnen.

☐ Ich möchte dein Vertrauen wieder gewinnen.

Was ist richtig? (S. 106/107)

☐ Ski laufende Menschen

☐ skilaufende Menschen

☐ Ich möchte im Winter Ski laufen.

☐ Ich möchte im Winter skilaufen.

Zeichensetzung

Kreuze an, welche Regel zutreffend ist (S. 116).

☐ Eine Aufzählung von mehreren vollständigen Hauptsätzen kann durch ein Komma getrennt werden, wenn die Trennung durch einen Punkt als zu stark empfunden wird.

☐ Vor Konjunktionen, die einen Gegensatz ausdrücken, wie *aber, sondern, doch, jedoch*, ist es dem Schreiber bzw. der Schreiberin freigestellt, ob er bzw. sie ein Komma setzen will oder nicht.

☐ Haupt- und Glied-/Nebensatz werden nur dann durch Komma getrennt, wenn der Glied-/Nebensatz hinter dem Hauptsatz steht.

☐ Eine Infinitivgruppe muss dann durch Komma vom Hauptsatz abgetrennt werden, wenn im übergeordneten Satz mit einem Nomen/Substantiv oder anderen Wörtern (z. B. *daran, darauf, dazu, damit, es*) darauf hingewiesen wird.

Textquellen

(Die Seitenzahlen in Klammern beziehen sich auf die Lösungen.)

S. 4 (S. 1): Erich Kästner: Besuch vom Lande. Aus: Erich Kästner für Erwachsene. Ausgewählte Schriften. Zürich: Atrium Verlag 1983 (leicht verändert), S. 196; S. 5 – 6 (S. 1 – 2): Erich Kästner: Stiller Besuch. Aus: Erich Kästner: Doktor Erich Kästners Lyrische Hausapotheke. Zürich: Atrium Verlag o. J. (leicht verändert); S. 7: Heinrich Pleticha: Erich Kästner – eine Kurzbiografie. Aus: dtv junior Literatur-Lexikon. 9. überarbeitete Auflage. Herausgegeben von Heinrich Pleticha. München: Deutscher Taschenbuch Verlag 1986. Berlin: Cornelsen 1996, S. 168; S. 9 – 10: Johannes Diekhans: Eure Sprache ist eine Katastrophe. Nach: Christiane Collange: Ich, Deine Mutter. Was Eltern sich nicht zu sagen trauen – was Kinder nicht hören wollen. Übersetzt von Marlies und Ulrich Müller. Düsseldorf, Wien: ECON Verlag 1986, S. 101 – 103 (verändert); S. 13 – 14: o. V.: Vorbild für den eigenen Sohn. Bundesministerium für Bildung und Forschung, ohne Datum, Bonn. https://mein-schlüssel-zur-welt.de/de/_documents/vorbild-fuer-den-eigenen-sohn.html [10.02.2022]; S. 15 – 16: o. V.: Wie fördert das Bundesministerium für Bildung und Forschung Erwachsene mit Lese- und Schreibschwierigkeiten? Bundesministerium für Bildung und Forschung, 08.09.2020, Bonn (verändert); S. 16: o. V.: 8. September: Welttag der Alphabetisierung. Deutsche UNESCO-Kommission, 06.09.2019, Bonn. https://www.unesco.de/bildung/bildungsbiografie/erwachsenenbildung/welttag-der-alphabetisierung-2019 [10.02.2022]; S. 16: o. V.: Über die Bedeutung, lesen und schreiben zu können. kindersache.de, 03.08.2021, Deutsches Kinderhilfswerk e.V., Berlin. https://www.kindersache.de/bereiche/wissen/natur-und-mensch/analphabetismus-was-ist-das [10.02.2022]; S. 20: Tanja Zimmermann: Eifersucht. Aus: Total verknallt. Herausgegeben von Martin Bolte. Reinbek bei Hamburg: Rowohlt Verlag 1984, S. 56; S. 32 – 33: Dietrich Herrmann: Der Hauptmann von Köpenick. Originalbeitrag; S. 34 – 36, S. 39 – 40, 41 (S. 10): Carl Zuckmayer: Der Hauptmann von Köpenick (Auszüge). Frankfurt/M.: S. Fischer Verlag o. J.; S. 37: Dietrich Herrmann: Die Wilhelminische Zeit. Originalbeitrag; S. 46 – 47: Adelbert von Chamisso: Frühling und Herbst. Aus: Sämtliche Werke in zwei Bänden. Nach dem Text der Ausgaben letzter Hand und den Handschriften. Textredaktion: J. Perfahl, Band 1 München 1975. Hier entnommen aus: Romantik. Lyrik mit Materialien. Textauswahl H. H. Ewers. Stuttgart: Klett Editionen für den Literaturunterricht 1984; S. 57: o. V.: Präsident des Verkehrsgerichtstags lehnt Helmpflicht für Fahrradfahrer ab. Bayern 2 Nachrichten, Bayerischer Rundfunk, 28.01.2021, München; S. 58: o. V.: Das ist der Deutsche Verkehrsgerichtstag. wdr wissen, 26.01.2017, Westdeutscher Rundfunk, Köln; S. 73: Tillmann Prüfer: Meine 16-Jährige: „Wir wollen nur ein bisschen chillen". ZEITmagazin Nr. 3/2022, 12.01.2022, Hamburg; S. 82 (S. 25 – 26, verändert): Interview des Journalisten Oliver Herold mit dem Sänger Herman van Veen (Auszug). Neue Westfälische, Ausgabe 03, 22./23.01.2022, Bielefeld; S. 83 – 84 (S. 26): Die Geschichte des Panamakanals. Originalbeitrag; S. 87 – 88 (S. 27 – 28): Tillmann Prüfer: Meine 22-Jährige: „Mein Kater muss mit!" ZEITmagazin Nr. 4/2022, 19.01.2022, Hamburg; S. 90 – 91 (S. 28): Unser Kalender. Nach: Bernd-R. Zabel: Diktat Plus. Erarbeitung/Übung/Integration – 150 Diktate mit Arbeitsvorschlägen für Klasse 5 – 10. Paderborn: Schöningh 1987, S. 120; S. 94 (S. 29): Wirbelstürme. Nach: Bernd-R. Zabel: Diktat Plus. Erarbeitung/Übung/Integration – 150 Diktate mit Arbeitsvorschlägen für Klasse 5 – 10. Paderborn: Schöningh 1987, S. 115; S. 97 (S. 30): Der Smutje. Nach: Bernd-R. Zabel: Diktat Plus. Erarbeitung/Übung/Integration – 150 Diktate mit Arbeitsvorschlägen für Klasse 5 – 10. Paderborn: Schöningh 1987, S. 110; S. 101 (S. 31 – 32): Der Einfluss der Griechen und Römer. Originalbeitrag; S. 104 – 105 (S. 33): Sylvia Englert: Schreib's doch einfach auf! Aus: Sylvia Englert: Medienmacher. Nachrichten, Soaps und Online-Magazine. Hamburg: Ellermann 2002, S. 9 – 11; S. 110 (S. 35): Welche Religion hatten die alten Griechen? Aus: Klaus Jansen: Allgemeinwissen für Schüler – 555 Fragen und Antworten. Würzburg: Arena Verlag 1997, entnommen der Taschenbuchausgabe 2005, S. 218 f.; S. 110 (S. 35): Was berichtet die Sage vom Minotaurus? Aus: Klaus Jansen: Allgemeinwissen für Schüler – 555 Fragen und Antworten. Würzburg: Arena Verlag 1997, entnommen der Taschenbuchausgabe 2005, S. 215 f., leicht geändert; S. 111 (S. 35): Wie wurden die Mumien im alten Ägypten konserviert? Aus: Klaus Jansen: Allgemeinwissen für Schüler – 555 Fragen und Antworten. Würzburg: Arena Verlag 1997, entnommen der Taschenbuchausgabe 2005, S. 213 f.; S. 114: WAHRIG. Die deutsche Rechtschreibung. Neuausgabe 2006, Wissen Media Verlag, Gütersloh/München 2006, S. 880; S. 120 (S. 40): o. V.: Die Tribute von Panem – Tödliche Spiele. Klappentext zum 1. Roman der „Tribute von Panem"-Reihe von Suzanne Collins. Verlag Friedrich Oetinger, Hamburg 2009; S. 121 (S. 40): o. V.: Die Tribute von Panem – Gefährliche Liebe. Klappentext zum 2. Roman der „Tribute von Panem"-Reihe von Suzanne Collins. Verlag Friedrich Oetinger, Hamburg 2010; S. 120 (S. 40): o. V.: Die Tribute von Panem – Flammender Zorn. Klappentext zum 3. Roman der „Tribute von Panem"-Reihe von Suzanne Collins. Verlag Friedrich Oetinger, Hamburg 2011; S. 121 – 122 (S. 40 – 41): David Kleingers: „The Hunger Games": „Twilight" ausgedämmert – jetzt kommen die Teen-Gladiatoren (Auszug). SPIEGEL online, 16.3.2012, Hamburg: https://www.spiegel.de/kultur/kino/the-hunger-games-die-tribute-von-panem-mit-jennifer-lawrence-a-821750.html [22.02.2022]; S. 122 – 123 (S. 41 – 42): Hilde Elisabeth Menzel: Ich bin nicht nett. ZEIT online, 19.5.2008, Hamburg: https://www.zeit.de/2008/21/KJ-Zusak-NL [22.02.2022], leicht geändert; S. 124: Wie funktioniert ein Aufzug? Aus: Klaus Jansen: Allgemeinwissen für Schüler – 555 Fragen und Antworten. Würzburg: Arena Verlag 1997, entnommen der Taschenbuchausgabe 2005, S. 163; S. 124: Wie funktioniert ein Flaschenzug? Aus: Klaus Jansen: Allgemeinwissen für Schüler – 555 Fragen und Antworten. Würzburg: Arena Verlag 1997, entnommen der Taschenbuchausgabe 2005, S. 161 f.; S. 124 – 125: Wie zieht ein Kran eine Last hoch? Aus: Klaus Jansen: Allgemeinwissen für Schüler – 555 Fragen und Antworten. Würzburg: Arena Verlag 1997, entnommen der Taschenbuchausgabe 2005, S. 162 f.; S. 125: Wie wird Stahl erzeugt? Aus: Klaus Jansen: Allgemeinwissen für Schüler – 555 Fragen und Antworten. Würzburg: Arena Verlag 1997, entnommen der Taschenbuchausgabe 2005, S. 154; S. 125: Warum fühlen sich einige Stoffe kühler an als andere? Aus: Klaus Jansen: Allgemeinwissen für Schüler – 555 Fragen und Antworten. Würzburg: Arena Verlag 1997, entnommen der Taschenbuchausgabe 2005, S. 150 f.; S. 125: Was ist Reibung? Aus: Klaus Jansen: Allgemeinwissen für Schüler – 555 Fragen und Antworten. Würzburg: Arena Verlag 1997, entnommen der Taschenbuchausgabe 2005, S. 159

Bildquellen

Kleines Lesetraining

Seite 4 `1` Erich Kästner (1899 – 1974)
Besuch vom Lande

Sie stehen verstört am **Potsdamer Platz**.
Und finden **Berlin** zu laut.
Die Nacht glüht auf in Kilowatts.
Ein Fräulein sagt heiser: „Komm mit, mein Schatz!"
5 Und zeigt entsetzlich viel **Haut**.

Sie **wissen** vor Staunen nicht aus und nicht ein.
Sie stehen und wundern sich **bloß**.
Die Bahnen rasseln. Die Autos schrein.
Sie möchten am liebsten zu **Hause** sein.
10 Und finden Berlin zu groß.

Es klingt, als ob die Großstadt stöhnt,
weil irgendwer sie schilt.
Die Häuser funkeln. Die U-Bahn **dröhnt**.
Sie sind das alles so gar nicht gewöhnt.
15 Und finden **Berlin** zu wild.

Sie machen vor Angst die Beine **krumm**.
Und machen alles **verkehrt**.
Sie lächeln bestürzt. Und sie warten dumm.
Und stehn auf dem Potsdamer Platz **herum**,
20 bis man sie überfährt.

Seite 5 `2` Die Adjektive lauten: laut, groß, wild.

Seite 5 `3` Erich Kästner (1899 – 1974)
Stiller Besuch

Jüngst war seine Mutter zu Besuch.
Doch sie konnte nur zwei Tage bleiben.
Und sie müsse Ansichtskarten schreiben.
Und er las in einem dicken Buch.

5 Freilich war er nicht sehr aufmerksam.
Er betrachtete die Autobusse
und die goldnen Pavillons am Flusse
und den Dampfer, der vorüberschwamm.

Seine Mutter hielt den Kopf gesenkt.
10 Und sie schrieb gerade an den Vater:
„Heute Abend gehen wir ins Theater.
Erich kriegte zwei Billetts geschenkt."

Und er tat, als ob er fleißig las.
Doch er sah die Nähe und die Ferne,
15 sah den Himmel und zehntausend Sterne
und die alte Frau, die drunter saß.

Einsam saß sie neben ihrem Sohn.
Leise lächelnd. Ohne es zu wissen.
Stadt und Sterne wirkten wie Kulissen.
20 Und der Wirtshausstuhl war wie ein Thron.

Ihn ergriff das Bild. Er blickte fort.
Wenn sie *mir* schreibt, musste er noch denken,
wird sie ihren Kopf genauso senken.
Und dann las er. Und verstand kein Wort.

25 Seine Mutter saß am Tisch und schrieb.
Ernsthaft rückte sie an ihrer Brille,
und die Feder kratzte in der Stille.
Und er dachte: Gott, hab ich sie lieb!

Seite 6 **4** Die fett gedruckten Informationen (mit Ausnahme der Überschrift) müssen korrigiert werden.

Kästners Beziehung zu seiner Mutter

Dresden *München*
Erich Kästner wurde 1899 in **München** geboren und starb 1974 in **Dresden**. Kästner
Sattlermeister
hatte zu seinem Vater, der **Friseur** war, ein gutes Verhältnis, die Beziehung zu seiner
Friseuse
Mutter, einer **Schneiderin**, war jedoch eine ganz besondere. Gemeinsame Unterneh-

mungen wie Theaterbesuche oder ausgedehnte Wanderungen bereits in der Jugend

schmiedeten Mutter und Sohn eng zusammen.

Mit besonderem Ehrgeiz und unter Aufbringung vieler Opfer verfolgte die Mutter ihr

Ziel, dem Sohn eine anspruchsvolle Ausbildung und den von den Eltern geschürten
Lehrer
Berufswunsch **Schriftsteller** zu ermöglichen. Daraus entwickelte sich jedoch auch ein

Abhängigkeitsverhältnis des Sohnes von der Mutter, unter dem dieser gelitten hat, weil

er eine besondere Verantwortung verspürte, es der Mutter recht zu machen. Zu die-
1957 *kleiner*
sem Problem schrieb Kästner in seinem **1953** erschienenen Buch „**Als ich ein Junge**

war":

„All ihre Liebe und Fantasie, ihren ganzen Fleiß, jede Minute und jeden Gedanken,

ihre Existenz setzte sie fanatisch auf eine Karte, auf mich. Ihr Einsatz hieß: Ihr Leben

mit Haut und Haar!"

Seite 8 **5** a) Autobiografie.
b) Nach Kriegsende.
c) Germanistik.
d) Darin wird eine realistische Kinderwelt geschildert.
e) Er legte sich ein Pseudonym zu.
f) „Pinguin".

Seite 8 6

Daten	Ereignisse
1899	Geburt in Dresden
1925	Abschluss des Studiums
1927	Übersiedlung nach Berlin
1929	Erscheinen von „Emil und die Detektive"
1933	Verbrennen der Bücher durch die Nationalsozialisten
1942	Schreibverbot
ab 1945	Übersiedlung nach München, Leitung der Tageszeitung „Die Neue Zeit", Gründung der Kinderzeitschrift „Pinguin"
1957	Erscheinen der Autobiografie „Als ich ein kleiner Junge war"
ab 1964	Rückzug aus der Öffentlichkeit
1974	Tod in München

Seite 9 7

Die richtige Reihenfolge lautet: D, C, B, F, E, A.

- Den ersten Textteil bildet **Abschnitt D**, weil hier das Thema genannt und dann auf den schriftlichen Sprachgebrauch eingegrenzt wird („Wenn ich *heute* ..." – „... und hier vor allem zunächst ...").
- Den zweiten Textteil bildet **Abschnitt C**, weil hier Beispiele aus dem Bereich des schriftlichen Sprachgebrauchs genannt werden („Es erbittert mich *zum Beispiel* ...").
- Den dritten Textteil bildet **Abschnitt B**, weil hier zu einem weiteren Beispielbereich gewechselt wird (*„Aber auch* euer mündlicher Sprachgebrauch ...").
- Den vierten Textteil bildet **Abschnitt F**, weil hier ein Zugeständnis gemacht wird, das sich auf den mündlichen Sprachgebrauch bezieht (*„Ihr könntet* euch in tadellosem Deutsch mündlich ausdrücken ...").
- Den fünften Textteil bildet **Abschnitt E**, weil hier Beispiele für andere kulturelle Bereiche (vgl. das Ende von Abschnitt B) genannt und diese erklärt werden („*Was ich meine*, ist dies: ...").
- Den sechsten Textteil bildet **Abschnitt A**, weil hier eine Zusammenfassung gegeben und diese angekündigt wird („*Ich fasse zusammen*: ...").

Seite 11 8

- **Verallgemeinerung:** Abschnitt B: „Tausende von Eltern, Lehrern und sprachbegabten Erwachsenen müssen diesen Brei täglich ertragen."
- **Berufung auf Autoritäten:** Abschnitt C: „... alle Deutschlehrer können dies bestätigen."
- **Zugeständnis:** Abschnitt C: „Immerhin, sosehr es mich stört, ist es vielleicht nicht ganz so schlimm."
- **Beispiel:** Abschnitt B: „‚Echt geil', ‚irgendwie ätzend', ‚total abgedreht' ..."
- **Zusammenfassung:** Abschnitt A: „Ich fasse zusammen: ..."
- **Rückblick auf die Vergangenheit:** Abschnitt D: „... als ich so alt war wie ihr ..."
- **direkter Vorwurf:** Abschnitt B: „Aber auch euer mündlicher Sprachgebrauch ist eine Katastrophe!"

Für alle Argumentationsweisen gibt es weitere Beispiele im Text.

Seite 11 9

☒ Der Autor kritisiert in dem Text die fehlenden kulturellen Kenntnisse Jugendlicher. Dieses versucht er vor allem anhand des Sprachverhaltens der jungen Menschen deutlich zu machen.

Mithilfe von Materialien einen Vortrag vorbereiten – Menschen in Deutschland, die nicht richtig lesen und schreiben können

Den Vortrag vorbereiten

Seite 12 **1** Individuelle Lösung

Seite 12 **2**

Material	Informationsbereiche
1	Erfahrungen eines Betroffenen: Ursachen, Folgen, Wendepunkt im Leben, Auswege
2	Statistisches Material: Anzahl der Menschen in Deutschland, die nicht richtig lesen und schreiben können, Aufteilung Frauen – Männer, Herkunftssprache, Schulabschluss
3	Anteil der Menschen mit Lese- und Schreibschwierigkeiten an unterschiedlichen Berufsgruppen
4	Förderprogramme des Bundesministeriums für Bildung und Forschung
5	Information über Welttag der Alphabetisierung
6	Bedeutung, lesen und schreiben zu können; Vermeidungsstrategien von Betroffenen

Seite 17 **3** Individuelle Lösung

Seite 17 **4**

Bericht eines Betroffenen:

- hat erst mit 26 Jahren das Lesen und Schreiben erlernt
- Jugendzeit: erfuhr Aggression und Gewalt bei Versagen;
  Angst, Fehler zu machen;
  Verunsicherung, Stottern;
  keine Konzentration beim Lernen;
  kein Schulabschluss
- Erwachsenenzeit: Jobs als Hilfsarbeiter;
  Arbeitslosigkeit;
  Verschuldung
- Wendepunkt: Geburt des Sohnes;
  Wunsch, gutes Beispiel zu sein;
  Ausbildung zum Logistiker
- Auswege: Volkshochschulkurse

Seite 17 **5**

Statistisches Material (M 2):

- 6,2 Millionen Betroffene in Deutschland
- Mehrheit Männer (58,4 %)
- Mehrheitlich Deutsch als Herkunftssprache (52,6 %)
- Mehrheit mit niedrigem bzw. ohne Schulabschluss (62,9 %)

Anteil an unterschiedlichen Berufsgruppen (M 3):

- hoher Anteil an Betroffenen in Berufen, die niedrige Qualifikation erfordern

Förderprogramme des Bundesministeriums für Bildung und Forschung (M 4):

- AlphaDekade 2016 – 2026: Verbesserung der Lese- und Schreibfertigkeit
- Unterstützung von unterschiedlichen Projekten: Unterstützung von Betroffenen am Arbeitsplatz; soziale Beratungsstellen; Schuldnerberatungsgruppen

Welttag der Alphabetisierung (M 5):

- fehlende Lese- und Schreibfähigkeiten als weltweites Problem
- 8. September: Welttag der Alphabetisierung (UNESCO)

Bedeutung, lesen und schreiben zu können (M 6):

- ständige Anforderungen im Alltag: E-Mails, Fahrpläne, Speisekarten, Behörden-schreiben …
- großer Leidensdruck, wenn Fähigkeit fehlt
- Vermeidungsstrategien: Vortäuschung von Handverletzung; angebliches Vergessen der Brille u. a.

Seite 17 6 Individuelle Lösung

Seite 17 7 Individuelle Lösung; bei der Erstellung der jeweiligen Zweige der Mindmap orientierst du dich am besten an deinen Stichwortzetteln.

Ein Folienpräsentationsprogramm zur Unterstützung des Vortrags nutzen

Seite 18 1 Individuelle Lösung

Seite 18 2 ☒ Man beginnt die Erläuterung des Diagramms am besten damit, anzugeben, was das Thema des Diagramms ist und wie es aufgebaut ist.

☒ Es ist wichtig, die Erläuterung des Diagramms mit kleinen Pausen vorzutragen, um den Zuhörerinnen und Zuhörern die Gelegenheit zu geben, das Gesagte mit dem Diagramm zu vergleichen.

Seite 18 3 Individuelle Lösung

Seite 19 4 Individuelle Lösung

Erzähltexte untersuchen und deuten

Die Handlung und ihren Aufbau untersuchen

Seite 21 ☐1 Z. 1–7: negative Beschreibung Kirstens/Gespräch zwischen Kirsten und dem Jungen/ Erzählerin denkt, dass Kirsten mit dem Jungen flirtet/Neid der Erzählerin auf Kirsten

Z. 8–14: Annäherung zwischen Kirsten und dem Jungen/der Junge legt den Arm um Kirsten/Erzählerin hält die Situation nicht mehr aus und flieht/Selbstmitleid und Rachegedanken der Erzählerin

Z. 15–19: der Junge und die Erzählerin verlassen die Party/Erleichterung der Erzählerin/ negatives Urteil des Jungen über Kirsten/Reaktion der Erzählerin/die Erzählerin erkennt ihre unbegründete Eifersucht/Scham und Zurücknahme der vorherigen negativen Aussagen über Kirsten

Seite 21 ☐2 Zutreffend sind die Aussagen a), c) und e).

Die Einleitung einer Textanalyse verfassen

Seite 22 ☐1 **Autorin:** Tanja Zimmermann; **Titel:** „Eifersucht"; **Textsorte:** Kurzgeschichte; **Erscheinungsjahr:** 1984
Ausgangssituation: Jugendliche beobachtet eifersüchtig, wie sich ihr Freund mit einem anderen Mädchen unterhält.
Ausblick auf das Ende: Als sich der Freund am Ende wieder ihr zuwendet, gesteht sie sich diese Eifersucht ihm gegenüber nicht ein und überspielt sie.

Seite 22 ☐2 Zutreffend sind die Aussagen b), c) und d).

Seite 22 ☐3 **Einleitung:**
In der Kurzgeschichte „Eifersucht" von Tanja Zimmermann aus dem Jahr 1984 geht es um eine Jugendliche, die eifersüchtig beobachtet, wie sich ihr Freund auf einer Party mit einem anderen Mädchen unterhält, sich am Ende, als sich der Junge wieder ihr zuwendet, diese Eifersucht jedoch nicht eingesteht bzw. sie überspielt.
In der Kurzgeschichte wird problematisiert, wie Eifersucht und Neid dazu führen, dass man andere verurteilt und sich selbst das Leben schwer macht.
Inhaltszusammenfassung:
Die Jugendliche, sie ist gleichzeitig die Ich-Erzählerin, besucht zusammen mit einem Jungen eine Party oder einen Club. Hier treffen die beiden eine gemeinsame Bekannte, ein Mädchen namens Kirsten, dem sich der Junge zuwendet. Dies macht die Ich-Erzählerin so wütend und eifersüchtig, dass sie Kirsten in ihren Gedanken beschimpft und auf die Toilette flieht, weil sie die vermeintlichen Annäherungsversuche und die anscheinend positive Reaktion des Jungen nicht erträgt. Auf der Toilette betrachtet sich die Ich-Erzählerin im Spiegel und kritisiert massiv ihr Äußeres, was zeigt, dass sie nur über ein geringes Selbstbewusstsein verfügt.
Als sie von der Toilette kommt, fragt der Junge, der sich inzwischen von Kirsten abgewendet hat, ob sie mit ihm den Ort verlassen wolle. Die Ich-Erzählerin antwortet darauf nicht, sondern fragt ihn ihrerseits, was mit Kirsten sei. Der Junge entgegnet, dass er Kirsten nervig finde. Anstatt dass sie über ihre Eifersucht spricht, überspielt die Ich-Erzählerin diese und äußert am Schluss, dass sie Kirsten eigentlich ganz nett finde.

Die Erzähltechnik untersuchen

Seite 23 ☐1 Zutreffend sind die Aussagen b), e) und f).

Seite 24 `2` Bei der Kurzgeschichte handelt es sich um eine Ich-Erzählung. Die Erzählerin tritt selbst in Erscheinung. Das Erzählverhalten ist personal, weil der Leser bzw. die Leserin nur die Wahrnehmungen, Gedanken und Gefühle der Erzählerin mitgeteilt bekommt. Es wird durchgängig in der Innensicht in Form des inneren Monologs davon erzählt, wie die Erzählerin die Begegnung mit Kirsten erlebt.

Durch diese Erzähltechnik kann sich der Leser bzw. die Leserin besonders gut mit der Erzählerin und ihrer Situation identifizieren. Er erlebt so die Eifersucht, die Ängste, den Neid sowie die Einsicht in deren Unbegründetheit unmittelbar – sozusagen „live" – mit.

Figuren und ihre Beziehungen untersuchen

Seite 24 `1` Erzählerin – Kirsten: Neid/Gefühl der Unterlegenheit in Bezug auf die Attraktivität/Wut …/ Kirsten beachtet die Erzählerin nicht bzw. nimmt sie nicht wahr …

Erzählerin – Freund der Erzählerin: Angst der Erzählerin, ihn zu verlieren/Eifersucht/Zweifel an seinem Interesse an ihr …/Treue des Jungen am Ende/Sympathie- bzw. Liebesbeweis

Kirsten – Freund der Erzählerin: Kirsten flirtet mit dem Jungen/Interesse …/kein Interesse des Jungen an Kirsten/Ablehnung ihres extrovertierten Verhaltens …

Seite 25 `2` Eine mögliche Lösung könnte folgendermaßen aussehen:

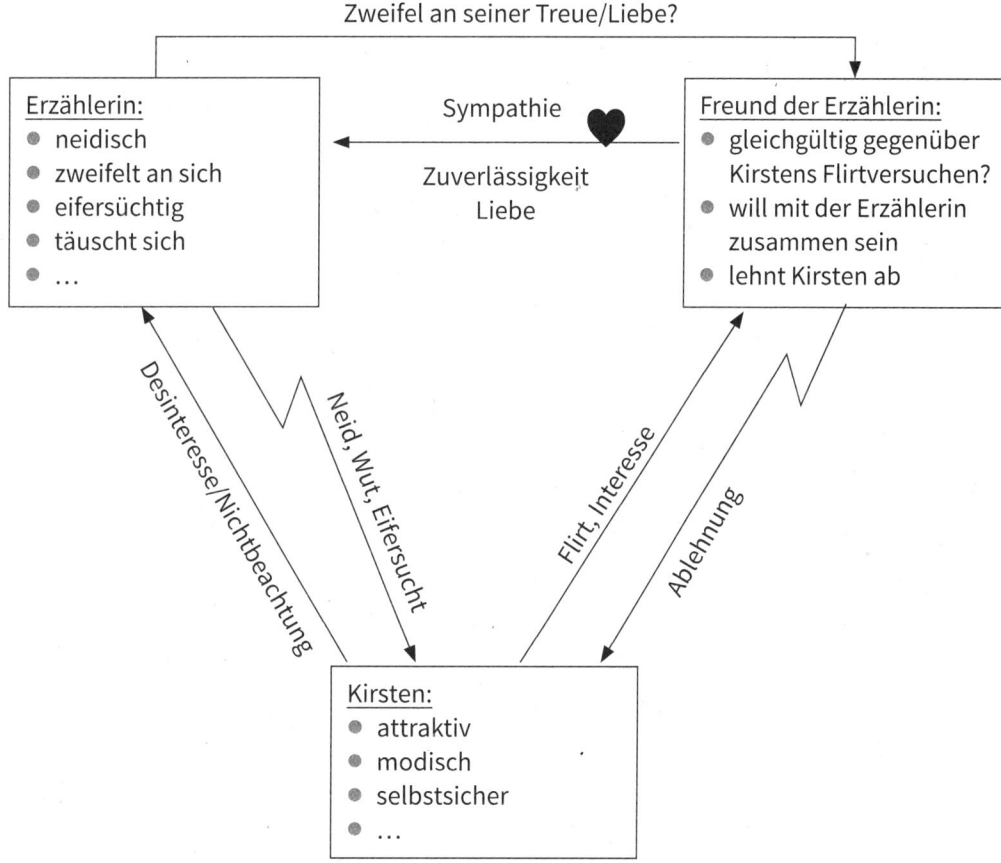

Die sprachliche Gestaltung untersuchen und deuten

Seite 26 `1` Folgende Beispiele zeigen u. a., dass der Text die Form eines inneren Monologs besitzt:
Z. 6: „Besser als ich." (Ellipse)
Z. 8: „Und der redet mit der … stundenlang." (Satzunterbrechung)
Z. 11 f.: „Auf dem Klo … könnte kotzen."/Z. 13 f.: „Genau, ich müsste … zu unterhalten."
(teilweise elliptische und nicht durch Konjunktionen verbundene Parataxen)

Seite 26 **2** Folgende Textstellen zeigen u. a. die umgangssprachliche Wortwahl der Kurzgeschichte: Z. 2 f.: „Von nix und wieder nix"/Z. 4: „wie 'ne"/Z. 8: „Und der redet mit der …"/ Z. 8: „Nee"/Z. 11 f.: „ich könnte kotzen" /Z. 16 f.: „An der Tür frage ich, was denn mit Kirsten ist." (Präsens statt Erzähl-Präteritum)/Z. 19: „Och, ich find' die ganz nett, eigentlich […]"

Seite 26 **3** Die Wortwahl und der Satzbau sind typisch für die Sprache eines jugendlichen Mädchens. So wird beim Lesen die Illusion verstärkt, dass die Eifersuchtsszene direkt aus der Perspektive der Erzählerin wahrgenommen wird. Dieser Eindruck des direkten Erlebens des Geschehens wird noch durch die durchgehende Verwendung des Präsens verstärkt.

Seite 27 **4** Es wird wiederholt, dass Kirsten „keine Ahnung" (Z. 2) habe, „von nix" (Z. 2 f.). Damit wird ein Gegensatz zwischen der äußeren Attraktivität Kirstens und ihrer charakterlichen Oberflächlichkeit aufgebaut. Die Erzählerin charakterisiert Kirsten einleitend einerseits als attraktiv, relativiert dieses positive Urteil aber, indem sie durch die Wiederholung Kirsten zugleich als äußerst dumm darstellt.

Seite 27 **5**

Textstelle	Art des sprachlichen Bildes	Deutung
Z. 4: „wie 'ne Filmdiva"	Vergleich	Der Vergleich zeigt, dass Kirsten nicht nur gut aussieht, sondern sich dieser Attraktivität auch bewusst ist. Sie tritt selbstbewusst und selbstsicher auf, ist gewohnt, von anderen bewundert zu werden und im Mittelpunkt zu stehen.
Z. 18: „eine Nervtante"	Metapher	Die Metapher zeigt, dass der Junge genau wie die Erzählerin Kirsten für geschwätzig, affektiert und oberflächlich hält.

Den Titel untersuchen

Seite 28 **1** Der Titel „Eifersucht" stellt das eigentliche Problem der Erzählerin heraus. Sie hat Angst, dass Kirsten ihr den Freund wegnimmt. Deshalb verurteilt und beschimpft sie Kirsten innerlich. Am Ende stellt sich heraus, dass die Eifersucht unbegründet ist. In dem Titel schwingt zudem mit, dass die Erzählerin auch eifersüchtig auf die Eigenschaften Kirstens ist, die sie selbst nicht besitzt.

Seite 28 **2** Individuelle Lösung

Zitiertechnik

Seite 30 **1**
- Die Ich-Erzählerin ist neidisch auf Kirstens Fähigkeiten. (Vgl. Z. 5 ff.)
- Die Ich-Erzählerin ist eifersüchtig auf Kirsten. (Vgl. Z. 8 ff.)
- Die Ich-Erzählerin empfindet ihr Aussehen als weniger attraktiv gegenüber dem Aussehen Kirstens. (Vgl. Z. 11 f.)
- Im Gegensatz zu der Annahme der Ich-Erzählerin hat ihr Freund kein Interesse an Kirsten. (Vgl. Z. 18)

Seite 30 **2**
- Die Erzählung „Eifersucht" von Tanja Zimmermann wurde 1984 veröffentlicht.
- Indem er Kirsten als „Nervtante" (Z. 18) bezeichnet, macht der Junge deutlich, dass er kein Interesse an Kirsten hat.
- Die Ich-Erzählerin hat das Gefühl, weniger attraktiv als Kirsten zu sein. (Vgl. Z. 5 f. und Z. 11 f.)
- Wie wenig die Ich-Erzählerin mit ihrem Aussehen zufrieden ist, zeigt sich, als sie auf dem Klo in den Spiegel schaut und ihre Augen „widerlich" (Z. 11) findet.

- Mit der letzten Aussage „Och, ich find' die ganz nett, eigentlich'" (Z. 19) zeigt die Ich-Erzählerin ihre Erleichterung.
- Als die Ich-Erzählerin beobachtet, wie sich ihr Freund Kirsten gegenüber verhält, wird ihre Eifersucht in besonderer Weise geweckt. (Vgl. Z. 8)
- Die Ich-Erzählerin überlegt, wie sie ihren Freund dafür bestrafen kann, dass er sich mit Kirsten unterhalten hat. (Vgl. Z. 13 f.)
- Das Minderwertigkeitsgefühl der Ich-Erzählerin verstärkt sich, als sie zugeben muss, dass Kirsten „auch 'ne ganz gute Stimme, schöne Augen [hat]" (Z. 6).
- Die Augen spielen in der Erzählung eine besondere Rolle. Von Kirsten sagt die Erzählerin: „Hat […] schöne Augen" (Z. 6). Ihre eigenen Augen dagegen findet sie „widerlich" (Z. 11).

Eine Textanalyse verfassen

Seite 31 1   Individuelle Lösung

Die Exposition (Einführung in die Handlung) eines Schauspiels untersuchen – Carl Zuckmayer: Der Hauptmann von Köpenick

Die Handlung des Schauspiels in ihren Grundzügen

Seite 33 1
- Wilhelm Voigt kauft in einem Trödlerladen die Uniform, die sich einst der Hauptmann hat anfertigen lassen. Akt III
- Der arbeitslose Schuster Wilhelm Voigt plant, in ein Polizeibüro einzubrechen, um sich selbst einen neuen Pass auszustellen. Akt I
- Wilhelm Voigt muss erfahren, dass im Köpenicker Rathaus keine Pässe ausgestellt werden. Akt III
- Weil er nach seiner Haftzeit wieder keine Aufenthaltsgenehmigung und keine Arbeit bekommt, will sich Voigt nicht mehr einfach fügen. Akt II
- Ein Hauptmann lässt sich in einem Uniformladen eine neue Uniform anpassen. Akt I
- Wilhelm Voigt lässt als falscher Hauptmann den Bürgermeister von Köpenick verhaften und die Gemeindekasse beschlagnahmen. Akt III
- Während seiner Haftzeit lernt Wilhelm Voigt alles über militärische Dienstränge und Abzeichen. Akt II

Seite 34 2   Um Arbeit zu finden, braucht Voigt eine Aufenthaltsgenehmigung, die bekommt er aber nur, wenn er eine Arbeitsstelle nachweisen kann. Er will sich auf unrechtmäßige Weise eine Aufenthaltserlaubnis besorgen.

Seite 34 3   Individuelle Lösung

Die Bedeutung der ersten Szene für das Schauspiel untersuchen

Seite 36 1   Beispiele:
Ich bin Hauptmann von Schlettow. Ich habe mir gerade bei dem Schneidermeister Wormser eine neue Uniform bestellt, habe allerdings bemerkt, dass die Gesäßknöpfe nicht den vorgeschriebenen Abstand haben.
Für mich haben Vorschriften eine absolute Geltung, über die man sich auf keinen Fall hinwegsetzen darf, weil sonst die Ordnung zusammenbricht. Und darin sehe ich auch die besondere Bedeutung des Militärs. Beim Militär wird den Menschen Ordnung beigebracht,

richtiges Benehmen, die richtige Haltung. Menschen, die nicht beim Militär gedient haben, merkt man an, dass sie nicht wissen, was Gehorsam heißt.

Ich bin Schneidermeister Wormser. Ich bewundere Hauptmann von Schlettow, weil er sofort gemerkt hat, dass an den Gesäßknöpfen etwas nicht stimmt. Bei ihm ist das Militärische ganz in Fleisch und Blut übergegangen, er weiß, wie man sich zu benehmen hat. Im Übrigen ist er ein guter Kunde und ich möchte, dass er auch weiterhin bei mir schneidern lässt. Mein Sohn Willy ist leider nicht so gut geraten, er hält sich nicht gerade. Ich fürchte, dass er, wenn er so weitermacht, nicht zum Militär kommt und dann auch nicht die richtige Erziehung erhält.

Seite 37 `2` Unterstrichen werden sollten die Zeilen 19 – 29.

Seite 38 `3` Das Gemälde zeigt Kaiser Wilhelm II. in seiner prachtvollen Uniform, also als oberster Befehlshaber. Er unterstreicht damit die besondere Bedeutung, die er dem Militär zumisst.

Seite 38 `4` Marschmusik hinter der Bühne; Taktschritt der Soldaten; Uniformladen, Uniformen und Uniformstücke im Schaufenster und auf dem Ladentisch; Fotos mit höheren Offizieren; Holzpuppen ohne Köpfe mit Uniformen

Seite 38 `5` „Puppe": künstliches Wesen, mit dem man spielt, das keinen eigenen Willen hat
„Holz": hart
„ohne Kopf": kann nicht denken; ist dem Willen anderer ausgeliefert

Seite 38 `6` Mit dieser Requisite wird der Zuschauerin bzw. dem Zuschauer schon zu Beginn des Schauspiels verdeutlicht, dass die Angehörigen des Militärs kritisch gesehen werden: als Marionetten, die nicht selbst denken können.

Seite 40 `7` VOIGT: Da mecht ick Ihnen 'n Vorschlag machen – da mecht' ick Ihnen vorschlagen, det se mir gleich express wieder in de Plötze zuricktransportieren lassen!
OBERWACHTMEISTER: Raus!!! Jetzt wird er auch noch frech! Scherense sich raus!!

Seite 41 `8` „Da wollt ick mir nu de Neese aus det Jesichte reißen." (Z. 18 f.): Voigt spielt darauf an, dass man als ehemaliger Strafgefangener immer mit einem Makel versehen ist, den man genauso wenig loswird, wie man sich die Nase aus dem Gesicht reißen kann.

„Nee, nee, det is nu 'n Karussell, det is nu ne Kaffeemihle." (Z. 69 f.): Ohne Arbeit keine Aufenthaltsgenehmigung, ohne Aufenthaltsgenehmigung keine Arbeit – der Konflikt Voigts dreht sich im Kreise wie ein Karussell oder eine Kaffeemühle.

„Ick kann ja nu mit de Füße nich in de Luft baumeln, det kann ja nur 'n Erhenkter." (Z. 101 ff.) Voigt ist verzweifelt, weil er nicht weiß, wo er hinsoll; aber irgendwo muss er schließlich leben.

Seite 41 `9` Mit Wilhelm Voigt wird den Zuschauern eine Person vorgestellt, die zwar gegen das Gesetz verstoßen hat, der die Gesellschaft aber keine Chance der Wiedereingliederung gibt. Angesichts der Verhältnisse können die Zuschauer nur erwarten, dass Voigt erneut eine Straftat begehen wird.

Seite 41 `10` Es ist vor allem die Frage, ob und wie es Wilhelm Voigt gelingt, einen Pass und eine Arbeitsstelle zu bekommen, um ein geregeltes Leben führen zu können. Aufmerksame Zuschauer werden sich auch fragen, welche Rolle die Uniform dabei spielt, die in der ersten Szene eine so große Bedeutung hat.

Ein Protokoll anfertigen

Protokoll einer Unterrichtsstunde

Seite 43 **1** Es handelt sich um ein Ergebnisprotokoll. Die einzelnen Diskussionsbeiträge werden nicht aufgeführt.

Seite 43 **2** In folgender Reihenfolge müssen die Begriffe den Abschnitten des Protokolls zugeordnet werden:
a) Thema
b) Hausaufgabe zur Stunde
c) Unterrichtsschritte
d) Ergebnisse
e) Resümee
f) Hausaufgabe zur folgenden Stunde

Seite 44 **3** Schüler bzw. Schülerinnen, die eine Stunde versäumt haben, können nachlesen, was Inhalt der Stunde war und welche Hausaufgaben gegeben wurden.
Zur Vorbereitung auf eine Klassenarbeit geben die Protokolle einen Überblick über den Unterrichtsstoff.
Der Protokollant bzw. die Protokollantin muss sich in der Stunde besonders konzentrieren und hinterher das Wichtigste zusammenfassen.
Die Lehrkraft kann überprüfen, ob der Protokollant bzw. die Protokollantin alles richtig verstanden hat.

Protokoll einer SV-Sitzung

Seite 45 **1** Die SV des Carl-Duisberg-Gymnasiums stellt den Antrag, dass eine Cateringfirma mit dem Betreiben der Cafete beauftragt wird.
Die SV des Carl-Duisberg-Gymnasiums stellt den Antrag, dass die Schulleitung gebeten wird, die Verhandlungen mit der Cateringfirma für die Cafete im Westflügel zu führen.

Seite 45 **2** Protokoll der SV-Sitzung vom 02.05.2022 im Forum der Schule
Dauer der Sitzung: 12.20 – 13.05 Uhr
Anwesenheit: siehe Anwesenheitsliste
Tagesordnungspunkt: Einrichtung einer Cafete
Protokollant/-in: ?

Zur Abstimmung gelangen zwei Anträge:
Die SV des Carl-Duisberg-Gymnasiums stellt den Antrag, dass eine Cateringfirma mit dem Betreiben der Cafete beauftragt wird.

Der Antrag wird einstimmig angenommen.

Die SV des Carl-Duisberg-Gymnasiums stellt weiterhin den Antrag, dass die Schulleitung gebeten wird, die Verhandlungen mit der Cateringfirma für die Cafete im Westflügel zu führen.

Der Antrag wird einstimmig angenommen.

Ein Gedicht untersuchen und deuten

Seite 47 **1** Fürwahr → wahrhaftig, in der Tat
holden → geneigt, zugetan, anmutig, bezaubernd
empfahn → empfangen
angetan → bekleidet
Hain → kleiner Wald, Park
falbes → gelb, gelblich, graugelb

Seite 47 **2**

Frühling:	Zeit der erwachenden Natur
	Frische, grüne Farben
	Muntere Vogelstimmen
Herbst:	Zeit des Untergangs
	Gedämpfte, bunte Farben
	Vogelzug nach Süden

Seite 48 **3** erwacht, holden Liebling, frischer Blumenpracht, junge Erde, muntern Vögel, lieberwärmt, grünen Hain, Fest, singt, schwärmt, emsig, Nest, lebt, liebt, singt, Frühling, Freude, Zier, Sänger, Lust
stumm, starr, Trauer, tiefen Schmerz, Herbst, Nebelwind, durchwühlet, kalt, falbes Laub, zerschlagen, Staub
Die Atmosphäre des Gedichts ist zunächst ausgelassen und fröhlich, später aber (ab V. 12) traurig und düster.

Seite 48 **4** Das lyrische Ich hält sich zur Zeit des Frühlings in der freien Natur auf. Es sieht die Pflanzen und Tiere, bleibt aber selbst in trauriger Stimmung.

Seite 48 **5** ☒ In dem Gedicht „Frühling und Herbst" von Adelbert von Chamisso, das 1826 entstanden ist, beschreibt das lyrische Ich die trübe Stimmung, die es empfindet, obwohl der Frühling als Jahreszeit der Lebensfreude und der Liebe gekommen ist.

Seite 48 **6** Das Gedicht besteht aus **fünf** Strophen zu je **vier** Versen, das Reimschema ist ein **Kreuzreim**. Nach dem **elften** Vers ist ein deutlicher Einschnitt zu bemerken, der sprachlich durch die Konjunktion **„aber"** gekennzeichnet wird.

Seite 49 **7** 1. Strophe: Die Erde „empfängt" den Frühling als „Geliebten".
2. Strophe: Die Vögel singen fröhlich und bauen sich ihr Nest.
3. Strophe: Die ganze Natur freut sich über den Frühling, das lyrische Ich aber bleibt in düsterer Stimmung.
4. Strophe: Das lyrische Ich gönnt der Natur ihre Freude, fordert sie aber auch dazu auf, ihm seine Trauer nicht vorzuwerfen.
5. Strophe: Das lyrische Ich beschreibt seine trübsinnige Stimmung.

Das Versmaß (Metrum)

Seite 49 **1** Frühling, erwácht, hólden, Liebling, empfáhn, frischer,
Blúmenprácht, júnge, Érde, ángetán, múntern, Vögel,
lieberwärmt, begéhn, grünen, Háin, Fést, jéder,
singt, schwärmt, báuet, émsig, Nést

Seite 49 **2** Als Versmaß liegt ein **vier**hebiger **Jambus** vor.

Seite 50 `3` Betonung beim Vortrag:
Ích aber bléibe stúmm und stárr.
Betonung dem Versmaß entsprechend:
Ích áber bléibe stúmm und stárr.

Seite 50 `4` ☒ Das Personalpronomen „Ich" (V. 12) wird besonders betont, weil damit der Gegensatz der Stimmung des lyrischen Ichs zu dem Frühlingsgefühl ausgedrückt wird.

Sprachliche Bilder untersuchen

Seite 51 `1` V. 1:   „der Frühling ist erwacht"
V. 2 – 4:   der Frühling als „Liebling" der „junge[n] Erde", die sich mit Blumen geschmückt hat
V. 5 – 6:   die Vögel sind von Liebe erfüllt („lieberwärmt") und feiern ein Fest
V. 9 – 10:   die ganze Natur „liebt und singt" und „preist den Frühling"
V. 11:   der Frühling bringt der Natur Freude
V. 13 – 15: Das lyrische Ich spricht die Erde und die Vögel („Sänger") direkt an und richtet eine Bitte an sie.

Seite 51 `2` ☒ Es wird im Sinne eines Kontrasts ein Zusammenhang deutlich zwischen dem lyrischen Ich und der Natur.

☒ Der Frühling, die Erde und die Vögel wirken wie menschliche Lebewesen mit menschlichen Eigenschaften und Verhaltensweisen.

Seite 51 `3` Ich fühle mich sehr traurig und mutlos, nichts kann mich aufheitern. Mein Geist und mein Körper sind völlig erschöpft. Ich habe auch keine Hoffnung darauf, dass es mir bald wieder besser gehen könnte.

Sprachliche Gestaltungsmittel bestimmen

Seite 53 `1` In Vers 7 verwendet der Autor eine **Anapher** (**„Ein jeder"**) und einen **Parallelismus**, um damit zu verdeutlichen, dass wirklich die gesamte Natur mit all ihren einzelnen Lebewesen den Frühling in ausgelassener Stimmung zu genießen scheint.

Seite 53 `2` Das lyrische Ich steht in deutlichem Gegensatz zur Natur: Obwohl um es herum im Frühling als Jahreszeit der Lebensfreude und der Liebe alles fröhlich ist, bleibt es selbst traurig und mutlos.

Seite 53 `3` ☒ Das Gedicht verdeutlicht die Schönheit des Frühlings, der als Jahreszeit des Neuanfangs, der Lebensfreude und der Liebe dargestellt wird.

☒ Das Gedicht verdeutlicht den Kontrast zwischen der betrübten Stimmung des lyrischen Ichs und dem Frühling als Jahreszeit der Lebensfreude und der Liebe.

☒ Die trübsinnige Stimmung des lyrischen Ichs wirkt durch den Gegensatz zur es umgebenden Natur noch verstärkt auf den Leser bzw. die Leserin.

Mithilfe von Materialien eine lineare Argumentation verfassen – Soll es eine allgemeine Helmpflicht für Radfahrende geben?

Schritt 1: Die eigene vorläufige Meinung klären

Seite 55 **1** Du kannst Verständnis äußern, weil du es auch unangenehm findest, beim Radfahren einen Helm zu tragen. Du kannst sie aber auch darauf hinweisen, dass es besser ist, einen Helm zu tragen, um schwere Kopfverletzungen zu vermeiden.

Seite 55 **2** Individuelle Lösung

Schritt 2: Eine Stoffsammlung anlegen

Seite 56 **1, 2**

Franzi2008:
Ich bin klar für eine Helmpflicht. Radfahrer und -fahrerinnen sind im Straßenverkehr großen Gefahren ausgesetzt, das weiß ich aus meiner eigenen Erfahrung. Wie oft musste ich schon eine Vollbremsung hinlegen, um nicht in eine sich öffnende Autotür zu krachen! (**E.**)
DerBerti:
Ist doch merkwürdig. Für Mofa-Fahrende gibt es die Helmpflicht und keiner regt sich auf. Sind sie wirklich so viel gefährdeter als Fahrradfahrer und -fahrerinnen? Also: Helmpflicht für Fahrradfahrende! (**a. B.**)
Marli:
Klaro, das mit den Autotüren kenne ich auch. Aber warum passiert so etwas? Weil die Radfahrwege einfach zu unsicher sind. Und hier muss man ansetzen. Und nicht bei einer Helmpflicht. So sieht das übrigens auch der ADFC. (**A.**)
Fetzer:
Wenn ich nicht mehr ohne Helm Fahrrad fahren darf, dann lasse ich es eben sein. Mit den Dingern auf dem Kopf sieht man sowas von bescheuert aus. Und dann im Sommer die Hitze! Nein danke! (**a. W.**)
Bille:
Genau das ist das Problem mit der Helmpflicht: Viele entscheiden sich dann, auf das Fahrrad zu verzichten. Das zeigen Umfragen, die ich gelesen habe. Sie lassen sich dann z. B. von den Eltern fahren und damit steigt das Verkehrsaufkommen. Wollen wir das? (**s. M.**)
Marco:
Ich sehe das anders als Bille: Wenn der Helm verpflichtend ist, dann müssen alle einen tragen und niemand wird mehr blöd angemacht, wenn er einen Helm trägt. Es gibt dazu ein gutes Parallelbeispiel: Fast alle tragen beim Skifahren einen Helm und keiner guckt blöd! (**a. B.**)

(Durchgezogene Linie = Standpunkt; gestrichelte Linie = Argument; Wellenlinie = Absicherung/Veranschaulichung des Arguments)

Seite 56 `3`

Franzi2008:

Ich bin klar für eine Helmpflicht. Radfahrer und -fahrerinnen sind im Straßenverkehr gro-ßen Gefahren ausgesetzt, das weiß ich aus meiner eigenen Erfahrung. Wie oft musste ich schon eine Vollbremsung hinlegen, um nicht in eine sich öffnende Autotür zu krachen!

DerBerti:

Ist doch merkwürdig. Für Mofa-Fahrende gibt es die Helmpflicht und keiner regt sich auf. Sind sie wirklich so viel gefährdeter als Fahrradfahrer und -fahrerinnen? Also: Helm-pflicht für Fahrradfahrende!

Marli:

Klaro, das mit den Autotüren kenne ich auch. Aber warum passiert so etwas? Weil die Radfahrwege einfach zu unsicher sind. Und hier muss man ansetzen. Und nicht bei einer Helmpflicht. So sieht das übrigen auch der ADFC.

Fetzer:

Wenn ich nicht mehr ohne Helm Fahrrad fahren darf, dann lasse ich es eben sein. Mit den Dingern auf dem Kopf sieht man sowas von bescheuert aus. Und dann im Sommer die Hitze! Nein danke!

Bille:

Genau das ist das Problem mit der Helmpflicht: Viele entscheiden sich dann, auf das Fahrrad zu verzichten. Das zeigen Umfragen, die ich gelesen habe. Sie lassen sich dann z. B. von den Eltern fahren und damit steigt das Verkehrsaufkommen. Wollen wir das?

Marco:

Ich sehe das anders als Bille: Wenn der Helm verpflichtend ist, dann müssen alle einen tragen und niemand wird mehr blöd angemacht, wenn er einen Helm trägt. Es gibt dazu ein gutes Parallelbeispiel: Fast alle tragen beim Skifahren einen Helm und keiner guckt blöd!

Seite 57 `4` Ein mögliches Beispiel: „Ich sehe das anders als Fetzer. Im Vergleich zu einer schweren Kopfverletzung ist es doch weniger schlimm, nicht ganz so schick auszusehen. Und die modernen Helme haben gute Lüftungsschlitze."

Seite 57 `5`

Argumentation für eine allgemeine Helmpflicht	
Argument	**Absicherung/Veranschaulichung des Arguments**
große Gefahren für Radfahrende	sich öffnende Autotüren zwingen zur Vollbremsung
Wenn alle einen Helm tragen müssen, wird niemand blöd angemacht.	Parallelbeispiel: Fast alle tragen einen Helm beim Skifahren.
Mofafahrende müssen auch Helm tragen.	Fahrradfahrende sind genauso gefährdet.

Argumentation gegen eine allgemeine Helmpflicht	
Argument	Absicherung/Veranschaulichung des Arguments
Wichtiger ist es, für sicherere Radwege zu sorgen	Ist auch die Auffassung des ADFC.
Verkehrsaufkommen an Autos nimmt zu.	Viele verzichten bei einer Helmpflicht auf das Fahrradfahren.
Das Tragen eines Helms ist unangenehm.	Man sieht nicht gut aus und im Sommer schwitzt man.

Seite 57 6

Aussage	Trifft zu.	Trifft nicht zu.
Herr Staudinger ist Vizepräsident des Deutschen Verkehrsgerichtstages.	X	
Herr Staudinger spricht sich dagegen aus, eine Helmpflicht für Radfahrende einzuführen.	X	
Herr Staudinger vertritt die Ansicht, dass es jedem Bürger und jeder Bürgerin selbst überlassen bleibt, sich freiwillig in Gefahr zu begeben.	X	
Herr Staudinger glaubt, dass das Tragen eines Helmes beim Fahrradfahren überflüssig ist.		X
Er will sich dafür einsetzen, dass mehr Menschen einen Helm beim Fahrradfahren tragen.	X	
Herr Staudinger befürchtet, dass bei einer Helmpflicht weniger Menschen mit dem Fahrrad fahren.	X	

Seite 58 7 Ich würde Ihnen dringend empfehlen, einen Helm zu tragen. Ich bin zwar nicht für eine gesetzliche Helmpflicht und es ist Ihre eigene Entscheidung, einen Helm zu tragen oder nicht. Aber bedenken Sie, dass der Helm Sie gegen schwere Kopfverletzungen schützen kann.

Seite 58 8 Als Vizepräsident des Deutschen Verkehrsgerichtstages, einer Versammlung von Verkehrsexperten, kommt Herrn Staudinger eine besondere Autorität zu.

Seite 58 9 Berufung auf eine Autorität

Seite 58 10 Marli; Berufung auf ADFC

Seite 59 11 ☒ Der Gesamtverband der Deutschen Versicherungswirtschaft hat 117 Unfälle untersucht, die für Radfahrer und Radfahrerinnen tödlich verlaufen sind.
☐ Helme reduzieren die Aufprallenergie um weniger als 60%.
☒ 95 % der tödlich verunglückten Radfahrer und Radfahrerinnen trugen keinen Helm.
☒ Die Hälfte der tödlich verunglückten Radfahrer und Radfahrerinnen starb an schweren Gehirnverletzungen.
☒ Der Gesamtverband der Deutschen Versicherungswirtschaft empfiehlt, beim Fahrradfahren einen Helm zu tragen.

Seite 60 `12` Die Aussage, dass die meisten Fahrradfahrer und -fahrerinnen einen Helm tragen, trifft nur auf die Gruppe der 6- bis 10-Jährigen zu. In allen anderen Altersklassen sind die Helmfahrer in der Minderheit.

Seite 60 `13`

Argumentation für eine allgemeine Helmpflicht	
Argument	**Absicherung/Veranschaulichung des Arguments**
Helme können Leben retten.	Aussagen einer Statistik des Gesamtverbands der Deutschen Versicherungswirtschaft
Immer noch tragen zu wenige Radfahrende einen Helm.	Statistik Bundesamt für Straßenwesen

Seite 60 `14` Individuelle Lösung

Schritt 3: Einen Schreibplan erstellen

Seite 61 `1` Individuelle Lösung

Seite 61 `2` a) … das Tragen eines Fahrradhelms in der freien Entscheidung der Radfahrerinnen und Radfahrer liegt, …
b) … das Tragen eines Fahrradhelms vor schweren Kopfverletzungen schützen kann, …

Seite 61 `3` Beispiel:
Thema: Stellungnahme zur Einführung der Helmpflicht für Radfahrerinnen und Radfahrer

1 Einleitung: Hinweis auf Unfälle in Schule; Frage, ob Helmpflicht sinnvoll ist

2 Hauptteil
2.1 Mein Standpunkt: Pro Helmpflicht
2.1.1 Bei Helmpflicht müssen alle einen Helm tragen. Niemand wird deswegen ausgelacht. Absicherung/Veranschaulichung: Beim Skifahren tragen die meisten einen Helm. Das ist ganz selbstverständlich.
2.1.2 Zu wenige Radfahrende tragen einen Helm. Absicherung/Veranschaulichung: Aussage Statistik Bundesamt für Straßenwesen
2.1.3 Helme helfen, schwere Kopfverletzungen zu vermeiden. Absicherung/Veranschaulichung: Statistik Gesamtverband der Deutschen Versicherungswirtschaft/Experten Verkehr

Schluss: Schutz vor schweren Kopfverletzungen besonders überzeugend

Schritt 4: Die Stellungnahme formulieren

Seite 62 `1` Stichworte: Weg zur Schule, viele Autos parken am Straßenrand, vor allem Beifahrer passen beim Türöffnen oft nicht auf; man muss eine Vollbremsung machen, Gefahr eines Sturzes.

Seite 62 `2` Individuelle Lösung

Seite 62 `3` Es ist doch schon lange nicht mehr so, dass man schief angeguckt wird, nur weil man einen Helm beim Radfahren trägt. Und, statt mit dem Rad zu fahren, das Auto zu benutzen ist doch wirklich keine Alternative. Gerade in den Städten erlebt man doch immer wieder, dass der Verkehr zu den Stoßzeiten fast zum Erliegen kommt. Und man muss doch auch an die Umweltbelastung durch Autos denken.

Seite 63 `4` Die Einleitung ist noch nicht überzeugend. Sie nennt zwar das Thema, weckt aber zu wenig das Leserinteresse (z. B. fehlt die Leser-/Leserinnenansprache) und ist sprachlich zu nahe an der Umgangssprache (unvollständiger Satz; statt „ok" könnte man besser „sinnvoll" schreiben). Die eigene Position sollte erst im Hauptteil genannt werden.

Seite 63 `5` ☐ Der Schlussteil fügt noch ein weiteres Argument hinzu.
☒ Im Schlussteil wird auf die Einleitung zurückgegriffen.
☐ Der Schlussteil formuliert einen Kompromiss zu der Streitfrage.
☒ Die Streitfrage wird eindeutig beantwortet.
☒ Der Schlussteil bezieht sich noch einmal auf das stärkste Argument.
☒ Der Schlussteil ist sprachlich angemessen gestaltet.
☒ Der Schlussteil ist gelungen.

Seite 64 `6` Individuelle Lösung

Seite 64 `7` Individuelle Lösung

Eine dialektische Erörterung schreiben – Sollen auch an unserer Schule die Schülerinnen und Schüler den Putzdienst übernehmen?

Argumente sammeln

Seite 65 1

Sollen auch an unserer Schule die Schülerinnen und Schüler den Putzdienst übernehmen?	Pro-Argument	Kontra-Argument
A) Es würden weniger Tische und Stühle beschädigt werden. Die Schülerinnen und Schüler würden sich für die Einrichtung der Klassenräume verantwortlich fühlen.	X	
B) Unterrichtszeit würde verloren gehen.		X
C) Ein solcher Putzdienst müsste gegen den Widerstand der Schülerschaft durchgesetzt werden.		X
D) Dies ist eine Erziehung dazu, für sich selbst und das eigene Tun Verantwortung zu übernehmen.	X	
E) Die Einführung eines Putzdienstes für alle Schülerinnen und Schüler ist ungerecht gegenüber denen, die von sich aus auf Ordnung und Sauberkeit achten.		X
F) Die Schülerinnen und Schüler würden sich ordentlicher verhalten und weniger Müll herumliegen lassen.	X	

Seite 65 2 Individuelle Lösung

Argumente ausbauen

Seite 66 1

	Art des Belegs	Beleg für Argument
In der Nachbarschule gibt es seit dem letzten Jahr durch Schülerinnen und Schüler übernommene Putzdienste. Seit dieser Zeit sind die Beschädigungen an Einrichtungsgegenständen deutlich zurückgegangen.	Fallbeispiel	A
In einem Interview, das ich gestern im Fernsehen gesehen habe, äußerte ein Pädagogikprofessor, es sei unbedingt notwendig, dass Schülerinnen und Schüler z. B. durch die Übernahme von Putzdiensten praktisch lernten, gemeinsam für etwas verantwortlich zu sein.	**Berufung auf anerkannte Autoritäten**	**D**
Jeder sollte den Schaden beseitigen, den er angerichtet hat. Diejenigen, die den Dreck machen, sollten ihn deshalb auch wegmachen. Diese Personen sollten den Putzdienst übernehmen.	**allgemein anerkannte Werte und Normen**	**E**
An unserer Schule fahren die Busse direkt nach Unterrichtsschluss. Der Putzdienst könnte nur während der letzten Stunde durchgeführt werden.	**nachweisbare Tatsache**	**B**

	Art des Belegs	Beleg für Argument
Ich muss mein Zimmer seit einiger Zeit alleine in Ordnung halten. Zuerst fiel mir das schwer. Nach einigen Wochen habe ich aber gemerkt, dass ich weniger herumliegen ließ als früher und meine Sachen gleich wieder zurückstellte.	**eigene Erfahrungen und Erlebnisse**	F
Bei einer Umfrage in unserer Klasse waren 70 % der Schülerinnen und Schüler gegen die Einführung eines solchen Putzdienstes.	**nachweisbare Tatsache**	C

Seite 66 ▆2▆ Individuelle Lösung

Der Aufbau einer dialektischen Erörterung

Seite 68 ▆1▆ Der Verfasser ist der Meinung, dass die Schülerinnen und Schüler den Putzdienst an der Schule übernehmen sollten. Er legt zuerst die Argumente dar, die gegen seinen Standpunkt sprechen, um dann die Argumente zu entfalten, die für seinen Standpunkt sprechen. So führt er die Leserin bzw. den Leser von dem Gegenstandpunkt zu seiner eigenen Meinung hin.

Seite 68 ▆2▆ Individuelle Lösung

Seite 68 ▆3▆ Individuelle Lösung

Seite 68 ▆4▆ Individuelle Lösung

Argumente verbinden und gewichten

Seite 69 ▆1▆ **Zum einen** spricht gegen die Übernahme des Putzdienstes durch die Schülerinnen und Schüler, dass er nur gegen deren Willen eingeführt werden kann. Bei einer Umfrage in unserer Klasse waren **tatsächlich** 70 % gegen die Einführung eines solchen Putzdienstes. **Demzufolge** würde die Einführung eines solchen Putzdienstes zu großem Unmut aufseiten der Schülerinnen und Schüler führen.

Des Weiteren spricht gegen einen Schülerputzdienst, dass er ungerecht ist. Viele Schülerinnen und Schüler achten von sich aus auf Ordnung und Sauberkeit. **Insofern** ist **in keiner Weise** einzusehen, warum sie zu so einem Putzdienst herangezogen werden sollten. **Folglich** sollten nur die Personen den Putzdienst übernehmen, die auch für Unordnung sorgen. Ein Putzdienst für alle Schülerinnen und Schüler wäre also **in der Tat** ungerecht. Dies ist meiner Meinung nach **besonders ausschlaggebend**.

Noch wichtiger als die vorherigen Gegenargumente ist, dass ein solcher Putzdienst auf Kosten des Unterrichts ginge. **Dessen ungeachtet**, ob man einen solchen Putzdienst für sinnvoll hält, muss man **allerdings** sehen, dass er nur in der Unterrichtszeit durchgeführt werden könnte. **Denn** die Busse fahren an unserer Schule unmittelbar nach Unterrichtsschluss. **Infolgedessen** müsste die Hälfte der letzten Stunde für den Putzdienst durch die Schülerinnen und Schüler genutzt werden. **Vor allem** das spricht gegen einen solchen Putzdienst.
Auch wenn der Putzdienst das Verhalten der Schülerinnen und Schüler **einerseits** positiv beeinflussen würde, wögen diese Vorteile **andererseits** den Verlust der Unterrichtszeit nicht auf.

Die Einleitung einer Erörterung

Seite 71 **1** Immer öfter kommt es vor, dass im Laufe des Tages viele Schülerinnen und Schüler ihre Papierschnipsel, Getränkeflaschen oder das Verpackungsmaterial ihrer Süßigkeiten achtlos liegen lassen. In unserer Klasse sind deshalb viele mit der Sauberkeit und Ordnung des Klassenraumes unzufrieden. Wir fragten uns in einer Diskussion über diese Zustände, ob sich das Problem lösen ließe, wenn die Schülerinnen und Schüler an unserer Schule den Putzdienst selbst übernehmen würden. Im Folgenden werde ich erläutern, was für und was gegen die Einrichtung eines solchen Putzdienstes spricht.

Der Schluss einer Erörterung

Seite 71 **1** Zusammenfassend kann man feststellen, dass es zwar sinnvoll wäre, wenn die Schülerinnen und Schüler den Putzdienst übernähmen. Sie würden lernen, Ordnung zu halten, Verantwortung zu übernehmen, und sie würden gewissenhafter mit den Klassenräumen und dem Inventar umgehen. Allerdings ist die Einrichtung eines Putzdienstes nicht zu realisieren. Er müsste in der Unterrichtszeit durchgeführt werden, weil die Busse bei uns direkt nach Schulschluss fahren. Es ist unmöglich, eine Stunde Unterricht pro Tag zugunsten des Schülerputzdienstes entfallen zu lassen. Deshalb bin ich momentan gegen die Einführung eines solchen Putzdienstes für die Schülerinnen und Schüler.
Man könnte aber mit den Busunternehmen sprechen und spätere Abfahrtszeiten vereinbaren. Dann wäre ich dafür, dass die Schülerinnen und Schüler an unserer Schule den Putzdienst übernehmen. Noch besser wäre es, wenn ein solcher Putzdienst gar nicht erst nötig wäre!

Seite 71 **2** Individuelle Lösung

Grammatik üben

Wortarten im Überblick

Wortarten, die flektierbar sind/Wortarten, die nicht flektierbar sind

Seite 74 **1**

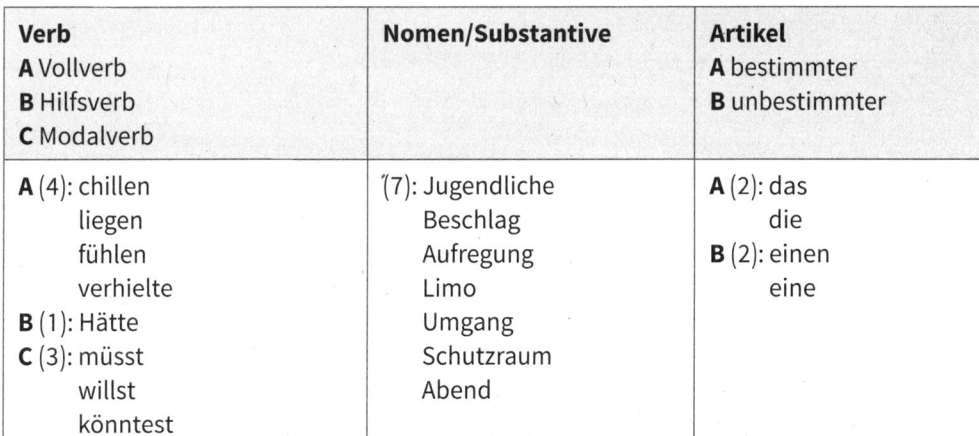

Verb **A** Vollverb **B** Hilfsverb **C** Modalverb	Nomen/Substantive	Artikel **A** bestimmter **B** unbestimmter
A (4): chillen liegen fühlen verhielte **B** (1): Hätte **C** (3): müsst willst könntest	(7): Jugendliche Beschlag Aufregung Limo Umgang Schutzraum Abend	**A** (2): das die **B** (2): einen eine

Adjektiv	Pronomen	Numerale
(5): apathisch unspektakulär selbstverständlichen falsch leiser	(6): meinen dieser unserer ihnen der sich	(2): drei sechs

Adverb	Präposition	Konjunktion A nebenordnend B unterordnend	Interjektion
(4): vorher hier drinnen Vielleicht	(4): gegen bei im aus	A (2): und Oder B (4): wenn bevor während damit	(2): Hey Oh ~

Die Aussageweisen des Verbs – Der Modus

Der Konjunktiv II als Ausdruck der Nicht-Wirklichkeit (Irrealis)

Seite 75 **1** Herman van Veen (geb. 1945)
Könntest du zaubern

Refrain:
Wärst du ein Zauberer, dann gäb's nur Sonnenschein.
Wärst du ein Zauberer, wär' niemand mehr gemein.
Wärst du ein Zauberer, ein Zauberer,
ein Zauberer, ein Zauberer,
5 dann würden alle Menschen Freunde sein.

In jedem Haus wären hundert Zimmer mit einem Fernsehapparat.
Deine Eltern würden niemals sterben, hätten immer Zeit und Rat.
Aus dem Brunnen käm' statt Wasser Cola, Limo, Apfelsaft.
Was dein Herz sich nur erträumte, wäre wahr durch Zauberkraft.

Refrain:
10 Wärst du ein Zauberer, dann gäb's nur Sonnenschein. (Und Hunger hätte keiner.)
Wärst du ein Zauberer, wär' niemand mehr gemein. (Die Großen wären kleiner.)
Wärst du ein Zauberer, ein Zauberer,
ein Zauberer, ein Zauberer,
dann würden alle Menschen Freunde sein.

15 Es würden keine Fäuste fliegen und keinem Menschen ginge es schlecht.
Das Gute würde spielend siegen, jedes Lächeln wäre echt.
Im Winter gäb's genügend Schnee und trotzdem wär's gemütlich warm.
Und niemand würde reich geboren und niemand würde arm.

Refrain

Doch wird ein Zaubertrick dir nicht geschenkt,
20 das kostet mehr Zeit, als sich mancher denkt.
Zehn Jahre sucht man nach dem Tuch, und fünfzig nach dem Zauberbuch.
Und bis man es erlesen hat, ist man gebrechlich, alt und matt.
Den Zauberkurs von A – Z beherrscht man nicht mal als Skelett.
Doch mein Sohn versucht im Leben, das Zaubern niemals aufzugeben.

Refrain

Herman van Veen: Könntest du zaubern (Toveren), Text: Thomas Woitkewitsch (OT: Temming, Henk/Westbroek, Henk),
© Thomas Woitkewitsch

Seite 76 **2**

Indikativ Präsens	Indikativ Präteritum	Konjunktiv II, abgeleitet vom Präteritum
ich komme	**ich kam**	**ich käme**
er ruft an	**er rief an**	*er riefe an*
du gibst	**du gabst**	*du gäbest*
sie heben	*sie hoben*	*sie höben*
es reißt	*es riss*	*es risse*
er liest	*er las*	*er läse*
ich laufe	*ich lief*	**ich liefe**
sie graben	**sie gruben**	*sie grüben*
du sprichst	*du sprachst*	*du sprächest*
sie denken	*sie dachten*	**sie dächten**
sie sitzt	*sie saß*	*sie säße*
ihr kommt	**ihr kamt**	*ihr kämet*
er schreibt	*er schrieb*	**er schriebe**

Seite 76 **3**

Indikativ	Konjunktiv II, abgeleitet vom Präteritum	Umschreibung mit *würde*
es regnet (es regnete)	**es regnete**	**es würde regnen**
sie leben (sie lebten)	**sie lebten**	*sie würden leben*
er putzt *(er putzte)*	*er putzte*	*er würde putzen*
sie fliehen *(sie flohen)*	*sie flöhen*	*sie würden fliehen*
wir geben *(wir gaben)*	*wir gäben*	*wir würden geben*
sie findet *(sie fand)*	*sie fände*	*sie würde finden*
du brauchst *(du brauchtest)*	*du bräuchtest*	*du würdest brauchen*
ich singe *(ich sang)*	*ich sänge*	*ich würde singen*
wir verbieten *(wir verboten)*	*wir verböten*	*wir würden verbieten*
er sitzt *(er saß)*	*er säße*	*er würde sitzen*
ihr findet *(ihr fandet)*	*ihr fändet*	*ihr würdet finden*
sie schwimmt *(sie schwamm)*	*sie schwämme*	*sie würde schwimmen*
wir trinken *(wir tranken)*	*wir tränken*	*wir würden trinken*
du singst *(du sangst)*	*du sängest*	*du würdest singen*

Seite 77 **4**   Was wäre, wenn ...
- es im Sommer nicht mehr *regnete/regnen würde*.
- ich im Lotto *gewänne/gewinnen würde*.
- du in einem Hollywoodfilm die Hauptrolle *spieltest/spielen würdest*.
- es für alle Menschen auf der Welt genug zu essen *gäbe/geben würde*.
- die große Pause eine Stunde *dauerte/dauern würde*.
- ich mit meinem Goldfisch an der Leine spazieren *ginge/gehen würde*.

- ich dreimal im Jahr Geburtstag *feierte/feiern würde*.
- er morgen um die ganze Welt *flöge/fliegen würde*.
- ich morgen Miley Cyrus *träfe/treffen würde*.
- er ein paar Kilos *abnähme/abnehmen würde*.
- mir jemand jeden Tag meine schwere Schultasche *trüge/tragen würde*.
- mich der Bundespräsident gleich *anriefe/anrufen würde*.
- meine Geschwister sich nicht dauernd *stritten/streiten würden*.
- sich das dreckige Geschirr heute von selbst *abwüsche/abwaschen würde*.
- mein Verein heute das gegnerische Team *schlüge/schlagen würde*.

Seite 78 **5**   Individuelle Lösung

Modalverben und Modaladverbien

Seite 78 **1**

Bedeutung des Modalverbs	Beispiel
Möglichkeit, Fähigkeit	*Marvin kann mit der U-Bahn fahren.*
Wunsch	*Marvin möchte mit der U-Bahn fahren.*
Wille/Absicht	*Marvin will mit der U-Bahn fahren.*
Erlaubnis	*Marvin darf mit der U-Bahn fahren.*
Verpflichtung	*Marvin soll mit der U-Bahn fahren.*
Pflicht/Notwendigkeit	*Marvin muss mit der U-Bahn fahren.*

Seite 79 **2**   Die Reporterin Wiebke fährt mit der U-Bahn zu ihrem Interview mit dem Hollywoodstar Jenny L. und ist *sehr* aufgeregt.
„*Hoffentlich* komme ich pünktlich! *Gerade/besonders/insbesondere* heute muss alles glattgehen."
Plötzlich kommt die U-Bahn *jedoch* zum Stehen. Wiebke sieht sich panisch um.
Die anderen Fahrgäste scheint die Unterbrechung *keineswegs* zu stören. *Bestimmt* geht es gleich weiter. Es vergehen *jedoch/allerdings* Minuten, ohne dass sich der Zug wieder in Bewegung setzt. Nervös trommelt Wiebke mit den Fingern auf ihre Armlehne.
„*Genauso* habe ich mir das vorgestellt, das gibt es doch nicht!"
„Sehr geehrte Fahrgäste, wegen technischer Probleme kommt es zu einem außerplanmäßigen Halt. In wenigen Minuten kann es *sicher/bestimmt* weitergehen", scheppert es aus den Lautsprechern.
Wiebke blickt hektisch auf ihre Armbanduhr. „Wenn der Schaffner recht behält, könnte ich meinen Interviewtermin *vielleicht/sogar/durchaus* noch schaffen. Wenn nicht, war alle Arbeit und Aufregung *vergebens*."
Frustriert lässt Wiebke ihren Kopf hängen, als plötzlich ein Ruck durch die Abteile geht und sich die U-Bahn unter Quietschen mühsam wieder in Bewegung setzt.
Wiebke atmet auf und holt noch einmal die Karteikarte mit den Interviewfragen heraus, um sie *bestimmt/sicher* zum hundertsten Mal durchzugehen.

Der Konjunktiv in der indirekten Rede (Konjunktiv I)

Seite 80 **1**

Indikativ	Konjunktiv I
er ist gelaufen	*er sei gelaufen*
du sagst	*du sagest*
sie rief an	*sie habe angerufen*
sie wird winken	*sie werde winken*

Indikativ	Konjunktiv I
er will helfen	*er wolle helfen*
du gibst	*du gebest*
sie antwortete	*sie habe geantwortet*
er liebt	*er liebe*
sie wird rennen	*sie werde rennen*
sie sind	*sie seien*
er kam	*er sei gekommen*
es wird gelingen	*es werde gelingen*
du fährst	*du fahrest*
er hatte gelesen	*er habe gelesen*
es wird gut	*es werde gut*

Seite 81 **2**

● Anna wandte ein: „Die Klasse hat diese Vorschläge bereits vor Wochen abgelehnt."
Anna wandte ein, die Klasse habe diese Vorschläge bereits vor Wochen abgelehnt.

● Die Ärzte teilten mit: „Dem Patienten wird es morgen schon viel besser gehen."
Die Ärzte teilten mit, dem Patienten werde es morgen schon viel besser gehen.

● Timo erzählt: „Der Dackel der Nachbarin sauste mit schleifender Leine an mir vorbei. Ich war der Letzte, der ihn gesehen hat."
Timo erzählt, der Dackel der Nachbarin sei mit schleifender Leine an ihm vorbeigesaust. Er sei der Letzte gewesen, der ihn gesehen habe.

● Emma befürchtet: „Ich habe morgen nichts zum Anziehen."
Emma befürchtet, sie habe morgen nichts zum Anziehen.

● Julia und Leonie sagten: „Wir kommen morgen und bringen das Buch mit."
Julia und Leonie sagten, sie kämen (würden kommen) morgen und brächten (würden bringen) das Buch mit.

● Marie sagt: „Ich jogge gerne."
Marie sagt, sie jogge gerne.

● Lukas betont: „Wenn es nach mir geht, wird die Schule morgen erst um 9.00 Uhr beginnen."
Lukas betont, wenn es nach ihm gehe, werde die Schule morgen erst um 9.00 Uhr beginnen.

● Nils schwärmte: „Der Urlaub auf Langeoog war wirklich schön. Nächstes Jahr werden wir wieder hinfahren."
Nils schwärmte, der Urlaub auf Langeoog sei wirklich schön gewesen. Sie würden nächstes Jahr wieder hinfahren.

Seite 82 **3**

Auf die Frage des Journalisten, wann Herman van Veen alle seine Talente entdeckt habe, antwortet der Sänger in dem Interview:
Er sei so ein Montessori-Kind. Eine Lehrerin habe mit ihnen allen einen Malwettbewerb gemacht und die Gewinner hätten einen Märchenpark besuchen dürfen, da habe er unbedingt hingewollt. Er habe also sein Bestes gegeben und gewonnen. Damals habe er entdeckt, dass man einfach eingeladen werde, wenn man etwas Schönes mache. Sein Interesse sei geweckt worden. Er habe aber auch sehr gut pfeifen können und ein Jahr später sei dann ein anderer Lehrer gekommen, habe ihm eine Geige gegeben und gesagt, er

solle darauf pfeifen[1]. Also habe er begonnen, Geige zu lernen – und damit habe er schon mal zwei Sachen gehabt: Zeichnen und Geige spielen. Außerdem habe er eine Oma und eine Mutter gehabt, die beide sehr schön hätten singen können. Wenn sie gesungen hätten, und das hätten sie nicht so oft getan, habe ihn das immer sehr berührt. An einem Weihnachtsfest habe ihn seine Oma gebeten, auch ein Lied vorzusingen, und das habe er so schön gemacht, dass er danach gefragt worden sei, ob er das nochmal singen könne. So sei es eigentlich geblieben. […]

Des Weiteren antwortet der Sänger auf die Frage, wie viel Herman van Veen in der von ihm erfundenen Comicfigur Alfred Jodokus Quack stecke:
Alle Charaktere und Figuren, die in dieser Comicserie vorbeiwatscheln würden (vorbeiwatschelten), seien autobiografisch. Das seien alles Menschen, die er kenne, und sie trügen (würden tragen) die Namen von Menschen, die er kenne. Alfred habe viel mit dem kleinen Herman zu tun, als er zwischen zehn und vierzehn Jahre alt gewesen sei und andauernd gefragt habe: Warum? So sei das gegangen. Und so gehe das noch. […]
Nach: Neue Westfälische, Ausgabe 03, 22./23. Januar 2022, Bielefeld

_____

[1] Der Imperativ wird in der indirekten Rede mit dem Modalverb „sollen" wiedergegeben.
Beispiel: „Trink aus!" – Er/Sie solle austrinken.

Die Sichtweise einer Aussage – Aktiv und Passiv (Genus Verbi)

Seite 83 **1** **Die Geschichte des Panamakanals**
1869 wurde der Suezkanal eröffnet, der das Mittelmeer und das Rote Meer miteinander verbinden sollte. Nun glaubten viele Menschen, dass ein Kanal, der in Mittelamerika Pazifik und Atlantik verbinden würde, ebenso leicht zu bauen sein müsste. Man hoffte außerdem auf großen finanziellen Gewinn. 1879 wurde die französische Panamakanal-Gesellschaft von der Regierung Kolumbiens – Panama wurde damals noch von Kolumbien regiert – mit dem Bau dieses Kanals beauftragt. Tausende von Arbeitern wurden beim Bau des Kanals beschäftigt, jedoch erwies sich das Projekt im tropischen Klima Mittelamerikas als schwieriger als erwartet. Viele der Arbeiter wurden von Krankheiten wie Malaria und Gelbfieber heimgesucht, von 1881 bis 1889 starben ca. 22 000 Menschen bei den Arbeiten. Nachdem erst ein kleinerer Teil des Kanals fertiggestellt worden war, musste die französische Panamakanal-Gesellschaft 1889 Konkurs anmelden. Die Arbeiten wurden eingestellt und sie wurden erst 1906 wieder aufgenommen. Panama war inzwischen ein selbstständiger Staat geworden. Der Weiterbau des Kanals wurde von dem Ingenieur George W. Goethals aus den USA geleitet, da die Rechte an der Kanalzone bereits 1901 an die US-amerikanische Regierung verkauft worden waren. Im August 1914 wurde der Panamakanal fertiggestellt und er wurde zum ersten Mal von einem Schiff durchfahren. Von 2007 bis 2016 wurde wieder am Panamakanal gebaut, da die beliebte Wasserstraße von immer mehr und immer größeren Schiffen durchfahren wird. Heute werden etwa fünf Prozent des weltweiten Seefrachtverkehrs durch den Kanal transportiert.

Seite 84 **2** Vielfach sind die Handelnden nicht (namentlich) bekannt oder unwichtig. Der Text hebt stärker die Vorgänge hervor als die Handelnden.

Seite 84 **3** 1879 beauftragte die Regierung Kolumbiens die französische Panamakanal-Gesellschaft mit dem Bau dieses Kanals.
Kolumbien regierte damals noch Panama.
Krankheiten wie Malaria und Gelbfieber suchten viele der Arbeiter heim.
Der Ingenieur George W. Goethals aus den USA leitete den Weiterbau des Kanals.
Ein Schiff durchfuhr ihn zum ersten Mal.
Die beliebte Wasserstraße durchfahren immer mehr und immer größere Schiffe.

Man eröffnete 1869 den Suezkanal, der das Mittelmeer und das Rote Meer miteinander verbinden sollte.

Die Gesellschaft beschäftigte beim Bau des Kanals Tausende von Arbeitern.

Nachdem man erst einen kleineren Teil des Kanals fertiggestellt hatte, musste die französische Panamakanal-Gesellschaft 1889 Konkurs anmelden.

Die Gesellschaft stellte die Arbeiten ein und man nahm sie erst 1906 wieder auf.

[…], da man die Rechte an der Kanalzone bereits 1901 an die US-amerikanische Regierung verkauft hatte.

Im August 1914 stellten die Arbeiter den Panamakanal fertig.

Von 2007 bis 2016 bauten wieder Arbeiter am Panamakanal […]

Heute transportieren Schiffe etwa fünf Prozent des weltweiten Seefrachtverkehrs durch den Kanal.

Die Planung des neuen Panamakanals

Die Planungen für die Erweiterung des Panamakanals sind abgeschlossen. (**ZP**) Die Bauarbeiten werden Panama sehr viel Geld kosten. (**A**) Kritiker glauben, dass das kleine Land die notwendigen Investitionen nicht wird leisten können. (**A**) Doch der Anfang ist gemacht. (**ZP**) Mit 15 000 Kilo Dynamit wurde an einem Hügel Gestein gesprengt. (**VP**) In den kommenden Jahren werden 130 Millionen Kubikmeter Gestein abgetragen werden. (**VP**) Zurzeit kommt es im Kanal immer wieder zu Staus und langen Wartezeiten. (**A**) Dies wird von vielen Reedereien kritisiert. (**VP**) Alle Beteiligten hoffen aber auf ein schnelles Ende der Bauarbeiten. (**A**)

Satzglieder erkennen

Tillmann Prüfer
Meine 22-Jährige: „Mein Kater muss mit!"

Luna ist 22 Jahre alt (**Präd**). Ihr Vater Tillmann Prüfer schreibt im wöchentlichen Wechsel in der Beilage der Wochenzeitschrift DIE ZEIT über sie und seine anderen drei Töchter im Alter von 16, 14 und 8 Jahren (**PO**).

Meine Tochter Luna hat einen Kater (**AO**), er heißt Cosmo. Eine einzelne Katze zu haben (**S**) ist manchmal komplizierter, als etwa zwei Katzen zu haben. Zwei Katzen können miteinander abhängen, eine Katze aber braucht Unterhaltung. Wenn Luna ein paar Tage (**TAdv**) wegfährt, dann muss jemand in ihre Wohnung (**LAdv**) einziehen, um Cosmo zu unterhalten.
5 Zum Beispiel mit Katzenspielzeug (**IAdv**). Wenn Cosmo in Jagdlaune ist, hechtet er jedem Wollfaden (**DO**) hinterher.
Neulich haben wir (**S**) die Großeltern besucht, das ist eine kleine Reise. Für Luna war klar: „Cosmo muss mit!" Das machte mich ziemlich nervös. Ich bin nicht sehr gut darin, wegzufahren – und schon gar nicht mit Kindern. Reisen bedeutet, dass man bis zu einem be-
10 stimmten Zeitpunkt (**TAdv**) verschiedene Dinge zusammengepackt haben muss. Es gilt (**P**), eine Reihe von Tagen im Kopf schon vorzuempfinden. Man sollte nichts Wichtiges (**AO**) vergessen, aber auch nicht zu viel eingepackt haben. Dazu die ganzen Reisedokumente, neuerdings (**TAdv**) auch Impfnachweise. Ich fahre kein Auto, also bin ich von Verkehrsmitteln wie Zügen und manchmal sogar Flugzeugen abhängig. Diese Dinger haben die Eigen-
15 schaft, dass sie nicht auf einen (**PO**) warten.
Für jemanden wie mich kann nur eine Sache schlimmer sein, als zu einer Reise (**FAdv**) aufzubrechen. Nämlich mit meinen Töchtern zu einer Reise aufzubrechen – also mit Wesen, die stets so tun (**P**), als hätten sie alle Zeit der Welt und als würde der Zugführer am Hauptbahnhof (**LAdv**) bestimmt warten, bis man sich am Donut-Stand endlich für einen Blue-
20 berry Frosted entschieden hat. Wenn ich mit meinen Töchtern reise, bin ich ein mürrischer, ständig antreibender Reiseleiter (**Präd**). Ein Nervenbündel, das das eigene Stressempfinden ungefiltert (**MAdv**) auf die Mitreisenden überträgt.
Und nun also auch noch auf eine Katze. Katzen, so hörte (**P**) ich, reisen nicht gerne.

<u>Das</u> (**AO**) haben wir offenbar gemeinsam. Aber Luna meinte, das sei schon okay, sie habe
eine Katzentransportbox. Es sei nur wichtig, dass die Katze entspannt sei und nicht etwa
dringend auf die Toilette müsse, denn „<u>im Zug</u> (**LAdv**) gibt es wohl kein Katzenklo", merkte
sie an. Ich hatte gelesen, eine Katze brauche <u>ihr Lieblingsspielzeug und „Leckerlis"</u> (**AO**).
Doch was würde geschehen, wenn im gleichen Abteil ein Hund wäre? Oder eine Maus? Ich
fragte Luna, ob sie an Leckerlis und Spielzeug gedacht habe. Sie <u>bejahte</u> (**P**).

30 Ich fürchtete, Cosmo werde <u>fünf Stunden</u> (**TAdv**) im Zug miauen, fauchen, kratzen. Doch
Luna meinte, meine Ansicht, dass Katzen nicht reisen könnten, sei veraltet. Wenn man eine
Reise <u>stressfrei</u> (**MAdv**) gestalte, könnten Katzen sogar richtige Reisefreunde werden. Es
gebe Leute, die <u>reisten</u> (**P**) mit ihrer Katze um die ganze Welt. Kann sein, dass Cosmo ein
stressfreier Weltenbummler ist, ich bin es jedenfalls nicht. Ich glaube, ich habe einfach

35 Angst vor dem Unwägbaren. Ich schätze keine Situationen, die außerhalb meiner Kontrolle
sind – schon gar nicht unterwegs.
Auf der Reise war dann ich es, der <u>die ganze Zeit</u> (**TAdv**) fauchte. Ständig herrschte ich
<u>Luna</u> (**AO**) an, sie möge bloß nicht <u>den sich in der Katzenbox fläzenden Kater</u> (**AO**) anspre-
chen, sonst drohe <u>eine Katastrophe</u> (**S**). Cosmo hingegen zeigte sich so wohlerzogen und

40 friedfertig und freundlich und entspannt, wie es eine Katze nur <u>sein kann</u> (**P**). Nach einer
Weile schlug Luna <u>ihren Schwestern</u> (**DO**) vor: „Wollen wir Cosmo rauslassen?" Dies muss
der Moment gewesen sein, in dem ich in Ohnmacht fiel, an alles Weitere erinnere ich mich
nicht. Der Kater, hörte ich <u>später</u> (**TAdv**), habe sich <u>gut</u> (**MAdv**) unterhalten.

ZEITmagazin Nr. 4/2022, 19.01.2022, Hamburg

Satzreihe und Satzgefüge

Die Satzreihe

Seite 89 **1**
- Patrick geht gerne ins Kino, doch Franziska sieht abends gerne fern.
- Jana hat keinen Appetit auf Eis, aber sie mag Milchshakes.
- Leon kann sehr gut zeichnen, deshalb ist Kunst sein Lieblingsfach.
- Das Fahrrad ist grün, dadurch wirkt es modern.

Das Satzgefüge

Seite 90 **1** **Unser Kalender**

Unser Kalender gehört zu den alljährlichen Selbstverständlichkeiten, <u>die wir in Anspruch</u>
<u>nehmen</u>, <u>ohne dass wir weiter darüber</u> <u>nachdenken</u>. Tag für Tag reißen wir ein neues
Kalenderblatt ab. Jahr für Jahr scheint sich alles nach einem festgefügten Rhythmus zu
wiederholen. Doch das war nicht immer so. Bereits im Jahre 46 v. Chr. entwickelte Julius
Caesar einen Kalender, <u>der auf dem Sonnenjahr</u> <u>beruhte</u>. Das sogenannte julianische Jahr
war im Durchschnitt 365,25 Tage lang, <u>sodass regelmäßig ein Schaltjahr eingefügt werden</u>
<u>musste</u>. Allerdings war diese Zeitmessung noch zu ungenau. Das Jahr war um exakt
0,0078 Tage zu lang, deshalb stimmte im Laufe der Jahre der Kalender nicht mehr mit der
Jahreszeit überein. Am Ende des 16. Jahrhunderts hatte sich bereits ein Unterschied von
zehn Tagen zwischen dem tatsächlichen Sonnenstand und dem Kalender ergeben. <u>Wenn</u>
<u>man jetzt nichts geändert</u> <u>hätte</u>, dann hätten unsere Nachfahren Weihnachten vielleicht
einmal im Sommer feiern müssen.
Papst Gregor XII. passte mit der von ihm erarbeiteten <u>Reform</u> die Zeiteinteilung wieder dem
Sonnenstand an, <u>sodass der Fehler behoben werden</u> <u>konnte</u>. Am 24. Februar 1582 <u>wurde</u>
beschlossen, <u>dass in jenem Jahr auf den 4. Oktober sogleich der 15. Oktober folgen</u> <u>sollte</u>.
Gleichzeitig wurde die durchschnittliche Jahreslänge auf 365,245 Tage festgelegt.
Dieser Reform verdanken wir es, <u>dass sich erst in etwa 3 000 Jahren eine Differenz um einen</u>
<u>Tag vom Lauf der Sonne ergeben</u> <u>wird</u>.

Subjektsatz und Objektsatz

Seite 91 **1**
- <u>Nur wer geduldig ist</u>, kommt ans Ziel. (Subjektsatz)
- Ich mag nicht, <u>dass ihr so neugierig seid</u>. (Objektsatz)
- <u>Dass es einen Unfall gegeben hat</u>, meldeten bereits die Fernsehnachrichten. (Objektsatz)
- Wir warten darauf, <u>dass sie sich entscheidet</u>. (Objektsatz)
- <u>Dass Semire einen Fehler gemacht hat</u>, ist zu verzeihen. (Subjektsatz)
- <u>Wie lange die Reise dauert</u>, steht noch nicht fest. (Subjektsatz, indirekter Fragesatz)

Seite 92 **2**
- <u>Nur der Geduldige</u> kommt ans Ziel.
- Ich mag nicht <u>eure Neugierde</u>.
- <u>Den Unfall</u> meldeten bereits die Fernsehnachrichten.
- Wir warten <u>auf ihre Entscheidung</u>.
- <u>Semires Fehler</u> ist zu verzeihen.
- <u>Die Reisedauer</u> steht noch nicht fest.

Seite 92 **3**
- Gülcan fragte, ob sie nicht gemeinsam für die Klassenarbeit lernen könnten.
- Mateo fragte, wann und wo sie sich treffen sollten.
- Johanna fragte, ob das Thema denn so schwierig sei.
- Leon wollte wissen, warum sie nicht einfach die Lehrerin um Rat fragten (fragen würden).

Attributsatz/Relativsatz

Seite 93 **1**
- Elias hat einen neuen Computer, der auf dem neuesten Stand der Technik ist.
- Der Kindergarten, den etwa 100 Kleinkinder besuchen, ist im Sommer geschlossen.
- Die Polizei sucht einen Bankräuber, der etwa 35 Jahre alt sein und eine braune Cordhose tragen soll.
- Auf dem Sportplatz, auf dem bereits berühmte Mannschaften gespielt haben, findet ein spannendes Fußballspiel statt.
- Im Fernsehen läuft eine interessante Sendung, in der Schülerinnen und Schüler von ihren Auslandsaufenthalten berichten.
- Robert findet das Buch, das von den Kreuzzügen im Mittelalter handelt, spannend.

Seite 94 **2**
Wirbelstürme

Tropische Wirbelstürme, **die sich über dem Meer entwickeln**, sind gefürchtet. Beim Übertritt auf das Festland verlieren sie spätestens nach anderthalb Tagen ihre Kraft. Voraussetzung für die Entstehung eines Wirbelsturms ist eine mindestens 27 Grad Celsius warme Wasseroberfläche, **die nur in den Tropen vorkommt**. Das Meerwasser, **das von der Sonne aufgeheizt wird**, verdunstet; die gewaltige Energiezufuhr verwandelt es in gasförmigen Wasserdampf, **der schnell nach oben steigt**. Dort, in kühleren Luftregionen, bilden sich Wolken, und die ersten Gewitterschauer gehen nieder. Herrscht extremes Luftdruckgefälle, wird immer mehr feuchtwarme Luft von unten angesaugt. Die Erddrehung lässt die riesigen Wolkentürme in Bewegung geraten. Mächtige Wirbel entstehen, **die zu dem verheerenden Sturm anwachsen**.
Wirbelstürme verwüsten, begleitet von schweren Regengüssen, oft auch Gebiete außerhalb der Tropen. So bilden sich pro Jahr etwa acht Hurrikans über dem Atlantik, **von denen schließlich zwei oder drei den nordamerikanischen Kontinent heimsuchen**.

Adverbialsätze

Seite 96
- <u>Weil gutes Wetter ist</u>, gehen viele Menschen ins Freibad.
- Der Sportler erhält eine Medaille, <u>wenn er erfolgreich ist</u>.
- <u>Weil sie neugierig waren</u>, kamen die Schüler auf dem Schulhof zusammen.
- <u>Indem man intensiv übt</u>, kann man in der Schule Erfolg haben.

- Bereits kurz nach Schulschluss starten viele Familien mit ihrem Auto in den Urlaub, (weil) sie möglichst bald ihren Ferienort erreichen wollen. (Kausalsatz)
- Auf die Autobahnen strömen so viele Autos, (dass) es vor allem an den Hauptverkehrspunkten zu langen Staus kommt. (Konsekutivsatz)
- Die Lage verschärft sich dadurch, (dass) es auf den Straßen im Sommer viele Baustellen gibt. (Modalsatz)
- (Bevor) der Urlaub überhaupt Entspannung bescheren kann, bedeutet die Anreise viel Stress. (Temporalsatz)
- (Obwohl) die Menschen von dem Problem wissen, wiederholt sich das Verkehrschaos jedes Jahr. (Konzessivsatz)
- (Während) Tausende von Urlaubern Staus in Kauf nehmen, entscheiden sich viele für die Reise mit der Bahn. (Adversativsatz)
- (Wo) sie ihren Sommerurlaub verbringen, legen viele bereits im Winter fest. (Lokalsatz)
- (Damit) ihre Kunden sich entspannen können, haben Reiseveranstalter eine bunte Vielzahl von Angeboten im Programm. (Finalsatz)
- Eine Flugreise bietet sich geradezu an, (falls) man andere Kontinente besuchen und ferne Länder und Kulturen erkunden möchte. (Konditionalsatz)
- Häufig ist der Urlaubsort dann ganz anders, (als) man ihn erwartet hat. (Komparativsatz)

Der Smutje
Da es Gefrierschränke und attraktive Fertiggerichte gibt, könnten moderne Schiffe mit ihren immer kleiner werdenden Besatzungen auf den Smutje, den Schiffskoch, eigentlich verzichten. Jeder an Bord könnte sich nach Appetit und Laune selbst bedienen, **sodass für die Verpflegung der Mannschaft gesorgt und jeder zufriedengestellt wäre**.
Ohne Smutje auszulaufen wäre aber ein großer Fehler, sagen einhellig alle Experten, **die sich mit dem Aufgabenbereich des Smutjes befassen mussten**. Der Koch brutzelt nämlich nicht nur die Mahlzeiten, sondern ist zugleich eine wichtige Vertrauensperson an Bord. Seine Kombüse, **wo sich jeder einfindet**, ist Treffpunkt für alle. Der Smutje spricht mit allen, er kann ihnen zuhören und ihre Sorgen verstehen, **sodass er viel mehr als ein Koch ist**: Er ist die Seele des Schiffes.

Komplexe Satzgefüge

Reihenfolge: b) – a) – c)

- Das gelb angestrichene Haus in der Lessingstraße, das damals, als wir es zum ersten Mal sahen, noch ein Jugendzentrum beherbergt hatte, wurde gestern abgerissen.

```
_____ ,                                            _____ .
    Hauptsatz                                                    Hauptsatz

           ~~~~~~~~~~~~ ,    ~~~~~~~~~~~~ ,
        Nebensatz 1. Ordnung    Nebensatz 1. Ordnung

                ~~~~~~~~~~~~ ,
            Nebensatz 2. Ordnung
```

- Wenn du denkst, dass du denkst, dann denkst du nur, dass du denkst.

```
                    _____ ,
                        Hauptsatz

    ~~~~~~~~~~~~ ,                                    ~~~~~~~~~~~~ .
Nebensatz 1. Ordnung                               Nebensatz 1. Ordnung

            ~~~~~~~~~~~~ ,
        Nebensatz 2. Ordnung
```

- Ich erinnere mich gerne an die letzten Sommerferien, als wir gemeinsam mit Jonas und Paula, mit deren komfortablem Wohnmobil wir unterwegs waren, im sonnigen Spanien Urlaub gemacht haben.

—————————————— ,
  Hauptsatz

~~~~~~~~~~~~~~~~~~ ,　　　　　　　　　　　　　　　　~~~~~~~~~~~~~~~~~~ .
Nebensatz 1. Ordnung　　　　　　　　　　　　　　　Nebensatz 1. Ordnung

~~~~~~~~~~~~~~~~~~ ,
Nebensatz 2. Ordnung

- Anstatt dass du sagst, was du dir als Geschenk zu deinem Geburtstag wünschst, müssen wir nun selbst überlegen, was dir wohl am besten gefällt.

—————————————— ,
  Hauptsatz

~~~~~~~~~~~~~~~~~~ ,　　　　　　　　　　　　　　　　~~~~~~~~~~~~~~~~~~ .
Nebensatz 1. Ordnung　　　　　　　　　　　　　　　Nebensatz 1. Ordnung

~~~~~~~~~~~~~~~~~~ ,
Nebensatz 2. Ordnung

Seite 100 **3**
- Wir hatten nicht erwartet, dass das Unfassbare geschah, während wir tief und fest schliefen.
- Ich spiele in einer Band, mit der ich jeden Dienstag übe, obwohl ich dienstags eigentlich zum Tennistraining gehen sollte.
- Herr Meier grüßt Frau Müller freundlich, während sie nur nickt, da sie einen schweren Einkaufskorb trägt, der mit Obst und Milchflaschen gefüllt ist.
- Wenn morgen ein Fußballspiel stattfindet, bei dem die deutsche Nationalmannschaft gegen die USA spielt, wird in den Staaten kaum jemand das Spiel im Fernsehen verfolgen, da dort Football beliebter ist.
- Luis geht in die neunte Klasse, zu der noch 25 andere Schülerinnen und Schüler gehören, von denen er der beste Sportler ist.

Seite 101 **4**
Dies ist eine mögliche Lösung:

Der Einfluss der Griechen und Römer
Gelehrte Frauen und Männer, deren Meinung sehr anerkannt ist, haben sich jahrzehntelang darüber gestritten, ob Europa den Römern oder den Griechen mehr zu verdanken habe. *Während die Römer im Rahmen ihrer Eroberungszüge technische und kulturelle Neuerungen auf dem gesamten Kontinent bekannt machten, setzten die Griechen in Kunst*
5 *und Literatur Maßstäbe, die auch heute noch gelten.*
Forscher untersuchen in mühevoller Arbeit die griechischen und lateinischen Sprachspuren in den indoeuropäischen Sprachen. Wenn man *diese* Sprachspuren als Hinweis für den kulturellen Einfluss *beider Völker* nimmt, lässt sich gar nicht bestreiten, dass sie die Geschichte Europas gleichermaßen geprägt haben. *Entsprechende Studien beweisen*, dass
10 es in fast allen europäischen Sprachen ähnliche Wörter für „Politik" und „Demokratie", für „Geometrie" und „Theater" gibt. *Dies* ist jedoch zunächst auf die Griechen zurückzuführen; aber ohne die Römer wäre vielleicht vieles, wofür diese Begriffe stehen, in Vergessenheit geraten *und wäre heute nicht Allgemeingut; ihre militärische Macht hatte also auch positive Folgen.*
15 *Über den griechischen* Dichter Homer (8. Jh. v. Chr.) *ist nur wenig bekannt.* Als *er* seine berühmten Epen „Ilias" und „Odyssee" schrieb, die den Trojanischen Krieg und das Schicksal des Odysseus besingen, wurde die Stadt Rom gerade gegründet. *Ihr Gründungsjahr gibt* die Sage mit 753 v.Chr. an. Man errichtete die Stadt auf sieben Hügeln, damit man die Schlammmassen im Tal umgehen konnte.
20 Mit all ihrer *beachtlichen* Gelehrsamkeit konnten die Griechen der entstehenden Vormachtstellung der Römer nur wenig entgegensetzen, obwohl sie irgendwie auch Sieger blieben.

Die Römer *wollten nämlich* von den Griechen lernen und ihre Kultur übernehmen, *weil sie ihre Weisheit schätzten.* Viele bedeutende Römer sprachen nicht nur vollendetes Griechisch, sondern übersetzten auch viele Werke der griechischen Philosophie und Redekunst
25 in das Lateinische. Diese und andere Bücher über Landwirtschaft, Geografie oder Dichtkunst wurden durch Vermittlung der Römer zur Grundlage der Bildung in Europa.

Rechtschreibung üben

Groß- und Kleinschreibung – Nominalisierung/Substantivierung

Seite 102 **1**
- Der Radiosender versprach, die Hörer über den Spielstand auf <u>dem Laufenden</u> zu halten.
  Das laufende Spiel musste wegen starken Regens für eine Stunde unterbrochen werden.

- Wegen des schönen Wetters machen viele Menschen einen Ausflug <u>ins Grüne</u>.
  Während die Polizisten früher grüne Uniformen trugen, sind diese inzwischen durch blaue ersetzt worden.

- Der Sportverein sucht schon lange nach Trainingsräumen. Ein Vertreter der Stadt sagte heute, dass <u>etwas Geeignetes</u> gefunden wurde.
  Bei dem Sporteignungstest müssen leider viele feststellen, dass sie nicht geeignet sind.

- Durch den starken Seegang waren viele Passagiere nach kurzer Zeit blau und grün im Gesicht.
  Durch <u>das</u> helle <u>Grün</u> und <u>Blau</u> kommt der Stoff besonders gut zur Geltung.

- Im Zoo sollten die Besucher nicht das Raubtiergehege betreten.
  <u>Das Betreten</u> der Eisfläche ist gefährlich.

Seite 103 **2**
- <u>Fürs Erste</u> unterbrach die Polizei die Suche nach dem Entführer.
  Das erste Haus in der Straße ist die Hauptpost.

- Der Läufer lief als <u>Vierter</u> ins Ziel.
  Er belegte damit den vierten Platz.

- Wir verabredeten uns für den zehnten Mai.
  Wir sehen uns <u>am Zehnten</u> des nächsten Monats.

Seite 103 **3**
- Um zu bestehen, muss er mindestens <u>eine Vier</u> in der Arbeit schreiben.
  Das Quartett, das zur Eröffnung spielte, bestand aus vier Streichern.

- Die Eltern verlangen, dass die Kinder <u>ohne Wenn</u> und <u>Aber</u> mit zum Besuch bei den Verwandten fahren.
  Einige Insekten sind völlig harmlos, wenn sie aber gereizt werden, können sie sehr aggressiv werden und stechen.

- Der Redner versuchte <u>im Folgenden</u>, die Vorteile anschaulich aufzuzeigen.
  In den auf das Gewitter folgenden Minuten verließ aus Sorge vor weiteren Unwettern niemand das Haus.

- Nachdem der Ball mehrfach hin und her geschossen wurde, landete er schließlich doch im Tor.
  Der Verkäufer blieb bei <u>dem</u> ewigen <u>Hin</u> und <u>Her</u> der Kundin immer noch sehr geduldig.

- Das Ferienhaus muss einige Wochen <u>im Voraus</u> bezahlt werden.
  In der Regel fährt der Rettungswagen dem Notarztwagen voraus.

- Am Ende waren die Veranstalter der Meinung, dass <u>dem Ganzen</u> zu viel Aufmerksamkeit beigemessen wurde.
  Am Ende der Veranstaltung waren die Organisatoren der Meinung, dass sich der ganze Aufwand gelohnt hatte.

- Die Arbeit nahm wesentlich mehr Zeit in Anspruch, als ursprünglich erwartet worden war.
  <u>Im Wesentlichen</u> sind auf der Konferenz die erhofften Ziele festgelegt worden.

- Wir müssen <u>das Für</u> und <u>Wider</u> einer Skifreizeit genau abwägen.
  In der Klasse sprachen einige Schüler für, andere wider die Skifreizeit.

s-Laute

Seite 104 **1** Sylvia Englert (geb. 1970)
Schreib's doch einfach auf!

Sich große Mengen von Informationen zu merken fällt nicht leicht – die Lösung ist, sie schriftlich aufzuzeichnen. Erste Schreibversuche finden sich schon auf den Wänden von Höhlen, in denen die Vorfahren des Homo sapiens hausten. Als die „Indianer" Amerika besiedelten, benutzten sie als Gedächtnisstütze für ihre überlieferten Geschichten comicartige Folgen von kleinen Bildsymbolen (Piktogramme), die sie auf Birkenrinde zeichneten. In Ägypten schrieb man mit Pinseln und Ruß-Tinte auf Papyrus, in Mesopotamien drückte man ein spitzes Stöckchen in Tontafeln und hatte dafür schon eine abstrakte Schriftsprache erfunden, die Keilschrift. Im alten Rom benutzte man, wenn's schnell gehen sollte, Wachstäfelchen.

In Rom konnten sich die Bürger übrigens schon sehr früh über Tagesereignisse informieren: Die sogenannte „Acta Diurna", eine Art frühe Zeitung, wurde an öffentlichen Plätzen ausgehängt. Allerdings war sie eine eher langweilige Lektüre, etwa so wie das „Amtsblatt" heute. Zu den echten Vorläufern der heutigen Presse zählten die privaten Briefe von Händlern, Professoren und Fürsten; Kaufleute waren eine Art wandelnde Nachrichtenquelle. Auch Flugblätter gab es, auf denen aber meist nur eine Nachricht verkündet wurde.

Die gesprochene Sprache aufzuschreiben stellte sich als gute Idee heraus, denn nun konnte man sie auch transportieren. Jetzt war es möglich, sich über weite Strecken mitzuteilen: In Ägypten verbreiteten kleine Tontäfelchen die Nachricht von der Krönung des Pharao Ramses II. Julius Caesar nutzte Botentauben, um Gallien unter Kontrolle zu halten. In Afrika und Südamerika benutzen manche Völker heute noch die „Nachrichtentrommel": Mit ihr kann man sich in unübersichtlichem Gelände über mehrere Kilometer Entfernung die neuesten Ereignisse mitteilen.

Wer schreiben konnte, hatte Macht – das war damals in allen Ländern so. Oft beherrschten nur Priester diese schwierige Kunst, und auch in Mitteleuropa waren es die Mönche, die als Gelehrte Wissen bewahrten. In Ägypten waren Schreiber hochgeschätzte Fachleute, die wegen der vielen komplizierten Symbole eine lange Ausbildung in ihrem Beruf brauchten. Im Auftrag des Pharao produzierten sie fleißig Gerichtsprotokolle, Briefe, Rechnungen und Verträge.

Obwohl das Wort „Papier" von der ägyptischen Pflanze Papyrus abgeleitet ist, wurde das, was wir heute als Papier kennen, in China erfunden und verbreitete sich erst im 13. Jahrhundert in Mitteleuropa. Zu dieser Zeit konnten die meisten Deutschen, bis hin zum Adel, nicht lesen und schreiben. Sogar viele Könige unterschrieben mit einem Kreuz. Also übermittelte man Informationen mithilfe von Bildern: Wer die Bibel nicht lesen konnte, der schaute sich die Bilder in den Kirchenfenstern oder Wandmalereien an und reimte sich so die Geschichte der Kreuzigung zusammen. Deutsch lesen zu können nützte lange Zeit auch nicht gerade viel: In Deutschland waren die meisten Texte bis zum 15. Jahrhundert lateinisch geschrieben.

(2002)

Seite 105 2 hindern: Hindernis, Hindernisse
erleben: Erlebnis, Erlebnisse
verhängen: Verhängnis, Verhängnisse
sich ereignen: Ereignis, Ereignisse
geheim: Geheimnis, Geheimnisse
finster: Finsternis, Finsternisse
wild: Wildnis, Wildnisse

Zusammen- und Getrenntschreibung

Grundregeln

Seite 107 1
- Wenn du um 14.00 Uhr **zurück bist** 5, haben wir noch genügend Zeit für ein Beratungsgespräch.
- Weil Pauline im Urlaub sehr viel **Fahrrad fahren** 2 will, bringt sie ihr Rad zum Händler, um es kontrollieren zu lassen.
- Vor nahezu 3 000 Jahren begannen die Griechen damit, Theaterstücke **aufzuschreiben** 1.1 und auf speziellen Bühnen **aufzuführen** 1.1.
- Die **Stahl erzeugende/stahlerzeugende** 3 Industrie gehört in China zu den Wachstumsbranchen.
- Es ist nicht ratsam, von dem Mauervorsprung **herunterzuspringen** 1.1.
- Solltest du mich noch einmal einfach so **stehen lassen/stehenlassen** 7, kündige ich dir die Freundschaft auf.
- Adjektive und Adverbien werden **kleingeschrieben** 9.
- In welchem Alter hast du **lesen gelernt** 6?
- Schülerinnen und Schüler, die am Wandertag **eislaufen** 4 oder **Ski fahren** 2 wollen, müssen sich in eine gesonderte Liste eintragen.
- Jule ist es nicht **schwergefallen** 9, sich bei ihrem Freund zu entschuldigen.
- Paul ist bei dem Wettkampf leider **schwer gestürzt** 8.
- Auf eine definitive Aussage ließ er sich nicht **festnageln** 9.
- Das Schnitzel war so groß, dass er seinen Teller nicht **leeressen/leer essen** 10 konnte.
- Darüber sollten wir uns noch einmal **auseinandersetzen** 1, um die Sachlage abschließend **zu klären** 1.2.

Seite 108 2
- **Fleisch fressende/fleischfressende** Pflanzen wachsen in den Tropen, einige Sorten gibt es jedoch auch in unseren Regionen zu kaufen.
- Mit einem Spezialschwamm kannst du dein Fahrradgestänge **blank putzen/blankputzen**.
- Der Ätna gehört zu den Vulkanen, die immer wieder **Feuer speien**.
- Das, was sie gemacht hat, sollte ihr **leidtun**.
- Wenn du zu lange ungeschützt in der Sonne **liegen bleibst**, kannst du deine Haut dauerhaft schädigen.
- In ca. einer Stunde werde ich mit den Hausaufgaben **fertig sein**, dann können wir **Eis essen**.
- Wenn du bei einem Referat **frei sprichst**, ist dir die Aufmerksamkeit des Publikums eher gewiss, als wenn du alles abliest.
- Wenn alles **vorbei ist**, werde ich ein paar Tage ausspannen.
- Im klassischen Griechenland saßen die Zuschauer auf **ansteigenden** Stufen, die das Bühnenhaus im Halbrund **umschlossen**.
- Das Gerät ließ sich nur sehr schwer **handhaben**, deshalb beschloss sie, es **zurückzugeben**.
- Marta hatte im Urlaub einen netten Jungen aus Griechenland **kennengelernt/kennen gelernt**, deshalb wäre sie gern noch eine Woche länger geblieben.
- Seine Eltern haben ihm verboten, so lange **fernzusehen**.
- Wiederholt versuchte er, ihr Vertrauen **wiederzugewinnen**.

Verbindungen mit der Partikel *so*

Seite 109 **1**

- Die Sache liegt mir **so fern** $\boxed{A}$, dass ich mich damit gar nicht beschäftigen möchte.

- **Sofern** $\boxed{K}$ mein Taschengeld es zulässt, komme ich mit ins Kino.

- Er wird, **soweit** $\boxed{K}$ ich weiß, **so bald** $\boxed{A}$ nicht wieder mitspielen können.

- Kannst du nicht **so lange** $\boxed{A}$ warten, bis dein Mitschüler die Arbeit beendet hat?

- Ich werde bei dir bleiben, **solange** $\boxed{K}$ es dir nicht gut geht.

- Paul aß **so viel** $\boxed{A}$, dass er zu platzen drohte.

- Er arbeitete stundenlang, **sodass** $\boxed{K}$ er Kopfschmerzen bekam.

- Unser Mittelstürmer ist, **soviel** $\boxed{K}$ ich weiß, am Samstag wieder einsatzbereit.

- Er bemühte sich **so sehr** $\boxed{A}$, dass er rot anlief.

- Er wird, **sosehr** $\boxed{K}$ es mich freuen würde, die Prüfung nicht bestehen.

Texte zum Üben

Seite 110 **1** **Welche Religion hatten die alten Griechen?**

Im antiken Griechenland wurden Götter verehrt, die angeblich auf dem Berg Olymp wohnten. Man brachte ihnen viele Opfer, um sie **gnädig zu stimmen** und um das Wohlergehen des Staates **zu sichern**. Die Götter waren allmächtig(,) und für einen Sterblichen gab es keine größere Sünde als den Hochmut, sich auf die gleiche Stufe wie die Götter **zu stellen** (Hybris). Da die Zukunft in den Händen der Götter lag, konnten sie auch **voraussagen**, was den Menschen **bevorstand**. Um die Zukunft **zu erfahren**, befragte man Orakel. Das berühmteste Orakel befand sich in Delphi. Im Zentrum des Tempels gab es eine Öffnung, aus der manchmal vulkanische Dämpfe **aufstiegen**. Alles, was die inmitten dieser Dämpfe sitzende Priesterin sagte, hielt man für die Worte des Gottes Apoll.

Was berichtet die Sage vom Minotaurus?

Eine interessante kretische Sage rankt sich um den **sogenannten/so genannten** Minotaurus, einen Königssohn, der halb Stier, halb Mensch war. Aus Scham hielt der König Minos ihn in einem unterirdischen Labyrinth versteckt, das der erfinderische Dädalus unter dem Palast des Königs gebaut hatte. Die Bezeichnung Labyrinth ist **abgeleitet** von „labrys", einer doppelschneidigen Axt, die zwei Hörner hatte, genau wie die Stiere, die damals **so oft** den Göttern geopfert wurden, um diese gnädig **zu stimmen**. Überall auf Kreta stößt man auf das Hörnermotiv(,) und selbst die Zinnen des Palastes haben diese Form. Manchmal konnte man das Monstrum in dem unterirdischen Labyrinth brüllen und gegen die Wände **rennen hören**, **sofern** man der Sage **Glauben schenkt**. Wahrscheinlich versuchte man, auf diese Weise das Grollen und die Erdstöße der bei den Inselbewohnern so gefürchteten Erdbeben **zu erklären**.

Wie wurden die Mumien im alten Ägypten konserviert?

Im alten Ägypten wurden die Körper wichtiger Personen nach ihrem Tod **einbalsamiert** (mumifiziert), um ihnen ein Leben nach dem Tod **zu ermöglichen**. Die meisten Organe wurden entfernt, **sodass/so dass** der Verwesungsprozess nicht beginnen konnte. **Sobald** dieses geschehen war, wurde die Leiche mit aromatischen Desinfektionsmitteln **abgerieben**. Dann wurde sie von Kopf bis Fuß in **wohlriechende** Tücher gehüllt und in einen prunkvollen Sarkophag (Sarg) gelegt.

Als Grabstätten für die damaligen Könige dienten die Pyramiden. Der ägyptischen Religion zufolge reichte es jedoch nicht aus, den Körper **zu erhalten**, auch ein langwieriges Ritual musste **ausgeführt** werden, damit wirklich **sichergestellt** war, dass der Tote in der anderen Welt **weiterleben** würde.

Seite 111 **2** Individuelle Lösung

35

Rechtschreibung – Fremdwörter

Seite 112 **1**

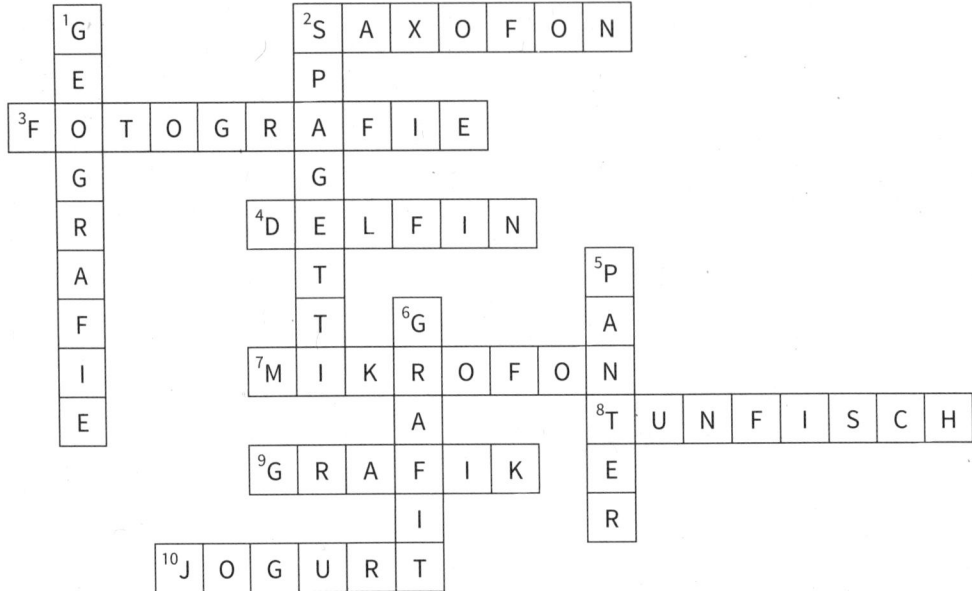

Seite 112 **2**

Sport/Freizeit	Technik	Essen/Trinken
Hobby	Smartphone	Cheeseburger
Inlineskates	Handy	Steak
Fitness	Software	Cocktail
Basketball	Laser	Ketchup
Hockey	online	Fast Food
Rugby	Monitor	Toast
Badminton	Laptop	Dinner

Seite 113 **3**

Fremdwort	Bedeutung	Genus	Herkunft
Revisor	Korrektor; Buch-, Rechnungsprüfer	Mask.	nicht verzeichnet
Revolution	Umsturz, Umwälzung	Fem.	nicht verzeichnet
Rezept	Kochanleitung; ärztl. Verordnung; übertragen: Vorschlag zum Vorgehen, zum Handeln	Neutr.	lat.
Rezitation	künstlerischer Vortrag (von Gedichten u. Ä.)	Fem.	lat.
Revitalisierung	Erholung nach einer Krankheit	Fem.	nicht verzeichnet
Revue	frz. Bezeichnung für Überblick, Rundschau; Bühnenstück mit Musik, Tanz und großer Ausstattung; veraltet: Truppenschau; Revue passieren lassen; übertr.: (im Geist) an sich vorbeiziehen lassen	Fem.	franz.

Fremdwort	Bedeutung	Genus	Herkunft
Rezeption	Übernahme, Aufnahme, Empfang; Empfangsraum (im Hotel)	Fem.	lat.
Rezension	kritische Besprechung (neuer Bücher, Theateraufführungen, Filme usw.); Bearbeitung eines Textes (zur Neuausgabe)	Fem.	nicht verzeichnet
Revolte	Aufruhr, Aufstand	Fem.	franz.

D	F	R	H	L	O	P	Ä	G	T	D	V	H	K	L	O
A	Q	E	G	U	K	L	Ö	P	D	F	R	T	H	N	M
R	E	V	I	S	O	R	S	D	R	T	Z	H	N	V	F
W	E	U	S	R	E	T	H	N	M	K	L	U	I	M	L
S	D	E	D	E	W	A	C	B	H	U	I	O	L	Ö	G
F	R	D	R	D	D	R	V	D	W	E	T	U	I	K	L
G	E	G	E	G	F	E	G	D	E	S	B	M	L	Ö	D
U	V	B	Z	R	E	V	O	L	U	T	I	O	N	Ä	R
F	I	N	E	B	S	O	E	G	B	N	U	R	D	E	R
R	T	J	P	F	E	L	S	D	R	T	H	E	K	L	E
O	A	I	T	G	V	V	S	E	G	F	T	Z	H	U	V
Z	L	U	I	H	I	E	C	E	S	D	F	E	H	J	O
E	I	K	O	J	R	E	Z	E	P	T	G	N	C	V	L
N	S	N	N	D	N	D	B	N	K	L	Ö	S	T	D	T
S	I	K	K	V	F	Z	B	N	K	L	Ö	I	W	E	E
I	E	L	H	R	E	Z	I	T	A	T	I	O	N	D	B
O	R	Ö	K	N	D	W	E	R	T	Z	H	N	V	E	H
N	U	T	L	M	S	X	E	D	G	B	J	L	P	T	D
T	N	D	H	D	E	A	D	G	T	R	U	I	P	I	O
D	G	E	N	S	T	D	G	T	H	K	L	Ö	P	T	N

Seite 115   4   Alliteration – Anapher – Ellipse – Antithese – Metapher – Parallelismus – Personifikation – Symbol

Die Zeichensetzung

Kommasetzung bei Satzreihen

Seite 116 **1** **Mit der Schule in Ungarn**

- In diesem Schuljahr habe ich am Austauschprogramm meiner Schule teilgenommen, meine Austauschgruppe ist dabei nach Ungarn gefahren. (Regelnr.: **1**)

- Das war mein erster Besuch in Ungarn, aber es wird bestimmt nicht mein letzter Besuch gewesen sein. (Regelnr.: **2**)

- Ganz besonders erfreut waren wir alle von der außergewöhnlichen Herzlichkeit unserer Gastgeber(,) und auch von der Schönheit des Landes waren wir immer wieder angetan. (Regelnr.: **3**)

- Jeder Tag bot eine neue Überraschung und ein neues Ausflugsziel, doch die Besuche in den Thermalbädern waren die Höhepunkte der Fahrt. (Regelnr.: **2**)

- Mitten in wunderschönen Landschaften gelegen sprudelt warmes Wasser aus dem Boden(,) und man kann sich einfach in die Becken legen und das warme Wasser und die Landschaft gleichzeitig genießen. (Regelnr.: **3**)

- Alle Schüler waren beim Abschied auf dem Bahnhof sehr traurig, aber zum Glück gibt es noch einen Gegenbesuch unserer neu gewonnenen Freunde aus Ungarn. (Regelnr.: **2**)

Kommasetzung in einfachen Satzgefügen

Seite 117 **1** **Abenteuerlicher Flug nach Schweden**

- Schon die Fahrt mit dem Bus von Paderborn zum Flughafen am Niederrhein war außergewöhnlich, da der Busfahrer sich nicht auf das Navigationsgerät, sondern auf seinen angeblichen Orientierungssinn verließ.

- Am Ende kostete uns dies wenigstens eine Dreiviertelstunde Verspätung, die ziemlich nervenaufreibend war.

- Hätten wir allerdings zu dem Zeitpunkt gewusst, was uns noch bevorstand, hätten wir wohl nichts gesagt.

- Weil der Flughafen recht übersichtlich war, lief nach Ankunft am Flugschalter alles glatt(,) und wir saßen alle glücklich und zufrieden auf unseren Sitzen.

- Dem einen oder anderen Schüler wurden dann zwar doch die Knie weich, als der Flieger abhob, aber dann waren wir in der Luft und freuten uns auf einen gemütlichen Flug.

- Der Abend nahte(,) und man konnte nur noch die Lichter der Städte erkennen.

- Bald machte sich die Aufregung der Hinfahrt bemerkbar(,) und immer mehr Schüler schliefen ein, auch wenn die Sitze nicht sehr bequem waren.

- So bemerkten wir auch nicht, dass der Pilot irgendwann die Richtung änderte und wieder heimatlichen Kurs nahm.

- Entsprechend groß war die Verwunderung, als wir dann in den Landeanflug übergingen, aber nicht in Schweden, sondern wieder am Niederrhein landeten.

- Wegen technischer Probleme war der Pilot, der noch neu in seinem Beruf war, auf Nummer sicher gegangen und umgekehrt.

- So mussten wir erst eine ganze Zeit warten, bis ein neuer Flug gestartet werden konnte.

Kommasetzung in komplexen Satzgefügen

Seite 118 **1**
- Die Unterkunft, die wir gebucht hatten, bevor wir losfuhren, erwies sich als katastrophal.
- Um das Hotel, das mitten in der Stadt lag, die von vielen Menschen besucht wird, führte eine Hauptstraße.
- Viele Autofahrer, die auf der Hauptstraße fuhren, um in die Stadt zu gelangen, hupten unaufhörlich.
- Wir waren entsetzt, als wir merkten, dass wir auch nachts keine Ruhe finden würden.
- Obwohl unser Zimmer, das sich entgegen unseren Wünschen im Erdgeschoss befand, zum Hinterhof lag, drang der Lärm hinein.
- Weil wir nicht wollten, dass wir keine Nacht Ruhe fanden, baten wir die Reiseleitung um ein Zimmer in einem anderen Hotel.
- Weil jedoch kein Zimmer frei war, das unserer Preisvorstellung entsprach, mussten wir noch zwei Tage in dem Lärm ausharren.

Seite 118 **2**
- Weil die Hinfahrt, die über zehn Stunden dauerte, sehr anstrengend war, schliefen wir direkt nach der Ankunft erst einmal zwei Stunden.
- Obwohl es sehr heiß war, weil es Mittag war und die Sonne schien, schliefen wir tief und fest.
- Danach gingen wir, um uns das Meer anzuschauen, das nur wenige Schritte vom Hotel entfernt lag, an den Strand.
- Weil wir unsere Badebekleidung, die noch im unausgepackten Koffer lag, nicht mitgenommen hatten, konnten wir nicht sofort schwimmen gehen.
- In den nächsten Tagen, die voller Sonnenschein waren, wie auch der Wetterbericht vorhergesagt hatte, gingen wir mit großer Freude ins Wasser.

Kommasetzung bei Infinitivgruppen

Seite 119 **1** **Eine anstrengende Busfahrt**
- Auch die Möglichkeit, sich entspannt hinzusetzen, war nicht immer gegeben.
- So baten schon bald die ersten Schülerinnen und Schüler darum, eine Pause zu machen.
- Der Busfahrer musste daran denken, seine vorgeschriebenen Ruhezeiten einzuhalten.
- So schnell kam es also nicht infrage, eine Rast zu machen.
- Zum Glück hatten mehrere Schüler daran gedacht, eine DVD mitzunehmen.
- Nach längeren Diskussionen gelang es, sich auf einen Film zu einigen.
- Der Film half den Schülerinnen und Schülern dabei, sich über die Unbequemlichkeiten hinwegzutrösten.
- So waren alle darüber erstaunt, vom Busfahrer zu hören, dass die langersehnte Pause anstehe.
- Ohne nach dem Zeitpunkt der Weiterfahrt zu fragen, stürmten alle in die Raststätte.
- Der Anblick des Fast-Food-Restaurants verleitete viele Schülerinnen und Schüler dazu, sich dort erst einmal zu verköstigen.

- Die Lehrer hatten alle Mühe $\boxed{\text{damit}}$, die Schüler wieder in den Bus zu bekommen.
- Nach einer langen Fahrt freuten wir uns $\boxed{\text{darüber}}$, am Ziel zu sein.
- Keiner mochte zu dem Zeitpunkt $\boxed{\text{daran}}$ denken, sich wieder auf den Heimweg machen zu müssen.

Texte zum Üben

Seite 120 **1**

Suzanne Collins: Die Tribute von Panem – Tödliche Spiele

Als Katniss erfährt, dass das Los auf ihre kleine Schwester Prim gefallen ist, zögert sie keinen Moment. Um Prim zu schützen, meldet sie sich an ihrer Stelle für die alljährlich stattfindenden Spiele von Panem – in dem sicheren Wissen, damit ihr eigenes Todesurteil unterschrieben zu haben. Denn von den 24 Kandidaten darf nur ein einziger überleben. Zusammen mit Peeta, einem Jungen aus ihrem Distrikt, wird Katniss in die Arena geschickt, um sich dem Kampf zu stellen. Beiden ist klar, dass sie sich früher oder später als Feinde gegenüberstehen werden. Doch dann rettet Peeta Katniss das Leben …

Suzanne Collins: Die Tribute von Panem – Gefährliche Liebe

Seitdem Katniss und Peeta sich geweigert haben(,) einander in der Arena zu töten, werden sie vom Kapitol als Liebespaar durch das ganze Land geschickt. Doch da ist auch noch Gale, der Jugendfreund von Katniss. Und mit einem Mal weiß sie nicht mehr, was sie wirklich fühlt oder fühlen darf. Als immer mehr Menschen in ihr und Peeta ein Symbol des Widerstands sehen, geraten sie alle in große Gefahr. Und Katniss muss sich entscheiden – zwischen Peeta und Gale, zwischen Freiheit und Sicherheit, zwischen Leben und Tod …

Suzanne Collins: Die Tribute von Panem – Flammender Zorn

Möge das Gute siegen! Möge die Liebe siegen! Das grandiose Finale! Katniss gegen das Kapitol! Schwer verletzt wurde Katniss von den Rebellen befreit und in Distrikt 13 gebracht. Doch ihre einzige Sorge gilt Peeta, der dem Kapitol in die Hände gefallen ist. Die Regierung setzt alles daran, seinen Willen zu brechen, um ihn als Waffe gegen die Rebellen einsetzen zu können. Gale hingegen kämpft weiterhin an der Seite der Aufständischen, und das, zu Katniss' Schrecken, ohne Rücksicht auf Verluste. Als sie merkt, dass auch die Rebellen versuchen(,) sie für ihre Ziele zu missbrauchen(,) wird ihr klar, dass sie alle nur Figuren in einem perfiden Spiel sind. Es scheint ihr fast unmöglich, die zu schützen, die sie liebt …

Seite 121 **2**

David Kleingers

„The Hunger Games": „Twilight" ausgedämmert – jetzt kommen die Teen-Gladiatoren

Brot, Spiele, Sponsorenverträge: Im Endzeit-Spektakel „Hunger Games" kämpfen Pubertie-rende als Gladiatoren in Unterhaltungs-Shows.

Dieses Mädchen ist nicht aus Freude an der Natur im Wald unterwegs. Routiniert holt sie zunächst Pfeil und Bogen hervor, die in einem hohlen Baumstamm versteckt sind. Kurz

5 darauf entdeckt sie ein Reh, nimmt es ins Visier und wartet auf den Moment für den Schuss. Der kommt in diesem Fall zwar nicht, aber wenn Hollywoods Nachwuchshoffnung Jennifer Lawrence als Katniss Everdeen in einer der ersten Szenen auf das Tier zielt, dann offenbart ihr Gesicht mehr als die Entschlossenheit einer Jägerin. In ihrem Blick findet sich eine Ahnung davon, was der Akt des Tötens jenseits der Nahrungsbeschaffung bedeutet

10 – gerade als Teenager in einem diktatorischen Zukunftsstaat, der bei der Hatz zwischen Rehen und Menschen keinen Unterschied macht.

Zugleich liegt ein Versprechen in diesem Blick, welches die Verfilmung von Suzanne Collins' Bestseller im weiteren Verlauf einlöst. Denn sie ist viel besser, als sie sein müsste. Schließlich war es angesichts des immensen kommerziellen Erfolgs der Vorlage eigentlich

15 nur eine Formsache, dass Hollywood sich des 2008 veröffentlichten Romans annimmt.

„The Hunger Games" – in Deutschland als „Die Tribute von Panem" erschienen – ist ein

Buch, das man mit 14 Jahren heiß und innig liebt. Es ist aber auch eines, das man als Leser jenseits der 30 nicht verschämt verstecken muss […].

Aus: SPIEGEL online, 16.3.2012, Hamburg

Hilde Elisabeth Menzel
Ich bin nicht nett

Da fasst ein junger australischer Autor den Entschluss, seinen neuen Roman in Deutschland während der NS-Zeit anzusiedeln, und in kürzester Zeit steht sein Buch auf den internationalen Bestsellerlisten. Ein Phänomen! Denn mehr als sechzig Jahre nach Kriegsende sind die Verbrechen der Nazis so umfangreich dokumentiert, wurde von den
5 Leiden der Menschen so oft erzählt, dass man den Mut bewundert, dem überfüllten Markt ein weiteres Buch zu diesem Thema zuzumuten. Doch mit dem Kunstgriff, den Tod als Erzähler auftreten zu lassen, ist Markus Zusak eine aufregende Variante gelungen. Der Wechsel der Perspektive scheint sich auszuzahlen. Und es ist ein ganz besonderer Tod, ein humaner Tod sozusagen, der mit seinem ironischen, ja gelegentlich sarkastischen
10 Ton Distanz schafft zum ungeheuerlichen Geschehen, sodass man die stellenweise allzu große Intensität der Sprache und ein gewisses Pathos gut verkraften kann. […]
Es ist ein kleines Mädchen, Liesel, das dem Tod in einer Zeit am Herzen liegt, in der er über die Maßen viel zu tun hat. „Es ist die Geschichte von einer beständig Überlebenden – von einer Expertin im Zurückbleiben."
15 Liesel bleibt zurück, als ihr kleiner Bruder auf der Fahrt nach Süddeutschland stirbt und ihre Mutter – wie zuvor schon der Vater – für immer aus ihrem Leben verschwindet. Hier – am Grab ihres Bruders – beginnt Liesels „Karriere als Bücherdiebin". Sie nimmt sich ein Buch als Ausgleich zum Verlust all dessen, was ihr vertraut war. Ein seltsamer […] Einfall des Autors, zumal es sich bei dem Buch um das Handbuch für Totengräber handelt.
20 Immerhin bringt ihr der liebevolle Pflegevater Hans Hubermann in Ermangelung anderer Lektüre mithilfe dieses Buches das Lesen bei. Die Welt der Bücher und der Sprache wird für sie ein unverzichtbarer Trost in dieser finsteren Zeit.
Mit ihren Pflegeeltern in Molching(,) nahe München(,) hat Liesel Glück, obwohl es etwas dauert, bis sie das weiche Herz unter der rauen Schale von Rosa Hubermann erkennt.
25 Dem Leser geht es ähnlich, doch spätestens als Rosa zustimmt, dass ihr Mann den Juden Max Vandenburg im Keller versteckt, hat sie ihn auf seiner Seite. Denn für die Hubermanns bedeutet dies auch eine Entscheidung gegen den eigenen Sohn, der zu ihrem Kummer zum überzeugten Nazi geworden ist.
Die langsam wachsende, tiefe Beziehung zwischen dem Kind Liesel und dem Juden Max
30 gehört zum Besten, was dieser umfangreiche Roman voller Nebenstränge und Anekdoten aus Liesels Leben während des Krieges zu bieten hat. Es ist wunderbar, als Liesel ihrem Max als Weihnachtsgeschenk einen Schneemann in seiner Kellereinsamkeit baut. „Es war der Beginn des großartigsten Weihnachtsfestes überhaupt. Wenig zu essen. Keine Geschenke. Aber im Keller stand ein Schneemann."
35 Zwei Geschichten aus der Kindheit seiner deutschen Mutter waren es, die Markus Zusak zu diesem Roman inspiriert hatten. Zum einen ihre Erinnerung an den blutroten Himmel über dem brennenden München und zum anderen an den Jungen, der einem durch die Straßen getriebenen Juden ein Stück Brot reichte und dafür von einem Soldaten geschlagen wurde.
40 Diese Szene hatte Markus Zusak im Sinn, als er von Hans Hubermanns spontanem und folgenreichem Geschenk für einen der geschundenen Juden auf dem Marsch nach Dachau erzählt. Vielleicht aber war der Junge auch Vorbild für die Figur des mutigen Rudi Steiner, Liesels liebsten Freund, der den schwarzen Leichtathleten Jesse Owens verehrt, was ihn dazu verleitet, sich eines Nachts mit Kohle schwarz anzumalen und auf dem
45 Sportplatz ein einsames 100-Meter-Rennen zu laufen – ein wahrlich tollkühnes Unterfangen in Zeiten tödlichen Rassenhasses. Auch Rudi gilt die Zuneigung des Todes, doch ihn kann oder will er nicht retten. Liesels Überleben genügt ihm.
Die Frage erübrigt sich fast, ob jugendliche Leser mit dem sehr umfangreichen Roman und

seinem stellenweise sarkastischen Ton überfordert sind, da die beiden überaus liebens-
50 werten literarischen Figuren tiefe Betroffenheit auslösen. Die Absicht des Romans, den
Irrsinn des Krieges an den Pranger zu stellen, ist nicht zu überlesen.

Aus: ZEIT online, 19.5.2008, Hamburg

Teste dein Wissen

Schreiben

**Welche Aussagen sind richtig, um mithilfe von Materialien einen Vortrag vorzuberei-
ten? (S. 12)**

☐ Es reicht aus, wenn man das Material einmal liest und dann kurz zusammenfasst, um
welchen Informationsbereich es geht.

☒ Es ist sinnvoll, für jedes Material einen Stichwortzettel anzulegen mit Detailinformationen zu dem Informationsbereich.

☒ Zur Vorbereitung des Vortrags gehört es, die Informationsbereiche, über die man
berichten will, in eine sinnvolle Reihenfolge zu bringen.

☐ Damit die Zuhörenden viel von dem Vortrag lernen können, ist es wichtig, jede Detailinformation aus den Materialien anzuführen.

Kreuze an, welche Aussagen zu einer Folienpräsentation zutreffen (S. 18).

☒ Der Vortrag kann dadurch anschaulicher gestaltet werden, dass man Folien mit einem
entsprechenden Computerprogramm präsentiert.

☐ Die Folien sollten so gestaltet werden, dass möglichst viele Informationen auf ihnen
Platz finden.

☐ Es hilft den Zuhörenden, sich auf die Sache zu konzentrieren, wenn möglichst viele
Animationseffekte in die Präsentation eingebaut werden.

☒ Beim Vortragen ist es wichtig, auch Blickkontakt zu den Zuhörenden aufzunehmen und
die Aussagen mit entsprechenden Gesten zu begleiten.

In der Einleitung zu einer Textanalyse (S. 22)

☒ nennt man Titel, Verfasser bzw. Verfasserin, Textsorte und eventuell das Erscheinungsjahr des Textes.

☒ legt man das Thema bzw. die Problematik des Textes dar.

☐ nennt man die Anzahl der Zeilen bzw. der Seiten, die der Text umfasst.

☒ gibt man einen kurzen Handlungsüberblick.

Welche Erzählformen gibt es? (S. 23)

☒ Eine Er-/Sie-Erzählung.

☐ Eine Wir-Erzählung.

☒ Eine Ich-Erzählung.

**Wird das Geschehen vom Erzähler wie von einem unsichtbaren Beobachter dargelegt
und nur aus der Sicht eines Außenstehenden erzählt, spricht man von (S. 23)**

☒ neutralem Erzählverhalten.

☐ auktorialem Erzählverhalten.

☐ personalem Erzählverhalten.

Kreuze an, in welchem Satz richtig zitiert wird (S. 29).

☐ Der unvermittelte Einstieg „Diese Tussi!" führt den Leser und die Leserin gleich in die Gedankenwelt der Ich-Erzählerin.

☐ Der unvermittelte Einstieg Diese Tussi! (Z. 1) führt den Leser und die Leserin gleich in die Gedankenwelt der Ich-Erzählerin.

☒ Der unvermittelte Einstieg „Diese Tussi!" (Z. 1) führt den Leser und die Leserin gleich in die Gedankenwelt der Ich-Erzälerin.

Die Exposition eines Schauspiels ist (S. 34)

☐ der Höhepunkt der Handlung.

☐ der Schluss der Handlung.

☒ die Einführung in die Handlung.

Bei der Gedichtzeile „Die muntern Vögel, lieberwärmt" handelt es sich um (S. 49)

☐ einen dreihebigen Trochäus.

☐ einen vierhebigen Daktylus.

☒ einen vierhebigen Jambus.

☐ einen dreihebigen Anapäst.

Bei der Formulierung „der Frühling ist erwacht" handelt es sich um (S. 50)

☐ eine Metapher.

☐ ein Symbol.

☒ eine Personifikation.

☐ einen Vergleich.

Kreuze an, welche Aussagen zur Reihenfolge der Argumente bei einer linearen Argumentation zutreffen (S. 60/61).

☐ Das erste Argument sollte auch das wichtigste sein, damit völlig klar ist, welche Position in der Argumentation vertreten wird.

☒ Was das wichtigste Argument ist, hängt davon ab, an wen sich die Argumentation richtet bzw. wie die/der Vortragende die Argumente einschätzt.

☒ Die Argumentation sollte steigernd aufgebaut sein, sodass das wichtigste Argument am Schluss steht.

Der folgenden Grafik ist zu entnehmen, dass ... (S. 59)

☒ mehr als doppelt so viele Unfälle, an denen Fahrradfahrende beteiligt sind, auf Fremdverschulden zurückgehen.

☒ insgesamt 91 533 Fahrradunfälle für die Verkehrsunfallstatistik untersucht worden sind.

☐ die Unfallzahlen auf der Einschätzung durch die Betreiber der Internetseite beruhen.

☐ die Einführung einer Helmpflicht überflüssig ist, weil die meisten Unfälle nicht von den Fahrradfahrenden verursacht werden.

Ein Argument wirkt überzeugender, wenn es belegt wird mit (S. 66)

☐ Gerüchten, die man gehört hat.

☒ Hinweisen auf eigene Erfahrungen.

☒ nachweisbaren Tatsachen.

☐ der Berufung auf die Meinung deines besten Freundes.

☒ der Berufung auf anerkannte Autoritäten.

Die Einleitung einer Erörterung (S. 70)

☒ soll den Leser und die Leserin in das Thema einführen.

☐ soll schon einmal die wichtigsten Argumente vorwegnehmen.

Beim Hauptteil einer dialektischen Erörterung ist es besser (S. 67),
- ☐ wenn man bei der Pro-Argumentation mit dem stärksten Argument beginnt und dann zu den schwächeren übergeht.
- ☐ wenn man bei der Kontra-Argumentation mit dem schwächsten Argument beginnt und das stärkste zum Schluss nennt.
- ☒ wenn man bei der Pro-Argumentation die Argumente vom schwächsten zum stärksten steigert.
- ☒ wenn man bei der Kontra-Argumentation das stärkste Argument zuerst und das schwächste zuletzt nennt.

Grammatik

Die Wörter „heute" und „dort" sind (S. 72)
- ☒ Adverbien.
- ☐ Adjektive.
- ☐ Präpositionen.

Der Konjunktiv II stellt eine Aussage dar als (S. 75)
- ☐ tatsächlich.
- ☒ gewünscht.
- ☒ vorgestellt.
- ☐ äußerst wahrscheinlich.
- ☒ nicht wirklich.

Welche Aussagen sind grammatisch richtig formuliert? (S. 75/76)
- ☐ Wärst du ein Zauberer, dann gebe es nur Sonnenschein.
- ☒ Wärst du ein Zauberer, dann gäbe es nur Sonnenschein.
- ☒ Würdest du ein Zauberer sein, gäbe es nur Sonnenschein.

Er sagte: „Wir kommen erst am Nachmittag."
Welche Umformung in indirekte Rede ist korrekt? (S. 80)
- ☐ Er sagte, sie kommen erst am Nachmittag.
- ☒ Er sagte, sie kämen erst am Nachmittag.
- ☒ Er sagte, sie würden erst am Nachmittag kommen.

In welcher Aussage liegt jeweils ein täterloses Passiv vor? (S. 83)
- ☒ Der Panamakanal wurde 1914 fertiggestellt.
- ☐ Die beliebte Wasserstraße wird von vielen Schiffen passiert.
- ☒ Die Arbeiten wurden eingestellt.

Sie übten fast täglich, weil sie die Meisterschaft gewinnen wollten.
In dieser Aussage ist der Glied-/Nebensatz ein (S. 95)
- ☐ Temporalsatz.
- ☒ Kausalsatz.
- ☐ Finalsatz.
- ☐ Konditionalsatz.

„Weil ich glaube, dass es regnen wird, nehme ich mir einen Regenschirm mit."
Welche grafische Darstellung passt zu diesem Satzgefüge? (S. 98)

☒

Hauptsatz

Nebensatz 1. Ordnung

Nebensatz 2. Ordnung

☐

Hauptsatz

Nebensatz 1. Ordnung

Nebensatz 2. Ordnung

Rechtschreibung

Welcher Satz ist richtig geschrieben? (S. 102/103)
☒ Bei dem ganzen Hin und Her des Streiks war das Fahren mit der Bahn sehr unsicher.
☐ Bei dem ganzen hin und her des Streiks war das Fahren mit der Bahn sehr unsicher.
☐ Bei dem ganzen hin und her des Streiks war das fahren mit der Bahn sehr unsicher.

Was ist richtig? (S. 106/107)
☐ Ich habe den Pokal schon einmal gewonnen, jetzt möchte ich ihn wiedergewinnen.
☒ Ich möchte dein Vertrauen wiedergewinnen.
☒ Ich habe den Pokal schon einmal gewonnen, jetzt möchte ich ihn wieder gewinnen.
☐ Ich möchte dein Vertrauen wieder gewinnen.

Was ist richtig? (S. 106/107)
☒ Ski laufende Menschen
☒ skilaufende Menschen
☒ Ich möchte im Winter Ski laufen.
☐ Ich möchte im Winter skilaufen.

Zeichensetzung

Kreuze an, welche Regel zutreffend ist (S. 116).
☒ Eine Aufzählung von mehreren vollständigen Hauptsätzen kann durch ein Komma getrennt werden, wenn die Trennung durch einen Punkt als zu stark empfunden wird.
☐ Vor Konjunktionen, die einen Gegensatz ausdrücken, wie *aber, sondern, doch, jedoch* ist es dem Schreiber bzw. der Schreiberin freigestellt, ob er bzw. sie ein Komma setzen will oder nicht.
☐ Haupt- und Glied-/Nebensatz werden nur dann durch Komma getrennt, wenn der Glied-/Nebensatz hinter dem Hauptsatz steht.
☒ Eine Infinitivgruppe muss dann durch Komma vom Hauptsatz abgetrennt werden, wenn im übergeordneten Satz mit einem Nomen/Substantiv oder anderen Wörtern (z. B. *daran, darauf, dazu, damit, es*) darauf hingewiesen wird.